NE DEVIENS JAMAIS PAUVRE !

Du même auteur
chez Sonatine Éditions

Ne deviens jamais vieux !, traduit de l'anglais par Charles Recoursé, 2013.

Daniel Friedman

NE DEVIENS JAMAIS PAUVRE !

Traduit de l'anglais (États-Unis) par Charles Recoursé

SONATINE ÉDITIONS

Directeur de collection : Arnaud Hofmarcher
Coordination éditoriale : Marie Misandeau et Judicaël Mouron

Titre original : *Don't ever look back!*
Éditeur original : Minotaur/Thomas Dunne (St. Martin's Press)

Sonatine Éditions
21, rue Weber
75116 Paris
www.sonatine-editions.fr

1

2009

Au cours de mes errements de jeunesse dans la police criminelle de Memphis, j'ai bousillé pas mal de voitures de service. Je n'ai pas lésiné sur les dégâts matériels. J'ai violé les droits fondamentaux de beaucoup de gens, souvent à l'aide d'un annuaire téléphonique. Ce n'était donc pas la première fois qu'une personne dotée d'une autorité officielle me mettait au pilori.

Fut un temps, je pouvais rester tranquillement assis en pensant au football pendant que mes supérieurs hurlaient et passaient leur colère sur moi. Ensuite, je faisais un geste de contrition pour la forme et je retournais vaquer à mes occupations. On ne m'en voulait jamais très longtemps ; je ramenais toujours un salopard par la peau du cou et on me pardonnait mes abus divers et variés.

Mais je ne voyais pas bien comment calmer Vivienne Wyatt, la directrice de Valhalla Estates, communauté de vie pour seniors. Elle avait l'air dans une méchante rogne.

J'ai passé un bras par-dessus le dossier du fauteuil dans lequel j'étais assis et je lui ai décoché une espèce de demi-sourire coquin. « Qu'est-ce que vous voulez que je vous dise ? Je fais rien comme tout le monde. Je fixe mes propres règles. »

Selon mes critères, ça ressemblait pas mal à des excuses.

Pas impressionnée pour un rond, Viv m'a fait les gros yeux. Visiblement, elle était insensible à mes charmes. « M. Connor dit que vous l'avez poursuivi avec une hache.

— Je ne l'ai pas poursuivi.

— Mais vous aviez une hache, Monsieur Schatz.

— Appelez-moi Buck, mon poussin.

— Il a cru que vous alliez le tuer, Buck. Et s'il vous plaît, appelez-moi Mlle Wyatt. »

J'ai reniflé. « Mademoiselle Wyatt, quand je déciderai de tuer M. Connor, je vous promets qu'il n'y aura pas d'ambiguïté. Là, j'avais besoin de la hache pour défoncer sa saleté de rocking-chair.

— M. Connor tenait beaucoup à ce fauteuil. C'était l'un des rares vestiges de sa vie avant d'arriver parmi nous auxquels il pouvait s'accrocher. Rappelez-vous comme la transition a été difficile pour vous, et essayez de comprendre pourquoi vos agissements sont aussi blessants. »

J'ai rentré la tête dans les épaules et n'ai rien répondu. J'étais arrivé dans un fauteuil roulant, je me retapais après avoir eu des trous dans la peau et des os brisés. J'avais besoin qu'on m'aide pour me déplacer, pour me lever le matin et pour me coucher le soir. J'avais besoin qu'on m'aide pour aller aux toilettes.

La perte de mon indépendance m'avait abattu, de même que la perte de la maison dans laquelle j'avais vécu pendant un demi-siècle. La plupart du temps, en me réveillant, je regrettais, et pas qu'un peu, d'avoir empêché celui qui m'avait fait tout ce mal de finir le boulot.

Je savais que, si j'avais opté pour la solution de facilité, je n'aurais pas eu la chance de tuer Randall Jennings, or j'avais beaucoup aimé repeindre les murs de ma chambre d'hôpital avec la cervelle de cet enfoiré. Mais c'était du boulot de se remettre sur pied; il m'a fallu neuf longues semaines de rééducation avant d'avoir la force de pisser debout. Et même alors, j'avais encore besoin de m'accrocher aux barres d'appui fixées de chaque côté de la cuvette, ce qui ne m'arrangeait pas pour viser. Et la première fois que je me suis baissé pour essuyer les éclaboussures, je n'ai pas pu me relever, et j'ai dû appuyer sur le bouton d'appel pour qu'on vienne m'aider.

J'étais en meilleure forme, mais pas encore vaillant. Je n'avais même pas réussi à faire tourner la hache convenablement. Mon épaule refusait de pivoter. Mes jambes étaient faibles. J'avais réussi à trancher un des patins et un accoudoir ainsi qu'à trouer un peu le siège, mais quand j'ai eu fini j'étais luisant de sueur et à bout de souffle, et cette saloperie ressemblait encore à un fauteuil.

Six mois plus tôt, j'en aurais fait du petit bois.

Je me suis rappelé que Vivienne Wyatt savait tout ça, et j'ai enlevé mon bras du dossier et enfoncé mes mains dans les poches de mon coupe-vent.

Malgré tous les outrages que j'avais subis, je n'arrivais pas à faire cause commune avec Dwayne Connor. Je détestais tout chez le plouc à une patte qui me servait de voisin. Sa peau avait la couleur d'un caleçon croûteux qui aurait séché au soleil après avoir passé trois jours coincé dans la raie d'un cow-boy sur son cheval. Et sa personnalité était assortie à son physique.

« Pourquoi ce besoin de détruire le rocking-chair de M. Connor avec une hache, Buck ?

— Mon ami Crazy Mack est venu me voir. Mack est... » J'ai fait une pause. « Mack est comme vous. »

Mlle Wyatt a levé un sourcil. « Vous voulez dire qu'il est noir ?

— Oui. Et ça pose des problèmes à Connor. »

Connor avait traité Mack de plusieurs noms ; il avait braillé des mots qui font tiquer mon petit-fils, même quand aucune personne de couleur ne peut les entendre. Mais quand j'ai expliqué ça à Mlle Wyatt, elle a seulement répondu : « Vous ne pouvez pas fracasser les fauteuils des gens comme ça. Et d'ailleurs, j'aimerais savoir pourquoi vous avez une hache ?

— Pour ce genre de situations, j'ai dit. Pour quand il y a des trucs à fracasser. Et les gens comme vous, vous êtes pas censés vous énerver quand des types du genre de Connor disent des choses pareilles ?

— Les gens comme nous ne sont pas censés faire quoi que ce soit, elle a dit. Si je commençais à m'inquiéter de ce que disent ou pensent tous les vieux ignares blancs de cet endroit, j'aurais à peine le temps de faire autre chose de ma journée. À vous seul, vous occuperiez probablement toutes mes matinées, Buck. »

Je n'aimais pas spécialement son petit sous-entendu. « Eh bien, moi, ça m'énerve. Il a été impoli envers mon invité. Et il n'a aucune excuse pour ça. »

Elle a pris un dossier sur son bureau. « Écoutez. Je n'ai pas le droit de trop m'étendre sur la situation personnelle de nos résidents, mais je veux vous donner un aperçu de ce qu'a vécu M. Connor ces derniers mois. Il est venu ici parce qu'il ne peut plus vivre seul. Un jour, il n'a pas répondu au téléphone, son fils est allé chez lui, et il l'a trouvé allongé par terre. Il était comme ça depuis des jours, couché dans une flaque d'excréments. L'odeur était atroce. Quand M. Connor est entré aux urgences de Baptist Hospital, un médecin a découvert qu'un gros caillot de sang avait coupé la circulation dans son artère fémorale. Sa jambe était morte et gangrénée jusqu'à l'os. Ils ont été obligés de l'amputer.

— Ce vieux salopard l'a pas volé, j'ai dit. On n'a pas le droit de parler comme il a parlé à mon ami. Crazy Mack est assez fragile émotionnellement, à cause de sa schizophrénie. »

Viv s'est penchée vers moi. « Buck ?

— Oui, Mademoiselle Wyatt ?

— Vous avez fait venir un homme noir et schizophrène à votre étage exprès pour énerver votre voisin raciste ?

— Bien sûr que non, j'ai dit, en attrapant les bras de mon déambulateur pour me hisser un peu hors de mon fauteuil, histoire que mes yeux arrivent au niveau des siens. Mack est venu me montrer des photos de ses petits-enfants. Ça fait plus de cinquante ans qu'on est amis. »

L'ombre d'un sourire sur sa bouche. « Où est-ce que vous vous êtes dégotté un ami noir et schizophrène, Buck ? Je crois que j'ai envie de l'entendre, celle-là.

— Tout commence à la préhistoire. Quand j'étais un jeune agent de police, je suis allé couvrir un appel pour tapage et j'ai trouvé Mack sur le toit d'un petit immeuble, enroulé dans du papier alu, qui brandissait un grand couteau en criant. C'est le genre de situation qui peut facilement tourner au drame, mais j'ai gardé mon sang-froid et j'ai réussi à désamorcer la crise.

— Comment est-ce que vous vous y êtes pris ?

— Je lui ai tiré une balle dans le cou. »

Ses deux sourcils se sont levés. « Vous lui avez tiré dessus ?

— Le médecin qui a soigné la blessure lui a aussi prescrit un antipsychotique. Ça l'a beaucoup aidé pendant ses crises. »

Les coins de sa bouche ont pointé vers le bas. « Et maintenant vous êtes amis ?

— Bien sûr que oui. Il dit que c'est moi qui lui ai donné ses médicaments, ce qui n'est pas loin d'être vrai, si vous voulez mon avis. C'est un type très poli, mon copain Mack ; tous les ans, il m'envoie une carte pour Noël. Vous savez, j'ai tiré sur trente et un bonshommes, et c'est le seul qui ait jamais eu la politesse de me remercier, alors que c'était pour leur bien. »

Il y a eu un long silence durant lequel Vivienne Wyatt a réfléchi à un paquet de choses avant de décider qu'elle n'en dirait aucune. Au lieu de ça, elle a demandé : « Vous avez tiré sur trente et une personnes ?

— Dix-huit en sont mortes, donc je suppose qu'elles ont des circonstances atténuantes. Mais les autres sont des malpolis. »

Viv a un peu secoué la tête. « Qu'est-ce qui va se passer quand je vais vous renvoyer dans votre service à l'étage, Buck ? »

J'ai haussé les épaules. « Je vais sûrement m'asseoir devant la télé, *Fox & Friends* va bientôt commencer. »

Je voyais qu'elle commençait à perdre patience. « Qu'est-ce qui va se passer entre M. Connor et vous ?

— Je crois que vous feriez mieux de le renvoyer chez lui dans le Mississippi, pour qu'il reprenne son lent processus de décomposition.

— C'est hors de question. Et j'espère que votre vendetta ne va pas m'obliger à appeler la police.

— Moi, j'espère que si. Rose adore quand on a de la visite. »

Viv s'est frotté les tempes avec les index. « Vous êtes sur un terrain glissant, Buck Schatz, elle a dit. Je vous aurai à l'œil. »

Je lui ai fait un petit salut tout en m'extrayant lentement de mon fauteuil et en dépliant le déambulateur. « C'est gentil de me prévenir, Mademoiselle Wyatt. »

Je suis sorti de son bureau clopin-clopant, appuyé sur mon déambulateur et privilégiant ma jambe gauche. J'ai traversé le hall, où quelques pensionnaires étaient avachis dans les canapés et les fauteuils profonds. Un ou deux regardaient dans le vide, les autres dormaient. J'ai regardé ma montre ; 7 h 30 du matin, le petit déjeuner serait bientôt servi. Je me suis dit que c'était ce qu'ils attendaient tous. Ça, ou bien la mort.

Mon déambulateur était léger, fabriqué en tubes creux d'aluminium anodisé. Mon médecin avait recommandé un modèle plus récent d'« aide technique à la mobilité » avec quatre roues à la place des pieds, mais je ne me sentais pas en sécurité avec ce machin. Il était équipé d'un petit frein de vélo, censé garantir qu'il ne se ferait pas la malle sous moi, mais le simple fait qu'il ait besoin d'un frein suggérait que je ne devais pas écarter le risque de le voir fiche le camp.

J'ai préféré opter pour un appareil classique avec deux roues à l'avant et des pieds en caoutchouc à l'arrière. Je pouvais le pousser devant moi sans être obligé de le soulever et de le reposer à chaque pas, et il me donnait une impression de stabilité. J'étais à peu près certain qu'il ne pouvait pas bouger tout seul, mais malgré tout, je lui jetais quelquefois un regard en coin quand il pensait que je l'avais oublié, juste pour m'assurer qu'il n'allait pas tenter de me faire un coup fourré.

J'ai continué jusqu'à la salle à manger façon cafétéria. Rose dort tard, elle ne se lève pas avant 8 h 30, si bien que la plupart du temps, je petit-déjeune seul. Ce matin-là, il y avait des œufs, des toasts de pain complet et du melon pas mûr, encore vert près de la peau.

Celui qui a dit que la vie dans les maisons médicalisées manque de variété n'a clairement jamais pris le petit déjeuner à Valhalla Estates. Dans une assiette d'œufs brouillés toute bête, on pouvait trouver des morceaux carbonisés, des zones froides et des parties coulantes.

Je me suis installé à la table la plus éloignée des autres résidents, histoire qu'on me foute la paix. Mais quelqu'un est quand même venu s'asseoir.

Il n'était pas aussi vieux que moi, mais on peut être beaucoup plus jeune que moi et rester quand même vieux. Il avait une fine moustache en trait de crayon et des cheveux courts, peignés avec soin. Il n'avait pas de plateau petit déjeuner.

« Bonjour, Baruch », il a dit.

Je me suis interrompu ; j'ai pianoté sur la surface en plastique de la table. J'étais piégé, et fuir n'était pas envisageable. D'un point de vue physique, je ne pouvais pas foncer me mettre à couvert. J'avais replié le déambulateur avant de m'asseoir, et quand bien même, ce n'était pas un moyen de transport propice aux évasions rapides.

Je n'avais pas prêté attention à lui pendant qu'il approchait ; j'étais trop occupé à donner de petits coups de fourchette à mes œufs. Maintenant qu'il était assis, je ne voyais pas comment tombait sa veste, je ne pouvais donc pas deviner si un flingue était caché en dessous.

Il avait un avantage considérable sur moi. J'ai décidé de la jouer amicale.

« Bonjour, Élie, j'ai dit. Ça fait une paye.

— Je n'étais pas certain que tu me reconnaîtrais.

— Je te connais bien.

— Tu es surpris de me voir ? »

Je l'étais, un peu. Mais je n'allais pas lui donner cette joie.

« Plus rien ne me surprend, j'ai dit.

— La dernière fois que nous nous sommes parlé, tu m'as promis quelque chose. Tu te souviens ? »

J'ai planté ma fourchette dans le contenu de mon assiette et englouti un morceau d'œuf visqueux. « Je t'ai dit que je te tuerais si je te revoyais.

— C'est exact. Je viens te rendre une visite de courtoisie. Si tu comptes mettre ta menace à exécution, c'est maintenant ou jamais.

— Et pourquoi ça ?

— Parce que, il a dit, avec ou sans ton aide, je serai mort dans quarante-huit heures. »

Apparemment, les gens que je connais sont incapables de mourir sans venir me casser les pieds.

2

1965

J'ai dévisagé le petit Européen d'un œil noir et j'ai dit, entre mes dents qui serraient une cigarette : « Paraît que vous me cherchez.

— C'est vrai, je vous cherchais, inspecteur. » D'un geste, il m'a invité à m'asseoir en face de lui. Il avait de longs doigts fins, comme ceux d'un pianiste ou d'un prestidigitateur.

Je l'ai détaillé. Des yeux sombres et une peau foncée ; une moustache cirée en trait de crayon sous un nez proéminent. Il portait un costume gris style Savile Row à rayures craie. La veste était ajustée, assez près de son corps pour que je voie qu'il n'avait pas d'arme en dessous. C'était un homme que je pourrais briser de six manières différentes, rien qu'avec mes mains.

Mais s'il n'avait pas l'air d'un dur à cuire, ce n'était pas le cas des gugusses qui l'accompagnaient. Ils étaient cinq dans ce bar miteux en sous-sol, et ils faisaient tous la taille d'un bœuf. À part l'entourage de l'Européen et un barman à l'air tendu, l'endroit était désert, et un des nervis bouchait la porte de toute sa masse pour s'assurer qu'il le reste. Du regard, j'ai cherché une autre sortie, mais il n'y en avait pas. Pour m'enfuir, je devrais passer au travers de ce type, et il était salement épais.

« Bien, je vous écoute », j'ai dit.

Ses deux épais sourcils ont fusionné. « Je crois comprendre que vous avez refusé de remettre votre arme à mes associés comme ils vous l'ont demandé. »

J'ai déboutonné ma veste, du prêt-à-porter ample, et je l'ai ouverte pour qu'il voie le .357 Magnum attaché contre mes côtes.

« J'ai pas pour habitude de satisfaire les demandes des types du genre de vos associés. Et si je suis encore en vie aujourd'hui, c'est parce que je ne me balade pas sans arme dans des sous-sols avec des gens comme vous. Y a un bout de temps de ça, un type qui en avait dans le crâne m'a dit de toujours m'accrocher à mon arme.

— Et pourtant, vous êtes certainement conscient que le grigri auquel vous vous cramponnez ne vous offre qu'une protection illusoire. Au cas où notre petite conversation dégénérerait en échange d'amabilités, cette arme serait loin de suffire à tous nous abattre. »

Je n'aimais pas son air supérieur, et je n'aimais pas davantage son ton condescendant. Mais ce que j'aimais encore moins, c'était que cette observation contenait une menace implicite. On n'était pas loin de la rivière, dans un pâté de maisons pratiquement déserté. Si les choses tournaient au vinaigre, personne ne viendrait m'aider. Heureusement, j'étais plutôt quelqu'un d'autonome.

« Si je compte bien, j'ai dans mon arme une pastille pour chacun de vous, et la première sera pour toi, beau gosse. Illusoire ou pas, il va falloir que tes amis soient super rapides pour me descendre avant que je tire. Je pense que mon grigri m'offre une belle occasion de gâcher un peu ta soirée, au cas où notre petite conversation dégénérerait, comme tu dis.

— Je n'en doute pas, Baruch, et je n'ai aucune envie de voir à quel point vous pouvez être dangereux. On raconte que vous avez connu l'enfer et que vous en êtes ressorti encore plus vicieux, et à vous voir, je sais que c'est la vérité. Vous avez des yeux de chien sauvage. Mais je dois vous mettre en garde : à ma façon, je suis tout aussi intraitable que vous. »

J'ai soupesé ce qu'il venait de dire, le temps de décider si je devais me formaliser. « Tu débites beaucoup de belles phrases mais elles sont vides, et j'ai pas le temps de t'écouter faire du bruit pour t'amuser. T'es qui, et qu'est-ce que tu me veux ?

— Je vous prie d'excuser ma prudence. Je m'appelle Élie et je suis aventurier. J'ai une proposition à vous faire.

— Si t'as cru entendre que j'acceptais les pots-de-vin, tu t'es planté.

— Je ne suis pas allé au-devant de tous ces ennuis pour vous offrir un pot-de-vin, il a dit, avant de ponctuer d'un rire joyeux et nasillard. Je souhaite engager avec votre concours une entreprise criminelle assez élaborée et hautement lucrative.

— Tu veux m'embaucher pour un coup que tu es en train de monter.

— Oui.

— Quel genre de coup ? »

Il m'a souri, m'a montré la seule chose qui n'était pas impeccable chez lui. Ses gencives ramollies et violettes présentaient un vilain recul qui révélait la racine marron de ses dents irrégulières. J'avais déjà vu des bouches comme celle-là, mais jamais en Amérique. Même pas chez des junkies. Même pas en Alabama, merde. Ces gencives racontaient l'histoire d'un homme qui avait survécu à une longue période de grave malnutrition. Élie aussi avait connu un enfer et il en était revenu.

« Je ne peux vous divulguer les détails tant que vous ne serez pas impliqué jusqu'au cou dans notre entreprise, il a dit. Sinon, l'inspecteur Schatz pourrait m'arrêter. » Il m'a fait un nouveau gazouillis.

Je n'ai pas bougé un cil pendant un moment, je l'observais ; un chien sauvage qui flaire un serpent mocassin.

« Je suis pas intéressé, j'ai dit. Et pour ce qui est de t'arrêter, je ne me ferme aucune porte. » Je me suis levé, ma chaise a raclé le sol quand je l'ai repoussée. « Sans rancune, Élie, je suis peut-être un clébard, mais je préfère garder la truffe propre. » Je me suis dirigé vers la sortie. L'homme devant la porte n'avait pas l'air décidé à me laisser passer, alors j'ai glissé la main à l'intérieur de ma veste.

« Baruch, a dit Élie. Vous êtes un guerrier. Vous avez tué et emprisonné les ennemis de votre souverain. Le prince devrait vous récompenser pour vos peines, et pourtant votre femme Rose et votre fils Brian sont privés du confort le plus élémentaire. »

Ce n'était pas un argument commercial ; c'était une menace. C'était sa manière sournoise, européenne, de me dire qu'il ferait du mal à ma famille. J'avais tué des types pour moins que ça, sur son continent comme sur le mien, et je n'étais pas contre l'idée de recommencer. Ma main a serré la crosse du .357.

Il a continué. « Et pendant ce temps, les hommes qui façonnent une société oppressive afin d'attirer à eux les richesses sont chaque jour plus riches et plus gras, pendant que vous protégez leurs lois hégémoniques et les suppliez de vous accorder les miettes. Comment pouvez-vous dire que c'est sain ? Comment pouvez-vous croire que c'est juste ?

— Je me débrouille », j'ai dit, sans quitter des yeux la masse devant la porte. Le bougre avait une tête de jambon cuit.

« Permettez-moi de vous montrer quelque chose. » Élie a posé une main sur mon épaule. J'ai laissé tomber ma cigarette et je me suis retourné d'un coup en sortant mon arme de son étui. Je ne m'étais pas rendu compte qu'il avait quitté son siège dans le box au fond de la pièce ; il s'était déplacé sans le moindre bruit.

Les cinq brutes m'ont braqué et on s'est retrouvés dans une jolie impasse mexicaine.

« Baissez vos armes, messieurs », a dit Élie d'une voix qu'il gardait douce et régulière. Ses hommes ont obéi. Il s'est tourné vers moi. Le .357 était pointé sur son nez. « J'apprécierais que vous fassiez de même, Baruch. Question de politesse. »

J'ai songé à exploser son élégante petite gueule. Les cinq porte-flingues m'auraient probablement ventilé comme il faut, mais ce serait peut-être moins désagréable que d'avoir à écouter un autre de ses monologues. Cela dit, ça n'aurait pas été correct de transformer Rose en veuve. Surtout avec le petit qui voulait aller à la fac. J'avais le sentiment que je leur devais des efforts raisonnables pour éviter de me faire tuer. J'ai rangé le Magnum.

« Merci, Baruch », a dit Élie avec un hochement de tête gracieux tout en se débarrassant de sa veste en un mouvement souple. Il l'a pliée et posée sur le dossier de la chaise la plus proche. Ensuite il a remonté la manche gauche de sa chemise blanche amidonnée et m'a montré son avant-bras. Près du creux de son coude, tatoué à l'encre bleue, le matricule *A-62102*.

« Un souvenir du lieu où s'est achevée mon enfance, m'a-t-il expliqué. Et un rappel constant de la leçon que j'y ai apprise. Le vernis de civilisation et d'ordre appliqué sur notre société est aussi faux que fragile, et un juif est constamment en situation précaire. Mes parents croyaient qu'ils pourraient faire carrière, s'arracher à leurs racines, s'intégrer à la communauté. Ils ont été punis pour leur erreur de calcul, et sévèrement.

— Je sais qui tu es. J'ai entendu parler de toi. » Les deux années précédentes avaient été dures pour les gens qui possédaient des coffres pleins d'argent et pour ceux qui les assuraient, et certains de mes indics les mieux informés avaient entendu des bruits selon lesquels un certain Élie en était responsable. D'après la rumeur, il avait vidé plus de banques que la panique de 1929. On disait qu'il ne connaissait pas la peur et qu'il pouvait entrer et sortir comme un fantôme. Aucune agence gouvernementale n'avait réussi à rassembler le début d'une preuve de son existence. Et tout à coup il était là, j'avais son cou à portée de main.

Il m'a offert son sourire cabossé. « Un juif fort et capable ne devrait pas être l'obligé de l'establishment goy. Nous sommes les parias éternels de la société, quel intérêt avons-nous à sa stabilité ? Même quand nous respectons la loi, nous sommes enfermés et exécutés, alors pourquoi ne pas la transgresser ? »

Il prenait un grand risque en essayant de me recruter. Ou peut-être pas. Peut-être que ça marchait comme ça. Peut-être qu'il avait tout un réseau de flics juifs révoltés. Peut-être que c'était ce qui lui avait permis de passer sous les radars de la loi.

« Je suis désolé pour ce qui est arrivé à ton peuple, j'ai dit. Mais je suis américain. J'ai saigné pour ce pays.

— Vous ressemblez aux juifs allemands qui se sont battus pour la patrie pendant la Grande Guerre. Ils sont entrés dans les fours au pas de l'oie, tout fiers d'eux. » Il a craché par terre.

« Ma réponse est non. »

Élie a plissé ses yeux noirs et les commissures de ses lèvres fines se sont abaissées. « Quand je vous regarde, je me dis que nous sommes des âmes sœurs. Je regrette amèrement que nous ne puissions faire front commun.

— Eh ben, c'est comme ça. Et je te préviens, puisque apparemment tu as vu ton content de souffrance : ne tente rien dans ma ville. Parce que si tu me cherches, je te tue, pas d'âme sœur qui tienne.

— Alors nous serons ennemis. » Un haussement d'épaules désinvolte, et il a enfilé sa veste. « Alors je serai poursuivi par le chien sauvage. C'est une issue qui me déçoit, mais elle me paraît acceptable. Le travail que je ferai ici sera plus intéressant avec toi à mes trousses, et ton humiliation viendra parfaire ma légende, Buck Schatz. »

Il y avait dans son ton quelque chose qui a fait se dresser les poils sur le dos de mes mains. Je me demandais quel genre de monstre il dissimulait sous son fragile vernis de civilisation. Mais ce n'était pas le moment pour ces questions ; ils étaient plus nombreux et avaient une meilleure puissance de feu que moi. Alors j'ai tourné le dos à Élie, pour me retrouver face au tas de muscles qui continuait à boucher la sortie.

« Dégage de là », j'ai dit.

Le gros type a regardé son patron par-dessus mon épaule, Elijah a dû lui signaler son accord. Il s'est décalé et je suis passé avec un coup d'épaule pour m'enfoncer dans le froid et l'obscurité. La porte a claqué derrière moi. Une ombre en périphérie de mon champ de vision m'a fait sursauter, j'ai pivoté sur les talons, sorti mon arme et l'ai braquée sur l'entrée exiguë, au cas où quelqu'un serait sorti derrière moi.

Il n'y avait personne.

3

2009

Le matin n'était pas le pire des moments à Valhalla Estates. La salle à manger disposait de grandes baies vitrées donnant sur la pelouse à l'arrière de l'institution, verdoyante sous le soleil et assez vaste pour y disputer une partie de foot, si on en avait eu l'envie ou la capacité.

Je n'étais pas enchanté que ce spectre du passé soit venu me gâcher mon petit déjeuner. Le petit déjeuner était une des meilleures choses de mes journées. Je comptais en profiter parce que, ensuite, je devrais aller à la rééducation. Ça, c'était toujours désagréable.

« T'avais pas besoin de faire tout ce voyage pour m'annoncer que tu vas mourir, j'ai dit. T'aurais pu m'envoyer un faire-part pour l'enterrement, ça aurait suffi. »

Il a fait la grimace. Il y avait un quelque chose de flasque, un côté sac, dans les différents renflements de son visage. Élie avait certes été une légende, mais il était fait de chair, et il dépérissait comme tout le reste.

« Je pensais que ça te ferait peut-être réagir, il a dit.

— J'ai plus envie de te tuer, je lui ai dit. Je me fous pas mal de ce qui t'arrive, en bien ou en mal.

— Je vois plein de mots qui décrivent Buck Schatz, mais pas "indifférent". »

J'ai planté ma fourchette dans les œufs et les ai mélangés dans l'assiette. J'avais faim, et c'était l'heure à laquelle j'avais l'habitude de manger, mais je ne me croyais pas capable d'engloutir cette bouillie tant qu'il me regardait.

« Avant, j'étais flic. C'est fini maintenant. Il y a un bail que je ne suis plus flic. J'ai passé plus de temps à la retraite qu'en exercice. Avant, on me payait pour m'occuper de ce que faisaient les gens comme toi et pour m'intéresser à votre sort. Maintenant c'est quelqu'un d'autre qui s'en charge. Si t'as besoin de parler à la police, leur numéro est facile à trouver.

— Et donc, si tu n'es plus policier, qu'est-ce que tu es aujourd'hui ?

— Ce qui me fait tenir, la plupart du temps, c'est que j'évite de me poser cette question », j'ai dit.

Il a dévoilé ses dents, et j'ai vu qu'elles étaient droites et blanches comme un carrelage de cuisine récuré de frais. Aucun moyen naturel ne permettait d'obtenir un résultat pareil à partir de ce qu'il avait dans la bouche la dernière fois que je l'avais vu. Le voleur mythique portait un dentier.

Il n'a rien dit pendant une minute, alors je lui ai demandé : « Qu'est-ce que tu veux vraiment ?

— Que tu m'aides. » Il a fermé et rouvert ses longs doigts de pianiste. Ils étaient plus noueux qu'autrefois, mais leur mouvement restait fluide et assuré. « J'ai besoin d'aide. »

J'ai enfourné de l'œuf dans ma bouche. J'ai mâché plus longtemps qu'on ne devrait quand on mange des œufs – par nécessité, pas pour l'effet – puis j'ai attrapé la salière en plastique à l'autre bout de la table. Je l'ai secouée énergiquement au-dessus de mon assiette jusqu'à ce que le monticule brouillé jaune et blanc soit recouvert de petits cristaux. J'ai avalé une nouvelle bouchée, un peu croustillante celle-là. Mon médecin m'avait dit de surveiller mes apports en sodium, mais le sel était une des dernières choses dont je percevais encore le goût.

« Et c'est moi que tu es venu trouver ? Pour t'aider ? »

Il a hoché la tête, un coup, sec, européen. « Je t'ai déjà demandé de m'aider, et tu as refusé. Je me suis dit que, peut-être, ce serait différent cette fois.

— Je vois trois trucs qui clochent dans ton raisonnement. Primo, j'ai 88 ans. Deuxio, je suis pratiquement grabataire. Et tertio, je ne t'aime pas.

— Baruch, il a dit, sa voix s'achevant en soupir. Regarde cet endroit où tu es venu vivre. C'est ici que tu pensais finir ? C'est ce que tu voulais pour Rose, ta femme ? La dernière fois que je t'ai vu, tu étais violent et irrationnel, tu faisais gravement fausse route, mais tu étais fort, fier et digne. Il n'y a rien de digne ici. »

J'ai posé la fourchette. « Quel rapport ?

— Je sais que tu es ici parce que tu as besoin de soins, parce que ta santé décline. Si tu m'aides, je te donnerai assez d'argent pour engager une infirmière à plein temps et t'acheter une jolie maison équipée de tout ce dont tu auras besoin pour soulager ta décrépitude. Je sais que tu as perdu une fortune, Baruch. Deviens mon ami, je peux tout arranger.

— Peut-être que j'ai pas envie de devenir ton ami. Pourquoi tout le monde a autant de mal à comprendre que je suis pas quelqu'un d'amical ?

— Si tu ne veux pas m'aider, alors tue-moi, bon sang. Prive au moins ceux qui me poursuivent de cette joie. »

J'ai hésité, assez longtemps pour imaginer les dégâts que je pourrais causer avec ma fourchette. J'ai examiné le renflement bleu pâle de sa veine jugulaire, qui palpitait sous la chair molle de sa mâchoire. Je n'étais toutefois pas sûr d'être en état de l'atteindre depuis l'autre côté de la table, et je ne voulais pas qu'il perde son sang partout sur mes œufs. « Quel genre d'aide est-ce que tu attends de moi ? » j'ai demandé.

Il m'a regardé droit dans les yeux, sans l'ombre d'un sourire, sinon j'aurais cru qu'il me menait en bateau. « J'ai besoin que tu assures ma sécurité aussi longtemps que possible, et, au cas où je serais tué, que tu fasses pleuvoir la vengeance sur mes ennemis.

— Je fais pas pleuvoir grand-chose sur grand monde en ce moment. Des fois, je fais tomber des gouttes de pisse sur mon pantalon, c'est ce qui s'en rapproche le plus.

— Je t'ai vu à la télévision il y a quelques mois. Tu as fait sauter la tête d'un homme à bout portant. Je n'ai jamais rencontré personne de plus vicieux que toi, Baruch. Je suis devenu amer, mais je n'ai jamais appris à être vicieux comme toi. Tu es pire que le soldat qui a tiré une balle dans la tête de ma mère. Il était pâle et il avait l'air effrayé. Tu n'as jamais eu l'air effrayé. Tu n'as jamais eu l'air de douter. Le vice ne diminue pas avec l'âge ; il caille comme le lait et devient aigre. Et aujourd'hui, j'ai besoin de l'avoir de mon côté. »

J'ai toujours aimé qu'on me parle des traits les plus séduisants de ma personnalité, cependant : « Si t'es en danger, appelle la police.

— Je ne vais pas me soumettre au pouvoir coercitif de l'État à la légère. Je ne connais pas ces gens. Ce ne sont pas des juifs.

— N'importe quoi, j'ai dit. La raison pour laquelle tu ne veux pas appeler la police, c'est que tu es un criminel, et tu as besoin d'aide pour un crime quelconque. »

Il s'est avancé et a découvert une nouvelle fois ses dents, comme si cette simple suggestion le scandalisait. « Je suis un repenti, il a dit. Je suis un philanthrope, maintenant. Je m'occupe d'une association caritative qui a aidé des centaines de réfugiés juifs à s'installer en Israël. »

J'aurais eu tendance à croire qu'il mentait, sauf qu'une œuvre de bienfaisance devait être un excellent moyen de blanchir de l'argent volé.

« Pourquoi tu demandes pas à Israël de t'aider ? » j'ai dit, parce que j'aimais bien l'idée qu'Élie aille dans un endroit à l'autre bout du monde où je n'aurais pas à m'occuper de ça.

« Je ne vais pas m'enfuir, cette fois. Je suis trop vieux.

— Tes ennuis, en général, ils ne concernent pas les philanthropes.

— Tout le monde n'aime pas l'idée que des juifs soient sauvés. »

Ça ressemblait à des craques. J'ai mangé un autre morceau d'œuf salé. Il avait goût de mer, si la mer était venue de l'intérieur d'une poule. « Et je suis trop vieux pour t'aider. J'ai nulle part où te cacher, et aucun moyen de te protéger. Si tu veux être en sécurité, il faut que tu ailles voir la police. »

Il s'est plongé dans une rêverie chic et européenne, réfléchissant aux possibilités qui s'offraient à lui. Je l'ai ignoré et me suis concentré sur mes œufs. Je songeais à retourner faire la queue pour avoir un bagel. Le personnel de Valhalla avait une manière époustouflante de les cuisiner, cramés en dessous mais gelés au milieu.

« Si je vais voir la police, est-ce que tu useras de ton influence pour t'assurer que je serai protégé ? Est-ce que ma sécurité sera sous ta responsabilité personnelle ? Est-ce que tu veilleras à ce que le danger que j'affronte soit pris au sérieux et à ce que je ne sois soumis à aucun mauvais traitement ?

— Tu devras reconnaître toutes les affaires dans lesquelles tu es impliqué. Tu devras avouer tout ce que tu as fait, et tu devras parler aux policiers des gens qui te recherchent. »

Il a examiné tout ça pendant que je mastiquais, et il a fini par dire : « J'accepte. Mais je ne dépends pas de la police. Je veux que ce soit toi qui assures ma sécurité, et au cas où je serais tué, que tu en fasses une affaire d'honneur.

— Tout ce que tu veux, j'ai dit. Si tu te dénonces, je négocierai les termes de ta reddition. Faut d'abord que tu prennes un avocat.

— Je vais me pencher sur la question.

— Tu ferais peut-être mieux de pas traîner, vu que tu seras bientôt mort, j'ai dit. Ou non, prends ton temps. Si tu attends assez, y a de grandes chances que le problème se règle tout seul. »

Une chose que je ne veux pas oublier :

Au début de ma carrière, j'ai répondu à un appel pour une histoire de troubles de voisinage, mettant en cause un type avec un blouson de cuir qui se faisait appeler Doug Liminaire. Il se tenait à la porte de son duplex pourri et m'a expliqué que, quand un mac aime réellement une pute, il est parfois obligé de la corriger.

Je me suis penché un peu sur le côté, pour regarder l'intérieur de la baraque par-dessus son épaule. J'ai vu une femme étendue par terre, elle pleurait, le visage entre les mains.

« Eh ben, il semblerait que je t'aime très fort », j'ai fait à Doug Liminaire. Et puis je lui ai défoncé sa sale gueule avec mon bâton de police.

En ce temps-là, je portais un gourdin sur moi : une boule de plomb de la taille d'un poing d'enfant, enrobée dans du cuir et montée sur un ressort rigide. De nombreux inspecteurs se convertissaient au tonfa avec sa poignée sur le côté, persuadés que cette nouvelle forme était plus efficace que l'ancienne pour se défendre. Comme il fallait frapper de côté, le bras restait levé en position de blocage, et comme le bâton se prolongeait sur l'avant-bras après la poignée, il offrait une protection contre les assaillants armés d'un couteau. Le tonfa était aussi censément plus difficile à arracher pendant un combat rapproché.

Toutefois, ces aspects pratiques ne m'impressionnaient pas, parce que je n'avais pas pour habitude d'essayer d'arrêter des lames avec mes bras. Si on m'attaquait avec un couteau, je faisais la seule chose sensée : je tirais. Et le mouvement oblique du tonfa ne me paraissait pas intuitif du tout. Mon bâton, lui, était comme une extension de mon poing, et j'avais un faible pour le cuir entourant le poids en plomb et pour la flexibilité du ressort. J'aimais voir la plombée rebondir sur la tête des délinquants. J'aimais le bruit qu'elle faisait.

J'appelais mon gourdin « Discrétion », et j'employais sans retenue mon pouvoir discrétionnaire.

Le procureur a refusé de déclencher des poursuites contre Doug Liminaire, parce qu'il estimait que j'avais fait un usage excessif de la force, mais par la suite une personne du bureau du procureur fédéral a interrogé la fille, qui était à l'hôpital, avant de mettre Doug en examen pour violation de la loi sur la traite des Blanches : il avait fait franchir les frontières d'un État à une mineure dans un but immoral. Ça lui a valu trois ans de pénitencier fédéral.

Et après que je lui ai cassé la tête en deux, personne ne l'a plus jamais appelé Doug Liminaire. Il a été rebaptisé Le Bavoir, à cause d'un des effets secondaires les plus gênants de son traumatisme crânien.

Il avait aussi des tics nerveux aux yeux et de temps en temps des crises d'épilepsie.

4

1965

Les gens qui connaissent essentiellement le travail de police grâce aux séries télé et aux romans policiers sont toujours surpris de voir à quel point les enquêteurs s'appuient sur la chance bête et méchante. On ne résout pas des crimes avec des déductions brillantes et des observations minutieuses. La plupart du temps, on ne gagne pas contre les méchants en étant plus malins qu'eux. Si on était malins, on ne ferait pas un boulot qui suppose qu'on nous tire dessus à intervalles réguliers.

Dans la réalité, un crime reste rarement impuni. Il y a toujours des témoins. J'ai vu une série télé dans laquelle les flics tombaient sur un corps dans une rue, alors ils appelaient les types en blouse blanche de la scientifique. Les techniciens trouvaient des fibres synthétiques près du cadavre. Ensuite ils identifiaient le tueur en comparant les fibres à une espèce de banque de données qui savait quel type de moquette possédaient les gens.

Ça me paraissait bidon. Pour autant que je sache, la moquette est identique à peu près partout, et la plupart des gens n'en ont pas des morceaux collés sur eux quand ils sortent tuer quelqu'un. Mais s'il y a un corps dans la rue, et si vous dites à des gars d'aller toquer à toutes les portes du quartier, vous pouvez espérer que quelqu'un vous dise tout simplement qui est le meurtrier.

La raison pour laquelle les policiers patrouillent dans les quartiers en voiture ou à pied est que, plus souvent que les gens le croient, on attrape les méchants en se trouvant au bon endroit au bon moment pour remarquer une activité suspecte.

Je ne cherchais pas spécialement Paul Schulman quand je me suis rendu à la synagogue. Je n'y étais même pas pour une affaire de police. Mon fils y allait deux après-midi par semaine pour sa préparation à la bar-mitsva avec Abramsky, le nouvel assistant du rabbin, et j'étais juste passé le chercher. Brian, Schulman et Abramsky sortaient de la synagogue quand j'ai tourné au coin de la rue.

Abramsky était censé être un rabbin « orthodoxe moderne », ce qui signifiait, tel que je le comprenais, qu'il se rasait la barbe mais conservait ses papillotes. Avec sa coiffure ridicule et son visage rondelet, il ressemblait à un bambin géant, et j'étais en désaccord avec la plupart de ses idées. Malgré tout, je l'aimais un peu plus que le rabbin supérieur, qui croyait que le tissu de coton n'était pas casher et portait des costumes en laine noire toute l'année. Même avant le prétendu réchauffement climatique, Memphis n'était pas l'endroit rêvé pour porter de la laine en plein été et, de fin avril à mi-novembre, le rabbin sentait la chaussette de sport sale.

Paul Schulman avait l'âge d'avoir combattu en Corée, mais il ne s'était jamais engagé. On pouvait être classé 4-F si on était jugé inapte au service militaire sur le plan physique, mental ou moral, et Schulman avait été disqualifié sur les trois tableaux.

Il mesurait un mètre quatre-vingts et pesait quatre-vingt-quinze kilos, mais réussissait quand même à avoir l'air d'un petit homme. C'était en partie la faute de son visage ; il avait des dents de lapin et des oreilles en feuilles de chou, et sa mâchoire rentrait timidement dans son menton. Il avait aussi l'habitude de coller ses coudes à son torse et de croiser ses mains molles sur sa poitrine, chose qui lui donnait un aspect faible et soumis. Et il avait une démarche disgracieuse à cause de ses pieds plats.

Le plus pacifique des hommes aurait eu du mal à ne pas lui flanquer une taloche, et je n'ai jamais été pacifique. Les choses étant bien faites, c'était un pourri et j'avais le droit de lui coller toutes les raclées que je voulais dès que l'envie m'en prenait.

C'était un petit escroc : il montait des arnaques à la petite semaine, truandait les chèques de pension des veuves et vendait des investissement bidons à des Noirs crédules. Mais de temps à autre il surmontait ses nombreux défauts et s'arrangeait pour infiltrer une bande qui préparait un coup recherché ou un casse.

Ce n'était pas une tête pensante et il ne valait pas tripette niveau muscles, mais il avait des doigts agiles et une certaine facilité à ouvrir des portes et des coffres-forts bas de gamme sans en avoir les clés. Schulman était le genre de type qu'allaient voir ceux qui cherchaient à fracturer quelque chose et n'avaient pas les moyens de se payer un perceur de premier ordre. Heureusement pour lui, beaucoup d'objets de valeur étaient protégés par des serrures de troisième ordre.

Paradoxalement, c'est sa capacité à se mêler à ces plus gros coups qui lui a évité de longues peines de prison pour ses infractions mineures. Le travail d'inspecteur de police ressemble un peu à la pêche : parfois c'est une bonne idée de relâcher les petits, histoire de pouvoir en remonter de plus gros ensuite. Et Schulman était un candidat solide pour la remise à l'eau parce que je pouvais compter sur lui pour cracher tout ce qu'il savait chaque fois que je le bousculais un peu. Il y a peu de choses plus chères aux yeux d'un policier qu'une balance fiable.

Mais ce soir-là, à la synagogue, Schulman a vu ma voiture et a pris la fuite.

Comme je l'ai expliqué, la chance joue un grand rôle dans le travail de police ; et savoir profiter de cette chance résout davantage de cas que la faculté de tirer des déductions obscures ou de repérer des indices minuscules.

Il y a deux ans, un écrivain de polars a donné une conférence au Jewish Community Center et nous a expliqué que les coïncidences sont à proscrire. Il a dit que tous les romans policiers parlent d'un univers fondamentalement ordonné dans lequel le désordre, incarné par le crime et la corruption, est systématiquement éradiqué. Par conséquent, l'histoire elle aussi doit contenir un ordre ; tout doit s'enchaîner de façon logique. Toutes les pièces doivent s'emboîter proprement.

Je ne suis pas très calé en structure narrative et je ne maîtrise pas les grands thèmes de l'ordre et du désordre, mais je sais deux ou trois choses sur le crime et son châtiment. J'ai travaillé sur une quantité d'affaires embrouillées, et j'en ai vu plus d'une se terminer grâce à des coïncidences.

Si mon fils n'était pas allé étudier à la synagogue avec le rabbin, je ne serais pas passé le chercher. Si le père de Schulman n'était pas mort plus tôt dans l'année, lui ne serait pas venu à l'office de Maariv pour réciter le kaddish. S'il avait gardé son sang-froid, je n'aurais probablement pas fait attention à lui ; je ne m'intéressais pas particulièrement à lui ce jour-là. Et si je ne l'avais pas pourchassé, je n'aurais peut-être jamais trouvé le début d'une piste menant à Élie.

Mais j'étais là, et lui aussi, et il s'est enfui en me voyant. Or si quelqu'un estime qu'il a une raison de me fuir, je pars du principe que j'ai une bonne raison de le poursuivre. C'est pourquoi je l'ai pris en chasse.

Quand Schulman a décampé, j'étais en train de me garer, alors j'ai donné un grand coup de volant et joué du levier de vitesse, et la Dodge est repartie sur la rue dans une embardée. Mon fils me criait quelque chose, mais je ne l'entendais pas à cause du bruit du moteur. J'ai lâché l'embrayage et la voiture a bondi en avant. J'ai rattrapé Schulman au bout du pâté de maisons et je suis monté sur le trottoir pour lui couper la route. Il courait aussi vite qu'il pouvait, penché en avant et déséquilibré. Je crois qu'il comptait foncer dans le carrefour, au milieu des voitures qui arrivaient en sens inverse, pour me perdre, mais il n'était pas assez rapide.

Il a posé une main sur ma voiture pour se stabiliser et a tenté de faire demi-tour. Mais j'étais plus entraîné à arrêter des sales types que lui à fuir devant la police. Avant qu'il puisse pivoter et filer, j'ai ouvert la portière d'un coup de pied et elle l'a fauché à l'arrière de la jambe. Il a été projeté en avant et a trébuché sur quelques pas, ce qui m'a donné le temps de sauter hors de la voiture et de lui envoyer un coup de Discrétion entre les omoplates.

Le choc du plomb s'est répercuté dans la chair et dans l'os, et le ressort s'est plié, si bien que le bâton a rebondi sur son dos avec un bruit creux, très satisfaisant. Cogner quelqu'un avec le casse-tête était un peu comme jouer du bongo avec un maillet en caoutchouc dur. Il n'a même pas eu la moindre chance de se protéger le visage avec un bras avant de heurter le trottoir.

« J'ai l'impression que t'as quelque chose à me dire, Paul », j'ai fait.

Il a craché un gros truc mouillé par terre, et j'ai vu qu'il y avait du sang dedans. « J'ai rien à te dire. Je te le jure.

— Si tu me mens, tu risques de me mettre en colère. Et si je me mets en colère, il va t'arriver des bricoles.

— Oh, s'il te plaît, non.

— Si t'as rien à cacher, pourquoi tu t'es enfui ? »

Il s'est tu juste assez longtemps pour réfléchir aux conséquences, puis il a dit : « Ma situation actuelle justifie complètement cette décision. » Et ensuite il a un peu serré les fesses, au cas où ça m'aurait donné envie de le frapper.

« Tu te crois malin, pas vrai ? j'ai dit.

— Ça me dérangerait pas d'être un peu moins malin, si ça me permettait de courir un peu plus vite.

— C'est pas le poids de tes méninges qui te ralentit, Paul. » J'ai appuyé avec le bout de ma botte contre son ventre flasque, et il s'est recroquevillé en position fœtale.

« Je crois qu'il y a quelque chose qui racle à l'intérieur de moi.

— C'est tes côtes. Je t'ai pété tes putains de côtes. Et si tu parles pas, je te pète autre chose. »

Schulman n'a rien répondu, mais ses yeux fixaient un point derrière moi. Je me suis retourné et j'ai vu que mon fils nous avait rejoints.

« Qu'est-ce que tu fais, papa ?

— Va dans la voiture et enferme-toi, j'ai dit.

— Pourquoi t'as frappé M. Schulman ?

— Va dans la voiture et enferme-toi.

— Ça va. On a juste une petite discussion, ton vieux et moi, a dit Schulman.

— Parle pas à mon gosse », je lui ai dit.

Brian a croisé les bras. « C'est pas bien.

— Balance-moi quelque chose, Paul, j'ai dit. J'ai pas très envie de te tabasser devant le petit, mais j'ai mauvais caractère et c'est pas impossible que je m'énerve. » J'ai levé le gourdin et il a tressailli. En général, pas besoin de grand-chose pour convaincre un petit minable de ce calibre de donner des noms. Il n'y avait pas beaucoup de monde sur la liste des gens susceptibles de fermer Paul Schulman comme une huître.

Je me suis agenouillé à côté de lui ; j'ai rapproché mon visage du sien. Je l'ai regardé dans les yeux, et je voyais qu'il se demandait si sa peur de moi l'emportait sur sa peur de celui qu'il protégeait. J'ai fait un calcul rapide. « Dis-moi ce que tu sais sur Élie. Est-ce que t'es sur le coup qu'il prépare ? »

J'ai resserré ma prise sur le casse-tête. Il m'a regardé dix bonnes secondes, j'étais gigantesque devant ses yeux, j'occupais tout son champ de vision, et il s'est rendu compte que j'étais omniscient et tout-puissant et que mon courroux serait terrible.

« Je suis pas dedans, il a dit. Je suis au courant de certaines choses, mais pas beaucoup. Je t'en prie, Buck, me frappe plus.

— Dis-moi ce que tu sais, et on verra si ça mérite ma clémence. »

Il a frémi, puis il s'est recroquevillé, parce que le frémissement avait fait bouger ses côtes cassées. Et puis il a poussé un petit cri, parce qu'en se recroquevillant il n'avait rien arrangé. « Ari Plotkin en connaît une partie, mais il dit qu'Élie me fait pas confiance. J'ai entendu dire que le coup a un rapport avec les basanés qui font grève près de la rivière. C'est tout ce que je sais. »

Je suis resté au-dessus de lui sans un mot assez longtemps pour être certain qu'il n'avait plus rien à me dire. Visiblement je n'en tirerais pas plus, à part des larmes et de la morve.

« Je devrais t'arrêter, Paul. Je sais très bien que depuis quelque temps tu prépares un truc qui devrait te valoir six mois à l'ombre. Mais je suis pas en service et je me sens d'humeur charitable. Quand tu repenseras à ce qui vient de se passer, n'oublie pas que j'ai été très gentil avec toi. La prochaine fois que tu m'obliges à te poursuivre, je serai beaucoup moins indulgent. »

Je me suis redressé, ce qui m'a amené à la hauteur d'Abramsky, qui avait passé un bras protecteur autour de l'épaule de Brian.

« C'est un lieu de prière, inspecteur », il a dit.

J'ai regardé Schulman qui tremblait sur le trottoir. « Peut-être que M. Schulman aurait dû prier un peu mieux. »

Les traits du rabbin se sont crispés si fort que ses lèvres ont viré au blanc. « Ce sont vos propres frères. Comment pouvez-vous leur faire ça ?

— Assez facilement, en fait », j'ai dit. J'ai désigné Brian avec le casse-tête. « Monte dans la voiture. »

Mais mon fils est resté planté là, les poings serrés. « Je veux que tu répondes à sa question. » Par certains côtés, c'était le portrait craché de sa mère.

J'ai regardé le rabbin. « Y a pas un commandement qui lui ordonne de faire ce que je dis ? »

Abramsky a croisé les bras. « C'est presque un homme, et un homme ne peut pas détourner les yeux lorsqu'il voit quelque chose comme ça. Je crois que vous feriez bien d'essayer de vous justifier. »

Cette démonstration de cran m'a surpris, venant d'un homme aussi mou et enfantin. J'ai dit à Brian : « Paul Schulman est une ordure. Ce n'est pas un de nos frères. Nous n'avons rien à voir avec cet homme. Nous ne sommes pas comme lui.

— Vous avez peut-être un gros bâton, vous n'en restez pas moins un juif, et vous l'apprendrez un jour, a dit Abramsky.

Pour le bien du petit, j'espère que cette leçon ne vous coûtera pas trop cher.

— Si vous voulez faire une bonne action, appelez une ambulance pour cet imbécile », j'ai dit au rabbin. Puis je me suis tourné vers Brian : « Range ton cul dans la bagnole. On se barre. »

5

2009

J'étais étendu sur un matelas de gymnastique dans une pièce sans fenêtres, et je regardais les néons au-dessus de moi. M'allonger par terre n'avait pas été sans peine, ni sans aide. Me relever serait douloureux.

« Levez les jambes, faites-moi encore deux séries », a dit Claudia, qui était kinésithérapeute ou spécialiste en rééducation ou quelque chose comme ça.

« Je crois que j'en ai assez fait pour aujourd'hui, j'ai dit.

— Si vous êtes capable de brandir une hache, vous êtes capable de me faire encore deux séries, Buck. » Elle prononçait son nom « Claoudiah ». Sa famille venait d'un endroit quelconque en Amérique centrale, et si jamais elle y retournait, elle serait parfaitement qualifiée pour devenir tortionnaire officielle dans une dictature. J'en avais bavé avec les meilleurs de la catégorie, et cette fille aurait pu sans problème entrer dans leur bande.

« La hache m'a épuisé. C'était du sport. Je crois que j'ai mérité un jour de repos.

— Il n'y a pas de jours de repos. Il n'y a que des jours où vous allez mieux et des jours où vous allez moins bien. »

C'était mon quatre-vingt-douzième jour de rééducation. C'était le quatre-vingt-douzième jour où je payais pour avoir poursuivi un vieil ennemi et frayé avec de sales types.

J'avais déjà fait quinze minutes de pédalage sur le vélo stationnaire, ainsi que trois séries d'un exercice qui m'imposait de tirer sur une corde et était censé renforcer mes muscles abdominaux. Mes muscles abdominaux étaient un vrai chantier. Prendre une balle dans le dos s'avère très mauvais pour eux.

Rose avait pris les dispositions pour nous faire emménager à Valhalla Estates pendant que j'étais encore à l'hôpital. Je n'aurais pas approuvé cette décision, mais c'était la seule possible. La maison n'était pas adaptée pour moi. Il n'y avait pas de barres d'appui ni de siège dans la baignoire. Je ne pouvais pas glisser de mon fauteuil roulant à la cuvette des toilettes. Le couloir menant à la chambre était trop étroit pour la manœuvre du fauteuil, et même après ma rééducation, j'aurais toujours eu besoin que quelqu'un de plus fort que ma femme m'aide à sortir du lit le matin.

Rose a préféré cet endroit à deux autres options moins chères, en partie parce qu'il y avait une structure de rééducation sur place et une kinésithérapeute à plein temps. Avec des critères pareils, elle aurait aussi bien pu nous envoyer à Guantánamo ; paraît qu'il y a de la place là-bas, depuis que notre président kényan a relâché tous les terroristes.

« Vous savez que j'ai étudié la biomécanique de la marche, a dit Claoudiah. La démarche humaine est une sorte de négociation avec la force de gravité exercée par la Terre. La planète essaie constamment de vous attirer vers son centre, et votre corps a appris à utiliser cette force pour vous propulser sur la surface.

— Jusqu'au jour où il arrête, et là on vous met dans un cercueil, j'ai dit.

— C'est pour ça que nous devons faire en sorte de garder tous ces muscles en bonne santé. Il suffit qu'un seul de ces systèmes complexes déraille et c'est toute la machine qui tombe en panne. »

Ma machine était bonne pour la casse ; j'étais composé d'engrenages moulus et de courroies râpées, le tout maintenu ensemble par de la salive et du mastic, et encore, ça, c'était avant qu'on me tire dessus.

Chez les personnes âgées, la guérison n'est pas une mince affaire. La première chose qui inquiétait les médecins était ce qu'ils appelaient la décompensation : en gros, j'étais devenu tellement fragile que le stress post-traumatique pouvait déclencher une série de défaillances de mes organes qui finirait vraisemblablement par me tuer.

Voilà comment me l'avait présenté mon toubib : « Chez les patients d'un âge avancé, une chute ou un traumatisme annonce qu'une nouvelle chute est hautement probable dans les six prochains mois, même si la blessure subie lors de la première chute semble minime ou superficielle. Avec deux blessures sur une période de six mois, nous remarquons une augmentation considérable de la probabilité d'une mort au cours des douze mois suivants, relativement parlant.

— Relativement à quoi ?

— C'est-à-dire que le taux de mortalité est plutôt élevé dans votre tranche d'âge », il a dit.

Il a toujours su trouver les mots pour me remonter le moral.

Après deux semaines au lit sans bouger, ce qu'une personne de mon âge pouvait espérer de mieux était une détérioration musculaire irréversible, mais il y avait davantage de chances que mes jambes se remplissent de caillots sanguins, qui se changeraient en embolies et auraient ma peau. Un risque accru par le fait que je devais arrêter les anticoagulants pendant un moment, pour permettre à mes blessures de cicatriser.

Et donc on m'a envoyé en rééducation alors que la blessure causée par la balle que j'avais prise dans le côté suintait encore ; quelques jours à peine après qu'on m'avait plâtré la jambe. On m'obligeait à lever et à baisser les bras, à soulever et à plier ma bonne jambe.

Plusieurs fois par jour, on me tirait du lit pour me faire asseoir dans un fauteuil, même si ça me faisait un mal de chien d'être à la verticale. On m'a renvoyé de l'hôpital au bout de deux semaines, mais ensuite j'ai passé un mois en fauteuil roulant, le temps que les os se ressoudent. Le plâtre était trop lourd pour que je le traîne derrière moi, et des béquilles ou un déambulateur auraient rouvert les points de suture sur mon flanc.

Malgré tous mes efforts, quand on m'a enlevé le plâtre, ma jambe ne pouvait toujours pas supporter mon poids. J'ai essayé d'utiliser le déambulateur, mais Rose trouvait que je n'étais pas stable. Alors je suis retourné dans le fauteuil roulant pour trois semaines de plus, pendant que Claoudiah me faisait lever et plier jusqu'à ce que je sois plus solide.

« Je suis prêt à arrêter, j'ai dit.

— Faites-m'en encore huit. »

J'ai levé les yeux vers elle. Elle était massive sans être grosse ; l'air en bonne santé sans être jolie. Elle avait un visage large et épaté, ses épaules et ses membres paraissaient trop gros pour un corps de femme. Quelquefois, quand je trébuchais, elle me rattrapait avec un seul bras et me remettait d'aplomb. Si je devais la décrire en un mot, je dirais « robuste ». C'est ce qu'elle était : robuste. Comme un meuble.

Pendant que je songeais à des meubles, je me suis rappelé le rocking-chair de Connor et j'ai ri. Je m'étais fait mal en taillant ce machin en pièces, mais ça en valait la peine.

« Qu'est-ce qu'il y a de drôle, Buck ?

— Rien d'important.

— C'est vraiment rien d'important, ou est-ce que vous avez déjà oublié pourquoi vous riiez ? »

Cette surveillance de mon état mental faisait partie de mon programme de rééducation. J'avais déjà présenté plusieurs symptômes de léger déficit cognitif, et mon esprit était un des systèmes susceptibles de décompenser à la suite de mes blessures.

« J'ai rien oublié. J'ai juste pas envie d'en parler. »

J'ai levé la jambe une nouvelle fois. Ça m'a fait mal. Mon côté me faisait mal. Mes muscles abdominaux me faisaient mal.

Même après trois mois de travail, certains jours j'étais si fatigué que je retournais dans le fauteuil roulant après les séances de kiné. Toute cette situation me rendait bougon, même relativement à ma tranche d'âge, dans laquelle le taux de bougonnerie était déjà plutôt élevé.

En réalité, c'était un sacré problème. Quand j'étais en colère, je devenais renfrogné, et quand je me renfrognais, je me renfermais, ce qui accélérait en principe la progression de ma démence.

Mon médecin m'a fait tout un laïus à ce sujet, et à la fin il a écrit quelque chose sur son bloc. Impossible de déchiffrer son écriture, alors j'ai montré le papier à mon pharmacien qui m'a dit que ce connard de docteur avait prescrit une « attitude positive ».

J'ai juré plusieurs fois parce que ce trajet avait été du temps perdu, mais j'en ai profité pour acheter deux cartouches de cigarettes, histoire de ne pas être venu pour rien.

Mon médecin précédent avait été un peu plus utile. Après la mort de mon fils, il m'avait envoyé voir un psychiatre, qui m'avait prescrit des antidépresseurs. J'avais encore quelques pilules dans mon armoire à pharmacie, mais je n'aimais pas ça. Sous antidépresseurs, je n'étais pas moi-même.

« À quoi est-ce que vous pensez, Buck ? a demandé Claoudiah.

— Rien d'important.

— Rien d'important, ou est-ce que vous avez déjà oublié à quoi vous pensiez ?

— Je vous ai déjà dit que je ne vous aime pas ?

— Pas depuis hier. »

Ça, je m'en souvenais. C'est vrai. Je m'en souvenais.

« Pendant que vous faites vos exercices, répétez-moi cette liste, a dit Claoudiah. Fauteuil, oiseau, camion, buisson, chapeau.

— C'est pas une liste. C'est des trucs qui ont rien à voir les uns avec les autres.

— Justement. C'est pour tester votre mémoire à court terme. Nous avons déjà fait ça. Vous vous en souvenez ?

— Évidemment.

— Alors vous connaissez la chanson. Répétez-moi la liste.

— J'ai pas envie. J'ai autre chose en tête. » Je pensais à Élie. J'aurais peut-être dû le retenir, même si je ne voyais pas comment. Je n'allais pas le poursuivre avec mon déambulateur.

Est-ce qu'il allait vraiment chercher un avocat ? Est-ce qu'il avait vraiment l'intention de se rendre à la police ? Il était vraisemblablement venu me demander une aide que je n'avais pas pu lui apporter, et dans ce cas, je n'entendrais plus jamais parler de lui. En voyant ce que j'étais devenu, il avait peut-être décidé que je n'étais pas en état de lui offrir ce qu'il attendait de moi.

Je gardais aussi à l'esprit que tout ça pouvait être un piège. Élie et moi, on ne s'était pas quittés bons amis. Quand une vieille némésis vient vous rendre visite cinquante ans plus tard, ce n'est jamais la fête. Tout juste quelques mois plus tôt, j'étais entré dans un endroit pas si différent de Valhalla Estates, et mes intentions étaient tout sauf bienveillantes. Il n'était pas impensable qu'Élie soit dans les mêmes dispositions.

Sauf que j'avais beaucoup plus de raisons de le haïr qu'il n'en avait de me haïr ; il avait fui Memphis à peu près indemne, en me laissant un immonde bordel à nettoyer. Or on ne vient pas chercher à régler ses dettes quand on est déjà en positif.

Quoi qu'il en soit, il n'appellerait probablement jamais. Et dans ce cas, ce serait tant mieux pour moi. Je n'avais pas besoin d'ennuis. Mais j'aimais les ennuis, et j'ignorais si je trouverais encore beaucoup d'occasions de m'en créer.

« La liste, Buck.

— Fauteuil, oiseau, camion, tapis... merde.

— Allez. Je sais que vous pouvez y arriver.

— Fauteuil, oiseau, camion... »

Silence. Cinq choses sans rapport entre elles. Qui pouvait bien mémoriser une liste pareille ? Personne. De temps en temps Rose me rendait visite pendant mes séances avec Claoudiah, et elle disait qu'elle non plus elle n'arrivait pas à se rappeler les listes.

« D'accord, pause cigarette », a dit Claoudiah pour que je n'aie pas à m'humilier davantage en admettant ce qui était évident pour nous deux. « J'ai oublié les miennes. Je peux vous en prendre une ? »

Je n'avais jamais vu Claoudiah fumer avec aucun de ses autres patients, mais j'appréciais qu'elle ait le tact de me laisser tranquille avec mes mauvaises habitudes. Elles étaient à peu près tout ce qui me restait.

« Je fume des sans filtres », j'ai dit.

Elle a ri. Ce n'était pas un rire de fille. « Je crois que je tiendrai le coup, elle a dit, en passant un de ses bras costauds derrière mon dos et en me relevant.

— J'imagine que oui. »

J'ai agrippé les poignées en caoutchouc de mon déambulateur, et Claoudiah a ralenti pour s'adapter à ma cadence tandis que nous sortions de la salle de rééducation et traversions le couloir où se trouvaient les bureaux des infirmières, dans une lumière et une odeur d'hôpital. Elle m'a tenu la porte, et de l'autre côté elle m'a tenu le bras pour m'aider à négocier les deux petites marches en béton.

J'ai farfouillé dans la poche du sweat-shirt à capuche de l'université de New York que m'avait envoyé mon petit-fils, j'en ai sorti les cigarettes et elle a allumé le briquet pour moi. J'ai avalé une bouffée et gardé la fumée aussi longtemps que possible. Je me suis appuyé sur le déambulateur et j'ai essayé de profiter de la vue sur le parking des employés. Après ça, je retournerais dans ma chambre et je resterais planté devant Fox News jusqu'à ce que je m'endorme, tandis qu'elle regagnerait son bureau et remplirait un formulaire. Et dans trois ou quatre semaines, j'aurais un rendez-vous avec un neurologue.

À moins qu'Élie appelle, et dans ce cas il se produirait peut-être quelque chose d'imprévu. Je priais pour qu'il appelle.

Une chose que je ne veux pas oublier :

« Regardez ce graphique, disait l'homme en costume sur l'écran de ma télévision. Il montre les performances de l'indice S&P 500 sur les quinze dernières années.

— Très bien », a dit l'animateur en tapotant le graphique. Il était en cravate et manches de chemise, mais il avait l'air un peu fripé. Depuis que j'avais un de ces nouveaux appareils à écran plat, les gens dans les émissions d'actualité avaient tous mauvaise mine. Couverts de pores et de transpiration et maquillés à la truelle.

Cela dit, je n'étais pas vraiment en position de critiquer ; je n'avais pas embelli avec l'âge. George Orwell a dit que, vers cinquante ans, on a le visage qu'on mérite. Ce qu'il oubliait de préciser, c'est que, vers quatre-vingts ans, on a un visage que personne ne mérite. Je ressemblais à un mannequin de cire qu'on aurait par endroits fait fondre au chalumeau.

« Juste ici, vous voyez la crevaison de la bulle Internet, disait l'homme à la télévision. Et ici, la crise de 2001. »

Je voyais des cicatrices d'acné. Je voyais une zone le long de sa mâchoire qu'il avait loupée en se rasant. Je me suis passé la main sur le visage et j'ai senti deux endroits identiques sur mes joues. Depuis quelque temps j'avais du mal à me raser. Je voyais mal ce que je faisais, même avec un miroir grossissant.

Il y a encore quelques années, je me rasais tous les matins au coupe-chou, parce que c'est de cette manière qu'un homme doit se raser. De près, toujours. Mais j'avais les mains bien moins sûres. Je ne m'étais pas encore coupé le visage, mais je m'étais entaillé deux doigts en essayant de changer la lame, ce qui avait mis un souk pas possible à cause de mes anticoagulants, et on avait été obligés de faire un saut aux urgences. Ça avait suffi pour que Rose me force à passer au rasoir électrique.

« Et là, au bout, la panade dans laquelle nous sommes actuellement, disait l'invité.

— Et pourquoi regardons-nous ça ?

— Voyez comme la ligne est en dents de scie. Beaucoup de hauts et de bas. Imprévisible, n'est-ce pas ?

— En effet.

— Faux ! C'est une vision de gogo. » Il a pris un gros feutre bleu et tracé une ligne diagonale au milieu du graphique. « En maths, on appelle ça une régression linéaire. Ça signifie que la nature extrême des hauts et des bas que nous observons n'est rien d'autre que du bruit blanc. Et ce bruit blanc masque ce que ces données nous disent d'essentiel, à savoir que les fondements de l'Amérique sont forts, et si les choses peuvent être volatiles sur le court terme, un portefeuille constitué d'actions américaines diverses continuera toujours à monter, sur le moyen et long terme.

— D'accord, mais ici, au bout, fin 2008, votre ligne de régression continue à monter, or la ligne montrant la performance du marché plonge.

— Encore du bruit blanc. Les effets d'une correction du marché sont toujours exagérés par des investisseurs inexpérimentés qui vendent en paniquant. Sur le long terme, le marché va revenir sur la ligne de régression, et cette ligne monte ! Je ne veux pas commencer à évoquer des choses techniques comme le ratio cours sur bénéfices, mais les fondamentaux sont solides comme le roc, et il y a beaucoup d'excellents achats à faire en ce moment. Ne soyez pas victimes de la panique ! Ne soyez pas des gogos ! Au jour le jour, vous ne pouvez pas prévoir le marché et jouer sur les hauts et les bas, à moins d'être un expert des secteurs et des sociétés dans lesquelles vous investissez. Laissez ça aux professionnels. Achetez des valeurs sûres à long terme, et tenez bon.

— Et bien sûr, il est toujours intelligent de diversifier votre portefeuille en investissant dans les métaux précieux.

— Ça va sans dire. »

J'ai appuyé sur la zappette. Je me suis rendu compte que j'étais un marché boursier. Au jour le jour, mes progrès en rééducation, et la cicatrisation de ma blessure, tout ça ce n'était que du bruit blanc. Des victoires temporaires qui masquaient ma ligne de régression : une courbe descendante et régulière faite de compromis permanents. J'avais arrêté de conduire la nuit, et ensuite j'avais pratiquement arrêté de conduire tout court. Je ne fumais plus devant la télé ; je ne fumais plus du tout dans la maison. Je ne mangeais plus ce que j'aimais. Je ne montais plus les escaliers.

Tout ce que j'avais, je pouvais le perdre. Mon fils. Ma maison. Ma mobilité. Ma lucidité.

La porte s'est ouverte et Rose est entrée. Elle s'était inscrite à un club de mah-jong qui se réunissait tous les après-midi dans le coin salon principal, au moment où, en général, j'allais faire une sieste après le kiné. Pour ce que j'en savais, elle n'avait jamais joué au mah-jong avant notre installation à Valhalla Estates, ni jamais témoigné le moindre intérêt pour ce type de jeux, si bien que je soupçonnais que c'était une excuse pour me fuir un petit moment.

Elle a regardé la télévision : « Les nouvelles sont bonnes ?

— Ça existe, les bonnes nouvelles ? »

6

2009

À 2 heures de l'après-midi, le téléphone a sonné et m'a réveillé. Personne ne m'appelle jamais à 2 heures de l'après-midi. Les gens polis respectent ma sieste, et de toute façon il n'y a pas grand monde qui m'appelle. À part ma belle-fille, une ou deux fois par semaine, pour vérifier que tout va bien, et mon petit-fils, tous les dimanches juste avant le dîner.

J'ai crié à Rose de répondre, mais elle était sortie, alors j'ai attrapé le combiné sans fil sur la table de chevet et appuyé sur le bouton pour parler.

« Quoi ? »

Au lieu d'une réponse, j'ai entendu une tonalité, et ça continuait à sonner ailleurs dans la pièce. Après un instant de confusion, j'ai compris que l'appel arrivait sur mon portable.

On ne m'appelait jamais sur mon portable ; il servait seulement pour les urgences. Sauf que j'avais donné ce numéro à Élie. Je ne voulais pas qu'il appelle sur le téléphone normal, parce que Rose aurait pu décrocher. J'avais pensé à mettre le portable à un endroit où je pourrais l'attraper facilement, mais j'étais rentré fatigué et énervé de ma mauvaise séance de rééducation, et j'avais oublié. J'avais laissé le machin dans la poche de mon pantalon, qui était maintenant posé sur le dossier du fauteuil inclinable, à l'autre bout de la chambre.

Je n'y arriverais jamais à temps, et je ne savais pas comment rappeler Élie. Le téléphone retenait le numéro des derniers appels manqués, mais Élie appellerait probablement d'une cabine téléphonique ou d'un autre endroit impossible à retrouver. Je ne comprenais pas bien comment fonctionnaient ces engins, mais je savais que ce n'était pas le genre d'homme qu'on pouvait joindre en pressant le bouton *bis*.

Quatre-vingt-douze jours de rééducation. À me faire mal et à pousser mon corps jusqu'à l'épuisement complet. Et tout ça pour quoi, si je n'étais pas capable de me lever pour décrocher le téléphone ?

La première fois que j'avais réussi à sortir du lit sans assistance depuis ma blessure remontait seulement à quelques semaines, et ça m'avait paru un immense triomphe après avoir été obligé, pendant trois mois, de demander à un employé du bâtiment de venir me mettre debout. Mais le processus nécessitait toujours plusieurs minutes, en comptant deux courtes pauses pour reprendre mon souffle. Le téléphone sonnerait une petite vingtaine de secondes.

Ce n'était pas une bonne idée de me précipiter. Si je mettais trop de poids d'un coup sur mes jambes, elles risquaient de lâcher, et alors je tomberais, je me cognerais la tête contre le sol et je crèverais comme un connard. Un risque inutile pour répondre à un appel que j'aurais tort de prendre.

Mais de toute façon, tôt ou tard, j'allais probablement mourir comme un connard.

J'ai glissé ma jambe gauche sur le sol et tendu le bras vers la barre d'appui au mur. Avec l'autre main, j'ai attrapé le déambulateur, que j'avais garé à côté du lit.

Une fois bien stable, j'ai sorti ma jambe droite du lit, serré les dents et tenté de me redresser. Le mouvement mettait à rude épreuve mes pauvres muscles abdominaux et tirait sur la cicatrice au bas de mon dos, là où on m'avait recousu. Cette tâche toute bête était ce pour quoi j'avais travaillé tellement dur, et j'y arrivais à peine sans aide.

Tout a viré au blanc devant mes yeux, et j'avais le côté en feu. J'ai glapi de douleur et lâché le mur. À présent mon poids reposait sur mes jambes, pile là où il ne devait jamais être. Mes cuisses ont tremblé, j'ai senti que mes genoux commençaient à flancher, et mon corps a commencé à partir en avant, mais j'ai réussi à écarter les bras sur le déambulateur et à retrouver mon équilibre. Avant de me lever complètement, j'ai pris deux inspirations profondes et hachées.

Et là, le téléphone a arrêté de sonner.

« Et merde », j'ai dit à la pièce vide, parce que j'étais faible et sénile et pitoyable et brisé.

Et puis il a sonné à nouveau. On avait dû raccrocher et rappeler. J'ai poussé le déambulateur, farfouillé dans mon pantalon et sorti l'appareil à temps pour répondre.

« Bonjour, Baruch.

— Élie.

— Je me suis dit que tu t'étais peut-être décidé à ne pas m'aider.

— Je vais pas t'aider. Tu as dit que tu allais te dénoncer, et j'ai dit que je serais là.

— Très bien. J'ai obtenu les services d'un avocat pénaliste, et je suis prêt à me rendre, si les autorités peuvent me protéger.

— Va au complexe judiciaire, 201 Poplar Avenue, je te retrouverai là-bas. »

Il a ri. C'était un son toujours aussi enjoué, mais plus caillouteux à présent. « Je t'ai dit que j'étais en danger, oui ou non ? Je ne suis pas venu trouver Baruch Schatz pour entrer par la grande porte dans un bâtiment plein de policiers et de criminels. Tu sais aussi bien que moi que les hommes qui portent des badges peuvent être au service de nombreux intérêts autres que la justice. »

Il y avait beaucoup de choses que je détestais chez Élie, mais par-dessus tout je détestais sa manière de parler. « Alors, qu'est-ce que tu veux que je fasse ?

— Puisque tout le monde sait que tu es incorruptible, j'aimerais que tu passes un accord avec un policier en qui tu as confiance.

Je me livrerai à lui dans un lieu que j'aurai choisi, et vous vous arrangerez tous les deux pour qu'on m'emmène en lieu sûr.

— Tu veux qu'on t'inscrive au programme de protection des témoins, un truc comme ça ?

— Je voudrais juste ne pas être assassiné aujourd'hui.

— Il va falloir que tu me dises dans quoi tu t'es fourré.

— Je le dirai à la police. Tu n'es pas de la police. Plus maintenant. Ta mission est simple : tu dois me mettre en relation avec des hommes à qui je peux confier ma sécurité. En es-tu capable ?

— Je connais un type, j'ai dit.

— Très bien. Prends contact avec lui. Je pars du principe que tu vas le joindre d'ici une heure. À ce moment-là, je te rappellerai et je te dirai où nous nous retrouverons.

— J'aime pas ça », j'ai dit. Mais il n'y avait déjà plus personne au bout du fil.

7

2009

J'ai pris ma retraite de la police en 1976, si bien que tous mes amis du service étaient eux aussi à la retraite, et très peu d'entre eux étaient encore en vie. Il ne me restait qu'un seul véritable contact dans la police, un gamin de couleur, âgé de vingt-six ans et nommé Andre Price. Nous n'étions pas amis, étant donné que j'avais tué son mentor, l'inspecteur Randall Jennings, d'une balle de mon .357 dans la gueule.

Jennings l'avait bien mérité ; c'était une crapule qui avait tué quatre personnes et m'avait tiré dans le dos avec une carabine pour la chasse au cerf. Mais ça demeurait un sujet qui fâchait entre Price et moi, vu qu'il avait été le seul policier à assister aux obsèques de Jennings. C'est lui qui a lu l'éloge funèbre.

Il n'y a aucun bénéfice à se montrer à l'enterrement d'un homme tombé en disgrâce. Personne à caresser dans le sens du poil ; aucun coup à jouer. Sa présence invitait la police des polices à se pencher sur son cas et donnait à chaque mention dans son dossier l'air de quelque chose à creuser. S'il n'avait pas eu les épaules pour supporter la pression, il ne serait pas venu, et même s'il était réglo, il s'attirait quand même des ennuis dont la plupart des policiers se seraient volontiers passés.

Je respectais Price pour avoir fait l'éloge de son pourri d'ami. Ça dénotait une véritable intégrité. Du cran.

Quand je lui ai téléphoné, il m'a raccroché au nez, ce qui était aussi quelque chose d'honnête.

Je l'ai rappelé.

« Je sais qu'à votre âge on n'a rien à faire de ses journées, mais je suis occupé, il a dit. J'ai pas de temps à vous accorder.

— Est-ce que vous avez le temps de devenir celui qui classera enfin une série de braquages qu'on n'a pas réussi à résoudre depuis cinquante ans ?

— Écoutez, mon vieux, sur la liste de tout ce qui existe dans le monde, la quintessence du truc dont j'ai rien à foutre, c'est un braquage qui remonte à cinquante ans.

— Surveillez votre langage.

— Je dois régler des trucs qui se sont produits hier. On a eu une demi-douzaine d'affaires de drogue dans les deux dernières semaines, et aucune arrestation. Un ancien braquage, c'est pas mon problème. »

C'était, bien sûr, une réponse éminemment raisonnable. Mais comme il n'a pas raccroché, je lui ai parlé d'Élie, de notre étrange entretien au petit déjeuner à Valhalla Estates, et de l'aide qu'il m'avait demandée.

« Il se sert de vous, a dit Andre. Il est en train de monter un coup.

— Possible qu'il soit acculé, et que ce soit la seule manière pour lui de s'en sortir.

— Vous réfléchissez avec votre ventre. C'est ce que vous voulez, donc vous faites semblant de ne pas voir tout ce qui ne vous arrange pas. Il va vous tendre un piège ou jouer sur deux tableaux, c'est quasi sûr. »

Réfléchir avec son ventre. Une bonne formulation. Cette situation ne sentait pas bon. Élie ne disait pas tout, il s'entourait de secrets, ce qui justifiait que je me méfie de lui, et s'il comptait vraiment se dénoncer, il n'avait pas besoin que je lui serve d'intermédiaire.

S'il avait peur de mettre les pieds dans un commissariat, il aurait pu demander à la police de venir le cueillir chez son avocat. Et s'il craignait que ses ennemis aient corrompu des membres des forces de police, son avocat aurait dû pouvoir l'aiguiller vers un flic honnête aussi facilement que moi. Plus facilement, même. Les avocats pénalistes côtoyaient des flics au

quotidien. J'étais un éclopé sur la touche qui vivait dans une maison de retraite.

Élie me menait en bateau, et je le savais. Andre le savait. Et je l'embarquais quand même dans ce pétrin, pour une seule raison :

« Quand un voleur légendaire offre de se rendre, on ne l'envoie pas paître. C'est comme attraper le tueur du Zodiaque ou Unabomber. C'est le genre de truc sur lequel des gens écrivent des livres. »

Je ne m'étais jamais considéré comme appartenant à la catégorie de ceux qui pensent à leur postérité, mais l'idée de perdre la tête, de me perdre, m'inquiétait de plus en plus. Pendant deux jours, quand je cherchais le fugitif nazi Heinrich Ziegler et l'endroit où il avait caché son or volé, j'avais l'impression d'être le même homme que dans mes souvenirs, à l'époque où je portais un flingue et poursuivais des sales types au petit déjeuner. Et puis j'avais été blessé et j'avais fini plus décrépit que jamais. Je voulais redevenir moi-même, et tant pis si ça supposait de foncer tête baissée dans un piège. Tant pis si ça supposait d'entraîner Andre Price avec moi. Au pire, qu'est-ce qu'on risquait ?

« J'ai pas besoin qu'on écrive des livres sur moi, a dit Andre. Et j'ai pas non plus besoin d'être acculé.

— Il y a des choses qui méritent qu'on se mette un peu en danger.

— Je vous connais, Buck. Je sais que vous vous êtes fourré dans plein de situations dont vous vous êtes sorti grâce à votre arme. On est très différents, vous et moi. Je n'aime pas tirer sur les gens, et je n'aime pas du tout qu'on me tire dessus.

— Élie mérite qu'on se penche sur son cas. Je ne sais pas ce qu'il cherche, mais je doute que ce soit une fusillade. Si ça se présente mal, on n'aura qu'à s'en aller, mais on peut au moins prendre une heure pour résoudre une affaire mythique.

— J'arrive pas à croire que je sois en train d'y réfléchir, a dit Andre.

— Passez me prendre à Valhalla Estates, j'arrangerai le rendez-vous.

— Vous espérez que je vais vous servir de chauffeur ? Je suis pas Morgan Freeman et vous êtes pas Miss Daisy.

— Vous voulez que j'essaie de prendre le volant ?

— Fait chier. » Il s'est tu. « Me faites pas attendre, parce que je vous attendrai pas. »

J'avais à peine raccroché le téléphone qu'il s'est remis à sonner.

« Il y a un cimetière juif près de South Parkway, a dit Élie. Tu le connais ? Retrouve-moi là-bas avec ton contact de la police.

— Je vois où c'est. Pourquoi là ?

— C'est près du bureau de mon avocat. Il me l'a recommandé, quand je lui ai expliqué que je ne voulais pas te donner rendez-vous dans un endroit où je serais coincé entre quatre murs. Il n'y a pas beaucoup de circulation, et aucune surveillance. Le cimetière est adjacent à un dépôt ferroviaire, il n'y a donc pas d'immeubles élevés à proximité. La visibilité est bonne dans toutes les directions. Si vous êtes suivis, je le verrai. Si vous me tendez un piège, je le verrai. Si je n'aime pas l'air de la personne qui t'accompagnera, j'aurai des portes de sortie.

— Ça se tient, j'ai dit.

— L'endroit te pose problème ?

— Non. » Je ne trouvais pas nécessaire de lui dire que mon fils y était enterré ; il le savait probablement déjà.

8

2009

Valhalla Estates avait été bâti en 2003, mais un porche à l'ancienne mode courait toute le long de la façade principale, avec des fauteuils à bascule dans lesquels les pensionnaires pouvaient s'installer quand il faisait beau et profiter de la vue sur le parking et les voitures et, derrière, le panorama des six voies de Kirby Parkway.

Quand Andre est arrivé, je fumais une cigarette dans un des rocking-chairs. Il s'est garé sur l'accès pompiers et a allumé ses warnings, puis il est descendu de voiture.

« Il est à vous, ce déambulateur ? il a demandé.

— Vous voyez quelqu'un d'autre dans le coin ? »

Il s'est marré. « Il vous va bien. Ça doit être les finitions chromées. »

Je me suis extirpé à grand-peine du fauteuil. Il y avait trois marches raides pour descendre du porche au trottoir, et Andre n'a pas dissimulé sa joie en me voyant les négocier. J'aurais pu emprunter la rampe qui longeait le côté du bâtiment, mais j'avais l'impression que j'aurais paru faible si j'avais cherché à éviter les marches.

J'ai ouvert la portière passager et commencé à plier le déambulateur.

Andre conduisait une voiture banalisée. Un véhicule banalisé correspond parfaitement à ce que suggère son nom : c'est une voiture de patrouille, mais en banal. Elle n'est pas peinte en blanc et noir, elle n'a pas toute une série de gyrophares sur le toit, mais ça reste une voiture de flic ; une berline américaine à quatre portes, du style Chevrolet Caprice ou Ford Crown Victoria. Souvent, comme dans le cas de celle d'Andre, une caisse banalisée est équipée d'une cage grillagée à l'arrière et d'une antenne de radio.

« C'est quoi, cette tenue ? a demandé Andre.

— Je sais pas, j'ai dit. Des vêtements.

— Des antiquités, ouais. » Il a contourné la voiture pour voir comment j'étais fagoté. Je me débattais toujours avec le déambulateur. Il n'avait pas l'air parti pour me donner un coup de main. « Votre blouson, c'est un Members Only ? »

Je n'ai pas répondu.

« C'est carrément un Members Only. Y a même des épaulettes.

— C'est mon fils qui me l'a offert.

— Quand ça ? En 1985 ? »

J'ai lâché le déambulateur. « 1986, j'ai dit. Pour mon soixante-cinquième anniversaire. Mon fils et sa femme nous ont invités à manger un steak chez Folk's Folly, Rose et moi. J'ai pris un faux-filet. Je l'ai commandé à point, on me l'a servi bien cuit, mais je l'ai mangé quand même. »

Je me souvenais de ça, mais impossible de me rappeler la liste de Claoudiah. Drôle de truc, la mémoire.

« On est presque en juillet, Buck. Vous trouvez pas qu'il fait un peu chaud pour porter un blouson ?

— J'ai une mauvaise circulation.

— Laissez-moi vous débarrasser.

— Pour quoi faire ? »

Il ne souriait plus. « Parce que je veux que vous enleviez ce blouson.

— N'y touchez pas.

— On n'ira nulle part tant que vous ne l'aurez pas enlevé. »

Je l'ai fixé et j'ai considéré un moment les options qui s'offraient à moi. Puis j'ai jeté ma cigarette sur le bitume et descendu la fermeture Éclair de mon blouson. En dessous, je portais mon .357, coincé sous mon bras dans son holster.

« C'est bien ce que je pensais, a dit Andre. Hors de question que vous montiez dans ma voiture avec ça.

— Je pourrais en avoir besoin, au cas où ça partirait en vrille.

— On va chercher un type qui braquait des banques il y a cinquante ans. Quel âge il a maintenant ? Soixante-quinze ? »

J'ai compté dans ma tête. « Il avait trente ans dans les camps, en 1944, donc il a soixante-dix-huit ans, j'ai dit.

— Je peux faire face à un homme de soixante-dix-huit ans. J'ai pas besoin de vous en renfort, a dit Andre.

— Toute personne capable de tenir une arme peut être dangereuse.

— Je sais. C'est pour ça que je ne veux pas vous avoir derrière moi avec une arme à feu. Allez ranger ça dans votre chambre. »

Je n'ai pas bougé.

« Je ne vous emmène nulle part avec ça, a dit Andre.

— Je ne vous aime pas, j'ai dit.

— Alors pourquoi vous m'avez appelé ? »

J'ai déplié le déambulateur et je me suis battu contre les trois marches dans l'autre sens. En arrivant à notre appartement, j'ai trouvé Rose devant la télé.

« Qu'est-ce que tu fiches avec ta veste ? elle a demandé. Il fait quarante degrés dehors. »

J'ai roulé le blouson en boule et je l'ai jeté par terre.

« C'est ton pistolet que tu as là ? » Là, elle semblait inquiète.

« Je suis juste venu le déposer. » J'ai descendu ma vieille boîte à chaussures de l'étagère et enveloppé le flingue dans sa mousseline.

« Tu veux bien me dire pourquoi tu l'avais sorti ?

— Aucune importance.

— Si, tu te promènes avec ton arme et je trouve ça important. Je n'ai pas envie que tu sois encore blessé.

— J'ai la situation bien en main.

— Qu'est-ce que tu as bien en main ? C'est au sujet de M. Connor ? Vivienne Wyatt est venue me trouver pendant le mah-jong et elle m'a remonté les bretelles.

— J'ai fait la paix avec Connor. Tout est arrangé. » J'ai remis la boîte sur l'étagère et balancé le holster au fond du placard. J'ai commencé à ramasser le blouson, mais je n'en avais pas vraiment besoin, alors j'ai laissé Rose s'en charger. J'avais du mal à me pencher; c'est la raison pour laquelle j'avais arrêté de porter des chaussures à lacets.

« Elle m'a fait promettre de nous débarrasser de ta hachette. Je crois qu'elle deviendrait folle si elle apprenait que tu as un revolver. Tu ne devrais pas sortir avec.

— Je sais. C'est pour ça que je le range.

— Le 21 juin est tombé la semaine dernière, a dit Rose. Ça fait sept ans. Je pensais qu'il valait mieux que je n'en parle pas, tu étais tellement obnubilé par ta rééducation. Mais on aurait peut-être dû faire quelque chose. Peut-être en discuter. Peut-être aller au cimetière.

— C'est drôle que tu dises ça.

— Qu'est qu'il y a de drôle ?

— Rien. Laisse tomber.

— Ce n'est pas une preuve de faiblesse que de porter le deuil, Buck. Je sais que tu n'es pas insensible.

— Je n'ai jamais dit que je l'étais. Mais je ne vois pas l'intérêt d'en discuter.

— Nous sommes mariés depuis soixante-quatre ans, et c'était notre fils. Pour moi aussi, ça a été dur d'abandonner la maison. Ce n'est pas normal que j'aie l'impression d'être seule face à ça.

— Tu n'es pas seule, j'ai dit. Je serai rentré pour le dîner. Tout va bien. »

Puis j'ai attrapé le déambulateur et je l'ai poussé en direction de la porte.

9

2009

« Comprenez bien, je ne vous en veux pas pour Jennings, a dit Andre. Il a toujours été gentil avec moi, mais dans une situation où c'était lui ou vous, je comprends que la survie ait pris le dessus sur toutes les autres considérations. Ce avec quoi je ne suis pas d'accord, en revanche, c'est votre philosophie sous-jacente du travail de police. »

J'ai remué dans mon siège et tripoté ma ceinture de sécurité. Je n'aimais pas être passager dans la voiture de quelqu'un d'autre. « Qu'est-ce que vous voulez dire ?

— Vous avez une vision de la justice très moraliste, un peu Ancien Testament : punir les impies, tout ce bordel. Vous ne pouvez pas prendre le crime de cette façon. C'est, je sais pas, un phénomène social. Faut dépasser cette idée de châtiment et chercher à agir à la racine. Autrement, tout ce que vous faites, c'est reprocher aux démunis d'être nés dans un milieu difficile.

— J'ai rencontré un paquet de voleurs, mais j'ai jamais rencontré personne qui volait parce qu'il avait faim, j'ai dit. Les gens volent pour acheter de la drogue, ou parce que c'est plus facile que de travailler, ou parce qu'ils n'ont pas les capacités morales et intellectuelles pour comprendre qu'on ne doit pas braquer une arme sur quelqu'un.

— N'empêche, on parle d'un problème social. J'ai lu une étude qui montre une corrélation entre le crime et l'exposition toxique au plomb. Ça perturbe le développement cérébral des enfants. À cause du plomb, leur quotient intellectuel est plus bas, et ça joue aussi sur la faculté à faire preuve d'empathie et d'autodiscipline.

— C'est un tas de conneries, ça.

— Regardez les statistiques. La prolifération des voitures marchant à l'essence plombée annonce la vague de criminalité urbaine des années 1970, et l'adoption généralisée du sans-plomb amorce la baisse dans le courant des années 1990. »

J'ai laissé échapper un rot méprisant, et Andre a allumé l'air conditionné pour le repousser vers la banquette arrière.

« C'est la différence entre vous et moi, j'ai dit. Pour vous, le crime, c'est un programme informatique. Une série de statistiques. C'est facile de s'apitoyer sur les criminels quand on les traite comme un groupe d'opprimés et de gens non représentés. Vous êtes obligé de compatir avec la masse, parce que, quand on les prend individuellement, on ne peut pas tolérer ces enfoirés. Et les statistiques ne prennent pas en compte la souffrance des victimes. Pour moi, le crime a toujours été quelque chose de personnel ; c'est une chose qu'une personne inflige à une autre. »

Il détourné les yeux de la route et m'a regardé, comme s'il évaluait un morceau de bœuf. « Votre fils, il est mort comment, au fait ? »

La section de la I-240 sur laquelle nous roulions s'appelle Avron B. Fogelman Expressway. Il y avait même des autoroutes juives, maintenant.

« Qu'est-ce que c'est que cette question ? j'ai demandé.

— Je sais pas. Simple curiosité. C'est un secret ?

— Non, juste que j'aime pas en parler.

— Pourquoi ? C'était quoi ? Un cancer ? Un accident de voiture ? Autre chose ?

— Le *Commercial Appeal* en a parlé. Jouez au flic et allez chercher le microfilm si vous voulez savoir ce qui s'est passé. Venez pas me casser les pieds avec ça.

— Alors, petit 1, vous allez pas me faire le coup du vieux grincheux. Et petit 2, je crois que les microfilms, ça n'existe plus.

— Qu'est-ce que ça peut vous faire, comment il est mort ? Vous croyez que ça va vous aider à comprendre quelque chose à mon sujet ?

— Peut-être, oui. Je ne sais pas. Je faisais juste la conversation.

— C'était mon fils, il est mort et je l'ai enterré. Quand on en parle, ça le fait remonter et je dois l'enterrer encore. À quoi ça sert ?

— Je sais pas. C'est peut-être en en parlant et en y faisant face que vous tournerez la page.

— Y a pas de page à tourner. Je préfère ne pas y toucher.

— Comme vous voulez, Buck. Pas mon problème.

— Exactement. Pas votre problème. »

On a roulé en silence tout le reste du trajet jusqu'au cimetière juif, sur South Parkway, dans une zone délabrée du centre de Memphis. Cent vingt ans plus tôt, tous les juifs vivaient dans ce coin, mais avec le temps, c'était devenu un quartier noir, et ensuite la plupart des Noirs étaient partis, l'industrie s'était emparée des lieux, et puis l'industrie était partie et la désolation s'était installée. Le cimetière avait maintenant pour voisine une usine désaffectée. De l'autre côté de la rue, il y avait une aire de chargement avec des conteneurs maritimes.

Les voies de chemin de fer passaient à une cinquantaine de mètres à peine de la tombe de mon fils, et le vacarme des trains interrompait souvent les services funéraires. Vers l'est se trouvait une espèce de carrière ; une profonde balafre dans le paysage avec au fond de l'eau stagnante et croupie. Le cimetière n'était pas bien grand, un hectare de verdure au milieu de la crasse et des ruines, entretenu grâce aux cotisations des fidèles de moins en moins jeunes et nombreux d'une synagogue.

Les gens qui avaient vécu ici s'en étaient allés. Les conteneurs allaient disparaître quelque part derrière l'horizon, de même que les trains de marchandises.

Mais cet endroit que tout traversait était pour moi une destination. Un point final. Tout alentour était transitoire, sauf moi. Je venais ici pour me trouver ici, sur ce petit carré de terre qui abritait mes morts. Pour moi, cet endroit signifiait la permanence. Bientôt j'y viendrais une dernière fois, et je n'en partirais plus.

Nous nous sommes garés et nous sommes passés par une brèche dans la haie pour pénétrer dans le cimetière. Une tonnelle était dressée au-dessus d'une tombe récente, un enterrement avait donc eu lieu peu auparavant, mais nous avons trouvé l'endroit désert et silencieux, à l'exception d'un chien errant qui poursuivait un écureuil entre les pierres tombales, et d'Élie et son avocat, qui regardaient les tombes dans la section la plus ancienne.

J'avais toujours rechigné à venir ici; j'avais évité le cimetière toute la semaine précédant le premier anniversaire de la mort de mon fils. J'avais même évité d'évoquer l'anniversaire devant Rose, parce que j'avais peur d'engager une conversation qui se serait achevée par une visite à cet endroit.

Et là je m'y rendais sans aucune hésitation pour arrêter un homme qui, jusqu'à ce matin-là, m'était sorti de la tête pendant des décennies. J'ai allumé une cigarette et j'ai décidé de repousser la tentation de la prophétie autoréalisatrice.

« Au moins ça ne ressemble pas à une embuscade, j'ai dit.

— Vous vous attendiez à une embuscade ?

— Je ne savais pas vraiment à quoi m'attendre.

— Bien content que vous m'ayez embarqué là-dedans. »

Près de l'entrée du cimetière, il y avait un tonneau en plastique rempli de caillasse et une petite fontaine à eau. J'ai pris deux petites pierres. « Alors c'est lui, le légendaire Élie ? » a demandé Andre en désignant la silhouette svelte aux cheveux gris, à l'autre bout du cimetière.

« Oui, j'ai répondu.

— Il ressemble pas beaucoup à un voleur.

— C'est toujours le cas des bons voleurs. » Je me suis arrêté sur le chemin. « Attendez-moi une seconde. »

J'ai tourné à gauche sur l'herbe, en poussant le déambulateur devant moi. Andre m'a suivi. La stèle de Brian était neuve et imposante, en calcaire noir. Autour, il y avait des emplacements vides : pour sa femme d'un côté, pour Rose et moi de l'autre. J'ai tapé un coup dessus, et j'y ai déposé une pierre.

« C'est pour quoi faire, les petits cailloux ? a demandé Andre.

— Les juifs en laissent quand ils visitent des cimetières, parce qu'on est trop radins pour acheter des fleurs », j'ai dit. En fait, je ne savais pas ce qu'ils signifiaient ; on avait dû me le dire un jour ou l'autre, mais j'avais oublié.

Ma mère était enterrée près des emplacements où Rose et moi étions censés finir. J'ai déposé un caillou sur sa tombe à elle aussi.

« Esther "Bird" Schatz, a dit Andre. On aime bien les surnoms, chez vous.

— Moi, je ne dis rien sur les noms que vous aimez vous donner, vous et les vôtres, j'ai dit.

— En tout cas pas quand on peut vous entendre », a dit Andre. Il s'est accroupi pour lire l'inscription sur la pierre tombale. « Elle est morte en 1998 ? Elle devait être âgée.

— Cent quatre ans.

— Je ne vois pas votre père. Il est encore vivant ?

— Il est dans une des parties plus anciennes. Il est mort en 1927. J'avais six ans.

— J'en déduis que tous les Schatz ne vivent pas aussi vieux que votre mère et vous.

— Mon père a été assassiné. »

Andre a attendu que je développe, et comme je m'en suis abstenu, il a dit : « Je suis désolé. »

L'enterrement de mon père était un de mes premiers souvenirs. À l'époque, le cimetière était presque vide ; seules deux petites sections comportaient des tombeaux, et dans plusieurs autres il n'y avait rien du tout, que de la pelouse ondoyante. Plus loin, la zone où mon fils serait un jour enseveli n'avait pas encore été aménagée, ce n'était que des arbres et de la broussaille.

Il n'y avait pas grand monde aux funérailles de mon père, et je ne connaissais presque personne. J'ai oublié les visages, mais je me rappelle que grand-mère Schatz avait l'air dévastée.

Ma mère m'avait dit : « Ton père croyait en quelque chose qui dérangeait des hommes puissants, des requins. Un jour, toi aussi tu croiras peut-être en quelque chose. J'espère que tu te souviendras que tes convictions ne te protégeront pas. »

Tout le monde essayait de lui parler, mais elle faisait semblant de ne rien voir et elle m'a emmené à l'écart du monticule de terre qu'on venait de jeter sur mon père, près d'une rangée de tombes.

Elle m'a dit : « Aujourd'hui tu as appris quelque chose sur le monde, Baruch.

— Ah bon ?

— Le monde n'est pas un endroit où il fait bon vivre. Ce n'est pas un endroit accueillant. Ce n'est pas un endroit juste. Ton père est mort parce qu'il croyait en un monde gouverné par l'équité et la justice. Il croyait en un monde qui n'existe pas. » Elle m'a conduit dans un coin du cimetière où les tombes étaient plus petites, où les stèles et les dalles étaient à moins d'un mètre les unes des autres.

« Regarde ça », elle m'a dit en montrant un monument en béton qui ne mesurait pas plus de cinquante centimètres de haut, en forme d'agneau. Il y en avait plusieurs autres identiques, plus loin dans la rangée. « Est-ce que tu comprends ce que tu vois ?

— C'est des tombes pour les petits enfants », j'ai dit.

Ma mère a acquiescé. « Ce n'est pas parce qu'on croit que le monde est agréable qu'il l'est. Et ce n'est pas ça qui te protégera. Des gens te feront du mal pour une quantité de raisons idiotes. Et parfois sans aucune raison.

— Non, c'est pas vrai, j'ai dit. C'est moi qui les attaquerai en premier. »

Quatre-vingts ans plus tard, presque au même endroit, voici ce que j'ai dit à Andre Price : « Vous ne pouvez rien y faire. » J'ai enfoncé mes mains dans mes poches. Élie et son avocat observaient les petites stèles dans la partie ancienne. Les années et les intempéries les avaient usées et à présent c'étaient des masses non identifiables.

« On a un voleur à arrêter. »

Une chose que je ne veux pas oublier :

Ma mère a toujours été mince. Des bras minces, une taille fine, des lèvres pâles et pincées ; des yeux plissés, comme ceux d'un pistolero. Elle portait un chignon tellement serré qu'il tirait la peau de son visage, ce qui accentuait encore la sévérité naturelle de ses traits. Elle aurait pu être jolie, si elle s'était autorisée à être un peu plus douce. Mais elle s'intéressait peu à la douceur ou à la beauté, et après le meurtre de mon père, elle ne s'est plus beaucoup intéressée aux hommes, ni à leurs convictions.

Quand j'avais huit ans, un type l'a attrapée par-derrière et l'a entraînée dans une ruelle. J'étais en deuxième année de primaire, et elle n'était pas là à la sortie des classes pour me ramener à la maison. Je me souviens d'avoir attendu presque deux heures dans le bureau de l'école juive avant qu'un policier vienne me chercher.

Il m'a dit qu'il lui était arrivé quelque chose, et je suis monté dans sa voiture de patrouille – une vieille Ford T avec des marquages de police – et il m'a emmené au commissariat. La mort de mon père était encore bien présente dans ma mémoire ; l'enterrement dans la petite chapelle étouffante et bondée du cimetière et l'odeur de la terre retournée. J'étais terrifié. Le flic m'a fait asseoir sur un banc en bois dur et m'a dit de rester là. J'ai attendu longtemps, j'observais les inspecteurs qui amenaient des sales types pour les coffrer.

La plupart des voyous paraissaient dociles et résignés, ils se laissaient conduire à la cellule de détention provisoire. Un homme s'est débattu, et des policiers ont accouru en nombre pour le maîtriser à coups de poing et de matraque. Quand ils ont eu fini, l'homme avait la tête en sang, et deux policiers ont emporté son corps inerte.

Le policier qui était passé me prendre à l'école a fini par revenir, et il m'a dit que je pouvais voir ma mère, mais que je ne devais pas pleurer ni avoir peur.

Ensuite il m'a emmené dans un petit bureau, et elle était là, elle m'attendait. Elle avait le visage gonflé et le contour de son œil gauche était violet sombre. Ses vêtements étaient couverts de sang, de taches d'un rouge-brun épais.

Je n'ai rien dit. Je ne savais pas si je devais courir dans ses bras ou m'enfuir.

Elle me souriait, tout simplement. Elle avait deux dents cassées et elle saignait de la bouche.

« Si tu voyais l'état de l'autre », elle a dit.

On est rentrés à la maison, elle s'est nettoyée, m'a préparé à dîner et m'a couché. Elle ne m'a jamais raconté ce qui s'était passé, et j'avais assez de jugeote pour ne pas poser de questions. Mais j'étais curieux, et j'ai toujours aimé fourrer mon nez partout. Alors, dix-huit ans plus tard, quand je me suis engagé dans les forces de police, je suis allé aux archives pour chercher le procès-verbal de l'agression de ma mère.

Voici la première chose dont je me souvienne au sujet de Bird Schatz : je devais avoir quatre ou cinq ans, elle m'a emmené dans un grand magasin en ville pour acheter des vêtements pour Roch Hachana. Nous avons pris le bus ensemble, et elle m'a dit de ne pas lâcher sa main, sinon quelqu'un allait me voler ou me découper en petits morceaux. Elle m'a acheté une chemise oxford et un pantalon dans le rayon garçons, et ensuite elle m'a installé sur une chaise dans le rayon femmes pendant qu'elle essayait des tenues. Elle a choisi un chemisier de coton blanc uni et une jupe en tissu bleu raide qui lui tombait au genou.

Sa nouvelle jupe lui allait parfaitement, mais dès que nous sommes arrivés à la maison, elle a sorti sa boîte à couture.

« Qu'est-ce que tu fais ? je lui ai demandé.

— Je cache des lames de rasoir dans mes vêtements », elle a dit. Et elle m'a montré comment elle enfonçait le bord acéré dans le tissu renforcé de la ceinture de la jupe, et comment elle la fixait avec des fils, mais pas trop, pour pouvoir la détacher au besoin.

« Pourquoi tu fais ça ?

— Au cas où quelqu'un essaierait de me violer. »

Si vous vous demandez comment ma mère faisait la lessive, la réponse est : à la main, avec d'énormes précautions.

Et elle cousait toujours des lames de rasoir dans ses vêtements quelques années plus tard, quand elle a eu l'occasion de s'en servir.

Depuis, j'ai vu de nombreuses blessures infligées par des femmes à des agresseurs masculins ; le plus souvent, des griffures aux avant-bras et des bleus au visage à cause des gifles. J'étais inspecteur de la police criminelle, donc si j'ai eu à me pencher sur ces blessures, c'est que les choses ont mal fini pour ces femmes. Je sais aussi que dans les cours d'autodéfense pour femmes que donne la police, on conseille de frapper à coups de poing ou de pied dans les parties génitales de l'agresseur. Ma mère n'avait pas griffé le visage de son agresseur, et elle ne lui avait pas balancé son pied dans les couilles. Elle avait attaqué ce salopard comme un chat sauvage, elle s'était jetée sur ses organes vitaux, et elle avait creusé dedans.

Avec ses lames de rasoir et ses ongles, elle avait traversé trois centimètres de graisse ventrale et une paroi de muscles abdominaux, et elle avait répandu ses tripes sur le trottoir.

« Si tu voyais l'état de l'autre », m'avait-elle dit. Elle ne plaisantait pas. Il avait fallu nettoyer ce fils de pute à la serpillière.

Une fois que j'ai lu son dossier, j'ai pris un risque calculé pour mon intégrité physique et je l'ai interrogée.

« Je me rappelle de son souffle sur mon cou quand il m'a attrapée. Il a dit : "J'ai quelque chose à te montrer." » Même après toutes ces années, elle faisait toujours la grimace quand elle y repensait. « Finalement, c'est moi qui ai trouvé quelque chose à lui montrer, juste avant qu'il meure. Je lui ai montré son pancréas. »

Ma mère a continué à coudre des lames de rasoir à ses vêtements jusqu'à son soixante-deuxième anniversaire, en 1956, quand Rose lui a offert une machine à laver électrique, et moi un petit pistolet à ranger dans son sac à main.

10

1965

À la télé, les gens parlaient de la grève en ville. « Des ingrats, voilà ce qu'ils sont », a dit un homme que la télé a identifié comme étant M. Alvin Kluge, des Transports Kluge. J'ai plissé les yeux et essayé de deviner la circonférence de son cou. L'écran était une petite bulle convexe encastrée dans un lourd meuble en bois. L'image en noir et blanc était floue et fantomatique, mais j'ai évalué que Kluge avait un tour de cou de quarante-cinq centimètres, minimum ; une gorge trop grosse pour l'enserrer à deux mains.

Si vous vous retrouvez face à un client de cette corpulence, et si vous voulez l'étrangler, la seule solution est de vous placer derrière lui, de lui coincer un bâton de police sous le menton, d'appuyer un genou contre son dos et de tirer sur le bâton avec vos deux mains, assez fort pour fermer sa trachée. De cette manière, vous pouvez mettre à terre un homme de la taille d'un petit taureau en vingt secondes, sans causer trop de dégâts irréparables, en général.

Si vous vous foutez de le blesser, il y a plein d'autres façons de le mettre à terre, quelle que soit sa taille.

« Ingrats ? Ils ont peur parce qu'ils n'ont aucune perspective d'avenir ! » Ces temps-ci, tout ce que disait Brian ressemblait à un sermon du rabbin. « Les patrons prennent, ils prennent, ils prennent, et ils espèrent que ceux qu'ils exploitent vont leur dire merci.

— Tu parlais pas comme ça, avant, j'ai dit.

— J'étais pas conscient des injustices qui envahissent le monde, parce que j'étais un enfant et que mes parents sont complaisants.

— Rose, t'as entendu ça ! j'ai crié pour couvrir le bruit de la télé. On est complaisants.

— Ce n'est pas vrai ! elle m'a répondu à tue-tête. Nous sommes ashkénazes.

— On leur donne du boulot. On leur donne de quoi vivre. Et c'est comme ça qu'ils nous remercient », a dit Kluge à la télé. Soit ses bajoues tremblotaient d'indignation, soit il allait falloir que Brian se lève pour tripatouiller l'antenne en oreilles de lapin.

« Il les paye moins du tiers de ce qu'il donne à un Blanc pour le même travail, a dit Brian.

— Et en quoi ça te concerne, ce que sont payés les nègres ? j'ai demandé.

— Il y a vingt ans, quand les Allemands poussaient les juifs dans les fours, les gens disaient la même chose en Europe. En quoi ça te concerne que les juifs soient envoyés dans les camps de la mort ?

— Oh, arrête de jouer les moralisateurs.

— Maman ! a hurlé Brian. Papa dit que je suis un moralisateur.

— Ce n'est pas vrai ! elle a hurlé. Tu es adorable. »

L'homme sur l'écran continuait à parler : « ... Flemmards, paresseux, pas sérieux, malhonnêtes. Faut les surveiller comme le lait sur le feu pour être sûr qu'ils ne piquent rien. »

« Et maintenant c'est lui, la victime. » Brian a froissé une page de mon journal et l'a lancée sur la télé. « Ce gros vampire plein aux as croit que c'est lui, la victime.

— Je vois pas pourquoi ça serait notre problème. J'ai assez de soucis comme ça sans me saigner pour les basanés. Et toi, tu ferais mieux de t'occuper de ta bar-mitsva.

— C'est notre problème parce que, vingt ans après Auschwitz, c'est en train de se reproduire, il a dit. Ou bien ça n'a jamais arrêté, et ça continue.

— Et qu'est-ce que vous allez y changer, le rabbin et toi ?

— On peut résister, bon Dieu, a dit Brian.

— Ne blasphème pas, j'ai dit.

— Ne blasphème pas », a hurlé Rose.

À la télé, un homme noir, identifié comme étant l'organisateur, Longfellow Molloy : « Priez pour nous, parce qu'on a besoin de l'aide de Dieu. Si vous avez quelque chose à donner, on ne demande pas d'argent, à part un salaire juste pour notre travail, mais nous avons plusieurs églises qui font des collectes d'aliments pour aider les grévistes, et les conserves de nourriture y sont grandement appréciées. Ces hommes n'ont pas été payés depuis des semaines, et leurs enfants ont faim. Tous ceux qui veulent venir manifester avec nous devant les Transports Kluge sont les bienvenus. Parce que ce n'est pas possible de traiter les gens comme ça. Ce n'est pas normal. »

Brian a continué : « On peut être solidaires des hommes qui se battent pour leurs droits, contre Kluge, et des gens qui font des sit-in dans les restaurants, et de ceux qui refusent d'aller s'asseoir au fond du bus.

— Tout le monde se fout de l'endroit où tu t'assois dans le bus, j'ai dit. Tu ne prends même pas le bus. Ta mère t'emmène partout en voiture. Si tu te retrouvais dans un bus plein de nègres, tu te ferais dessus.

— Je n'ai pas peur des Noirs. J'ai peur d'une société capable de maltraiter un groupe de gens en se fondant sur des caractéristiques arbitraires. D'après le rabbin, il y a sept fois plus de Noirs que de juifs en Amérique. Tout ce qui peut leur arriver peut nous arriver beaucoup plus facilement.

— Ça, c'est vrai, j'ai dit. On est vulnérables. Et c'est pour ça qu'on ne doit pas se mêler de ce qui ne nous concerne pas, parce que si on fourre notre gros nez sémite dans leurs querelles, on risque de rappeler aux goyim et aux *schwarz* qu'ils adorent Jésus et qu'ils croient qu'on l'a tué.

— Pour triompher, le mal n'a besoin que de l'inaction des gens de bien. »

Il avait peut-être raison. Il en avait suffisamment l'air pour que je m'en veuille de le décourager. Mais j'avais toujours sauté sur les occasions de ne rien faire, et j'étais convaincu que l'inaction était en général la conduite la plus prudente. De toute façon, il y avait de grandes chances pour que le mal triomphe.

Je n'ai rien fait, dans l'immédiat, à la suite de mon rendez-vous avec Élie. J'aurais peut-être dû en rendre compte à mes supérieurs, mais Brian avait raison : le service était injuste envers les basanés, et je soupçonnais que les juifs auraient des ennuis si je révélais qu'un gang de braqueurs juifs essayait de corrompre des inspecteurs de police juifs, formant du même coup un complot juif. Pour exploiter raisonnablement une information pareille, je ne pouvais faire confiance ni à la police de Memphis en tant qu'institution, ni aux différentes personnes qui la composaient.

J'avais surpris plein de remarques méchantes de la part d'autres flics : des histoires de juifs radins, de juifs qui contrôlaient le gouvernement et de juifs banquiers. Aucun ne se gênait pour débiter ce genre de trucs alors que j'étais à portée de voix.

Sur le plan racial, on peut dire que l'histoire du maintien de l'ordre à Memphis est en dents de scie. En 1919, le maire Frank Monteverde a été élu avec le soutien de la communauté noire après avoir promis de lui ouvrir l'entrée dans la police. Il a donc fait engager trois inspecteurs noirs.

Ces hommes étaient chargés d'arrêter exclusivement des délinquants noirs, parce qu'il aurait été injuste que des hommes blancs soient interpellés par des inspecteurs noirs. Mais quand ils ont fait une descente dans un cercle de jeu fréquenté par des clients noirs, le chef mafieux blanc qui le gérait s'est formalisé de voir son antre fouillé par des nègres, et il a envoyé ses hommes lyncher les inspecteurs.

Les Noirs se sont échappés, mais au cours de l'altercation, l'un d'eux a vidé son arme et blessé un Blanc. Résultat, tous les Noirs ont été virés et les forces de police de Memphis sont restées intégralement blanches jusqu'en 1948.

Durant cette période – en gros, de ma naissance jusqu'à la veille de la guerre –, un dénommé Clifford Davis était directeur de la sécurité publique à Memphis, et c'était une espèce de grand ponte du Ku Klux Klan ; un sorcier ou un dragon ou une fée ou je sais pas quoi. Pendant son mandat, les forces de police comprenaient deux tiers de membres du Klan. Vers le milieu des années 1960, le progressisme a fait son apparition, mais timidement. Davis n'a cessé de diriger la police que lorsqu'il a été élu à la Chambre des représentants. Et ensuite, il a été réélu douze fois.

Il y avait toujours très peu d'inspecteurs noirs, et seulement quatre juifs, mais une grande partie des mecs que Davis avait engagés étaient toujours là, et certains d'entre eux portaient des épaulettes chicos et se bardaient de titres intimidants. À leurs yeux, un juif valait un peu moins qu'un Blanc, mais la différence était assez faible pour qu'on cohabite, tant que leur intolérance se focalisait sur d'autres questions. Je ne mourais donc pas d'envie d'attirer leur attention sur mes racines.

S'ils découvraient ce que faisait Élie, on pouvait tout à fait imaginer que la poignée de flics juifs se prenne une mise à pied sans solde pour une durée indéterminée, et ensuite le service aurait mené une sorte de campagne d'intimidation contre la communauté juive.

Si j'ai pris une balle en France, ce n'est pas pour être traité comme mes grands-parents ont été traités sur le vieux continent ou, pire, pour être traité comme un nègre ; je devais donc régler ce problème tout seul, sans faire de vagues. J'allais chasser Élie de la ville, et s'il refusait de décamper, je l'enterrerais quelque part où il ne gênerait pas. Aucune raison de donner aux beaufs d'en haut un motif de partir à la chasse aux juifs dans le service.

11

1965

« Je vais vous dire un truc à propos de Memphis, inspecteur, a dit Longfellow Molloy, l'agitateur. Memphis produit que dalle. Memphis cultive que dalle. Memphis existe seulement parce que Memphis déplace des trucs. Les voies de chemin de fer et les autoroutes convergent toutes ici. Memphis est un des cinq plus grands ports fluviaux de l'histoire de la civilisation occidentale. Quinze millions de tonnes de marchandises passent par ici, du bateau au quai, du quai au bateau. Chargées et déchargées, des ventres des péniches sur les remorques des camions. Sur des wagons de chemin de fer. Et vous savez comment quinze millions de tonnes de marchandises sont chargées et déchargées chaque année dans cette ville ? »

Je savais qu'il avait posé cette question pour pouvoir y répondre lui-même, donc j'ai attendu en silence et je l'ai laissé se défouler.

« Par des mains noires, il a dit. C'est des mains noires qui soulèvent tout ça. Memphis gagne sa croûte en déplaçant des trucs, et c'est les Noirs qui font tout le boulot. Ces quinze millions de tonnes du bateau au quai, du quai au bateau, on les porte. Les hommes qui manifestent devant les bureaux de Kluge portent cette ville à bout de bras sept jours par semaine pour un dollar soixante-quinze l'heure. On essaie de s'organiser et on demande le même traitement équitable que n'importe quel travailleur américain. Et vous venez ici nous traiter de criminels. Vous entrez dans mon bureau, où j'accomplis la volonté du

Seigneur, et vous me traitez comme la dernière des crapules. Je vais pas laisser passer ça, monsieur. »

Paul Schulman m'avait donné deux indices concernant Élie : la cible avait un lien avec les grévistes, et Ari Plotkin connaissait certains éléments. C'était plus simple d'arriver jusqu'à Plotkin ; je pouvais le choper et le cogner jusqu'à ce qu'il crache ce qu'il savait. Mais dans ce cas, Élie serait au courant sur-le-champ, et ma meilleure piste serait cramée. C'est pourquoi j'avais décidé d'aller d'abord traîner mes guêtres du côté des grévistes. Et comme je ne savais pas vraiment à qui d'autre m'adresser, j'ai choisi de rendre une petite visite au Noir en colère que j'avais vu à la télé. J'avoue que ce n'était pas un brillant travail de déduction, mais je n'ai jamais prétendu que j'étais Sherlock Holmes.

Molloy se décrivait comme un « activiste » ou un « organisateur », mais c'était davantage un instigateur. Il était arrivé à Memphis quelques mois plus tôt et louait un petit bureau dans le centre-ville, en face du gratte-ciel qui abritait le siège des Transports Kluge. C'était une des nombreuses sociétés qui géraient le fret fluvial et, au mieux, une structure de taille moyenne, mais ses salaires étaient remarquablement bas et ses employés presque tous noirs, ce qui en faisait une cible idéale pour un énervé des droits civiques. Les manutentionnaires et les dockers étaient réceptifs à ses discours sur les inégalités de salaires et la dignité, et il commençait à casser pas mal de couilles riches et blanches.

Au cours des deux derniers mois, Molloy avait coordonné plus de la moitié des travailleurs de couleur de la société. Six semaines plus tôt, cent vingt hommes étaient sortis d'un entrepôt de Kluge sur Governor's Island. Depuis, ils défilaient devant les bureaux de l'entreprise dans le centre, agitaient des panneaux, harcelaient des cadres et effrayaient des secrétaires.

« Un groupe de travailleurs noirs essaie de s'affilier à un syndicat blanc, et ils se font rabrouer alors que tous ceux qui gagnent leur vie grâce à leurs mains devraient être frères, a dit

Molloy. Et quand ces travailleurs essaient de s'organiser et de manifester dans le calme pour demander un salaire décent, ils se retrouvent encerclés par cinquante flics armés de matraques et de flingues, des lances d'incendie et des chiens.

— Y a pas de chiens.

— Peut-être pas encore, mais tôt ou tard, ils finiront toujours par amener les chiens. »

On est restés à se regarder mutuellement, pendant que je repensais au jour où des gardes SS bourrés avaient jeté un gamin juif de Detroit, Marc Grossman, dans des toilettes extérieures avant d'enfermer avec lui deux bergers allemands qu'ils affamaient depuis plusieurs jours. Les Boches avaient assisté à l'opération, le nez collé à la fenêtre sale, et le lendemain ils nous avaient forcés à nettoyer le carnage.

« Cinquante flics, inspecteur, a dit Molloy. Y a jamais plus de la moitié des grévistes qui manifestent, et il faut laisser un peu de monde sur Governor's Island, pour que les briseurs aient un piquet à franchir s'ils veulent entrer sur le site. Le reste des hommes est obligé de prendre du travail à la journée plusieurs fois par semaine pour faire bouillir la marmite, ou bien ils doivent surveiller leurs gosses quand ils envoient leurs femmes faire le ménage chez les Blancs. Cinquante flics pour maîtriser soixante travailleurs du fret, plus quelques dizaines de citoyens qui viennent soutenir notre cause. Et ensuite ils vous envoient, vous, pour me harceler. J'ai pas peur de vous, inspecteur. Je crois que c'est les gens comme vous qui devraient avoir peur. Vous et vos petits copains, vous voyez ce qui se passe là-dehors et vous savez que c'est pas seulement quelques dockers mécontents qui manifestent contre une société de transport. Vous savez que c'est le début de quelque chose. Il faut que les choses changent. »

J'aimais bien tourner une petite question philosophique dans ma tête chaque fois que des débiles me braillaient dessus : est-ce que c'est la personnalité qui sculpte la vision du monde, ou l'inverse ?

Je n'étais pas assez intelligent pour trancher entre l'œuf et la poule, mais quoi qu'il en soit, la conception qu'une personne avait de la société était révélatrice de ses propres tendances. Moi, par exemple, je croyais que le monde était dur et dangereux, si bien que je devenais dur et dangereux. De même, les conspirationnistes et les paranoïaques, ceux qui soupçonnaient tout le monde de comploter contre eux, étaient souvent fourbes.

« J'ai pas besoin d'entendre tout ça, je lui ai dit.

— Et moi, j'ai pas besoin que la police débarque dans mon bureau. Mais apparemment j'ai pas le choix. Si vous comptez m'arrêter, autant s'épargner les préliminaires. » Il m'a présenté ses poignets.

« J'aimerais juste vous poser quelques questions. Si vous voulez que je m'en aille, il va falloir vous calmer et me donner des réponses. »

Il s'est interrompu un instant et m'a regardé avec attention. « Je devrais peut-être appeler mon avocat. »

Les coupables – les ordures de catégorie professionnelle – aiment bien s'armer très vite d'un avocat, mais c'est aussi le cas des bien-pensants. Les connards moralisateurs sont très à cheval sur leurs droits. Je ne savais pas encore à quelle variété de trou de balle j'avais affaire. J'ai décidé de ne formuler aucune hypothèse ; je me foutais un peu de ce que Longfellow Molloy avait derrière la tête. S'il entubait son propre camp, ce n'était pas à moi de l'en empêcher. Moi, je pourchassais un braqueur juif insaisissable.

Le problème était que je savais à peu près macache des plans d'Élie ; mon seul vrai indice était qu'ils avaient un rapport avec la grève. Il allait donc falloir que Molloy me balance quelque chose.

« On m'a informé qu'un braquage se prépare et qu'il a un lien avec la grève, j'ai dit. Je ne vous accuse de rien. Vous êtes peut-être les victimes. Il est possible que votre bureau soit la cible. Si je veux empêcher ça, je vais avoir besoin de votre coopération. »

Molloy avait les ongles propres et il était bien coiffé, les cheveux gominés sur le crâne. Il laissait son regard dériver vers le sol quand il parlait, puis il s'en rendait compte et relevait délibérément les yeux pour me fusiller.

Chez un Blanc, j'y aurais vu un signe de fausseté ou, au minimum, une nature foncièrement étrange. Mais peut-être qu'un nègre regardait par terre parce qu'il était né dans un monde attendant de lui qu'il baisse les yeux, et Molloy relevait la tête parce qu'il voulait vivre dans un monde différent.

Il portait aussi un costard trois pièces. De nombreux flics que je connaissais n'aimaient pas voir des basanés en costume de ville ; et après un seul regard ils auraient juré que celui-ci préparait un mauvais coup. Mais je me doutais que si je plaquais Molloy contre un mur et retournais ses poches, je ne trouverais aucune étiquette dans sa veste, et rien qu'une doublure bon marché.

Il y avait des femmes de couleur qui travaillaient chez elles, dans leurs immeubles et leurs rangées de maisons, qui confectionnaient des vêtements pour joindre les deux bouts, et certaines d'entre elles faisaient de l'excellent boulot. Un homme blanc avec un talent comparable gagnerait cinq ou six fois plus que ces femmes. Molloy avait dû payer une bouchée de pain par rapport à ce qu'une tenue similaire lui aurait coûté chez Oak Hall ou Goldsmith's. Je caressais l'idée d'essayer de m'acheter un costume semblable, mais les Noirs avaient tendance à se garder leurs bonnes adresses, allez savoir pourquoi.

« Vos soi-disant voleurs sont en liberté, et pourtant c'est moi que vous interrogez. C'est toujours comme ça que ça se passe, non ?

— Rien de personnel. C'est juste que vous pourriez me dire quelque chose que j'aurais besoin de savoir. »

Il s'est assis derrière son bureau et a tendu les mains, paumes vers le haut. « Allez-y, posez vos questions.

— Est-ce que vous avez encaissé des cotisations syndicales de la part des grévistes ?

— Vous lisez pas les journaux ? Le syndicat ne veut pas de nous. On n'avance pas avec les dirigeants de la section locale, ils sont racistes. Jusqu'au dernier. Je suis allé à Washington voir le bureau national. Apparemment il y aurait de la résistance, ce qui est leur manière diplomatique de me dire qu'ils veulent pas de gens comme nous.

— Mais bref, ces hommes ne vous ont rien versé ?

— Ces hommes n'ont pas d'argent. Ils sont pauvres ; beaucoup plus pauvres qu'ils ne devraient l'être, vu le travail qu'ils fournissent. C'est pour ça qu'ils manifestent.

— Vous gardez beaucoup de liquide dans les locaux ? Il y a une chambre forte ?

— Qu'est-ce que vous croyez ? Vous croyez que je suis là pour les tondre ? Vous m'accusez de monter une espèce d'arnaque ?

— Je ne vous accuse de rien. Je sais qu'un gang prépare un cambriolage qui a un lien quelconque avec cette grève.

— Ça ne me concerne pas. Je n'ai rien qui vaille d'être volé. J'ai ce bureau, il fait une seule pièce et j'aurai bientôt un loyer en retard. Le plus souvent je dors par terre, sauf quand un des travailleurs ou un pasteur m'offre un repas chaud et un lit quelque part. »

Sur un meuble à tiroirs derrière le bureau de Molloy, il y avait un verre sale avec une brosse à dents. Un meilleur policier que moi l'aurait peut-être remarqué plus tôt, et en aurait tiré les conclusions qui s'imposaient.

« Si c'est la vérité, je suis peut-être venu frapper à la mauvaise porte, et je crois que je vous dois des excuses si je vous ai inquiété », j'ai dit. Je me demandais ce que mon fils et son rabbin penseraient de cette conversation, et, en cet instant, je me sentais comme lorsque Brian m'avait vu frapper Paul Schulman.

« Si vous cherchez un endroit qui contient beaucoup d'argent, vous devriez peut-être aller dans une banque. »

J'étais obligé d'admettre que ce n'était pas une mauvaise idée.

Une chose que je ne veux pas oublier :

À la télé, l'homme que mon petit-fils voulait élire président essayait de se tirer d'un mauvais pas :

« Les déclarations à l'origine de ce tollé ne relevaient pas seulement de la polémique. Elles n'étaient pas seulement l'indignation d'un chef spirituel face à une injustice ressentie. Elles exprimaient une vision profondément déformée de ce pays – une vision dans laquelle le racisme de la population blanche est endémique, et qui place les défauts de l'Amérique au-dessus de toutes les qualités que nous lui connaissons ; une vision qui considère que les racines du conflit au Moyen-Orient se trouvent dans les actions d'alliés fidèles tels qu'Israël, au lieu de les chercher dans les idéologies perverses et haineuses de l'islam radical. »

« Il va devoir bosser un peu plus que ça, s'il veut convaincre les juifs qu'il soutient Israël, j'ai dit. Combien d'années il a fréquenté l'église de Jeremiah Wright ? C'est presque pareil que de s'engager dans la Nation of Islam. »

J'étais de mauvais poil, parce que je ne savais pas encore à quel point les choses allaient empirer pour moi. On était en mars 2008, et il allait encore s'écouler presque un an avant qu'on me tire dans le dos et que je perde ma maison, mon autonomie, ma dignité.

J'ai coincé ma cigarette entre mes lèvres, histoire de noter dans mon carnet une partie de ce que disait Obama, et puis j'ai écrit « Jeremiah Jay = antisémite » en dessous, pour ne pas oublier le contexte.

« Tu recopies ce qu'il dit ? a demandé Rose.

— Je veux m'en souvenir, pour en parler plus tard, quand Brian appellera.

— William, a dit Rose.

— Quoi ?

— Notre petit-fils s'appelle William.

— C'est pas ce que j'ai dit ?

— D'après lui, nous devons voter pour ce type, a dit Rose.

— D'après qui ?

— William, notre petit-fils. William.

— Oh. Et qu'est-ce qu'il en sait ?

— Il sait beaucoup de choses. Il lit le *New York Times*. J'espère toujours que c'est Hillary qui gagnera les primaires.

— Ça arrivera jamais, j'ai dit. Soit c'est lui, soit c'est John McCain.

— Qui te l'a dit ?

— J'ai oublié.

— Ça devait être William.

— Ouais, sûrement.

— Je voulais voir une femme présidente de mon vivant. Je crois que je vais devoir me résigner.

— Tous les efforts des femmes pendant des milliers d'années pour aboutir au couronnement d'Hillary Clinton, et il faut que ce mec vienne tout gâcher, j'ai dit.

— Ce que tu peux être pénible, parfois. »

À la télé, Obama disait : « M'est-il arrivé de l'entendre formuler des observations contestables quand j'étais dans son église ? Oui. Est-ce que je partage toutes ses opinions politiques ? Non – tout comme je suis certain que nombre d'entre vous ont entendu vos pasteurs, vos prêtres ou vos rabbins, proférer des opinions avec lesquelles vous étiez fortement en désaccord. »

« Ça, tu es obligé de le lui accorder, a dit Rose.

— Wright a baptisé les enfants d'Obama.

— Abramsky a prié pour Brian à sa bar-mitsva, et tu détestais Abramsky.

— C'est pas la même chose.

— C'est exactement la même chose. »

« Je ne peux pas plus le renier que je ne peux renier la communauté noire, a dit Obama. Je ne peux pas plus le renier que je ne peux renier ma grand-mère blanche – une femme qui a contribué à mon éducation, qui a fait d'immenses sacrifices pour moi, une femme qui m'aime plus que tout au monde, mais aussi une femme qui m'a avoué sa peur des hommes noirs qu'elle croisait dans la rue, et qui a plusieurs fois exprimé des stéréotypes raciaux qui m'ont répugné. »

« Tu es probablement comme sa grand-mère, a dit Rose.

— John McCain est un héros de guerre.

— William dit que McCain n'a pas le niveau pour redresser l'économie.

— Le pays ne se serait jamais retrouvé dans ce pétrin si on avait commencé par consulter William.

— William dit que McCain nommerait Phil Gramm secrétaire du Trésor.

— Et c'est pas bien ?

— C'est ce que semble penser William.

— Je préférais quand Brian était encore avec nous, et quand William n'oubliait jamais d'appeler.

— Moi aussi, je préférais quand Brian était encore avec nous.

— Ouais. »

À la télé, le président de mon petit-fils devenait plus énergique, il ponctuait ses phrases avec des gestes agressifs : « La discrimination légale – qui empêchait, souvent par la violence, les Noirs d'accéder à la propriété, qui refusait des prêts aux entrepreneurs noirs, qui empêchait les propriétaires noirs d'hypothéquer leur bien, qui excluait les Noirs des syndicats, de la police, des casernes de pompiers –, cette discrimination signifiait que les familles noires n'ont pu accumuler aucune richesse à transmettre aux générations futures. »

À présent Rose sanglotait, doucement, dans sa manche.

« Ça t'ennuie ? On est pas obligés de regarder. On peut voir ce qu'il y a sur la chaîne des animaux.

— Non, c'est pas ça. C'est... »

« Pour tous ceux qui se sont battus pour arracher une part du Rêve américain, tant d'autres n'y sont pas arrivés, disait Obama. Tous ceux que la discrimination a fini par vaincre, d'une manière ou d'une autre. Cette défaite est l'héritage qui a été transmis aux générations futures – à ces jeunes hommes et à ces femmes de plus en plus jeunes que nous voyons sur les trottoirs ou qui croupissent dans nos prisons, sans espoir ni perspectives d'avenir. Même pour les Noirs qui s'en sont sortis, les questions de race et de racisme continuent à définir fondamentalement leur vision du monde. »

« Je comprends », j'ai dit. J'ai écrasé la cigarette dans le cendrier et posé le carnet pour pouvoir en allumer une autre. « On est pas obligés d'en parler.

— C'est bon d'en parler, a dit Rose. Enfin, ça fait mal, mais je crois que c'est bon.

— Les blessures ne cicatriseront pas si on passe notre temps à y toucher. »

Obama y allait *crescendo* : « En fait, il existe une colère semblable dans certaines portions de la communauté blanche. La plupart des Américains blancs, les travailleurs et la classe moyenne, n'ont pas le sentiment d'avoir été particulièrement privilégiés par leur race. Ils ont vécu la même chose que les immigrants – personne ne leur a jamais rien donné, ils sont partis de rien. Ils s'inquiètent pour leur avenir, et ils ont l'impression que leurs rêves leur échappent ; à une époque où les salaires stagnent et où la concurrence est mondiale, les opportunités apparaissent comme un jeu à somme nulle, dans lequel les rêves de l'un se réalisent au détriment d'un autre. »

« Je pense comme lui, a dit Rose.

— Je lui fais pas confiance. Je trouve qu'il a pas l'air d'un président.

— Et je parie qu'Hillary non plus.

— De toute façon, c'est quoi, ce nom : Barack ?

— Baruch.

— Quoi ?

— Tu as dit "Barack" et j'ai dit "Baruch".

— Ouais, j'ai entendu. Qu'est-ce que tu veux ?

— Laisse tomber. »

J'ai tapoté ma cigarette contre le côté du cendrier. « Oh, ça y est, j'ai pigé.

— Barack. Baruch. Barack. Baruch. » Elle a ri.

« C'est pas parce que t'as raison que t'as raison, j'ai dit. On va voir ce qu'il y a sur la chaîne des animaux. Je parie qu'il y aura un truc que tu aimes bien, avec des pingouins. »

« En fin de compte, ce qui nous est demandé, ce n'est rien de plus, et rien de moins, que ce que réclament toutes les grandes religions – que nous ne fassions pas aux autres ce que nous ne voudrions pas qu'on nous fasse. Soyons les gardiens de nos frères, nous disent les Écritures. Soyons les gardiens de nos sœurs. Trouvons l'enjeu commun qui nous unit les uns aux autres. »

J'ai attrapé la télécommande.

12

1965

Ce n'étaient pas les banques qui manquaient à Memphis, mais la plus proche du siège des Transports Kluge me semblait la plus susceptible d'avoir un lien avec la grève. C'est donc là que je suis allé.

Sherlock Holmes a dit que, une fois qu'on a éliminé l'impossible, tout le reste, aussi improbable soit-il, doit être la vérité. D'expérience, je sais qu'il vaut mieux se contenter de commencer par l'évident et espérer qu'on n'aura pas à chercher plus loin.

La Cotton Planters Union Bank avait une succursale en centre-ville à un bloc et demi de la fenêtre de Longfellow Molloy et deux cents mètres à peine des grévistes qui manifestaient devant les bureaux de Kluge. C'était aussi une des plus grandes et riches banques de la ville ; l'agence commerciale occupait le rez-de-chaussée du gratte-ciel, et les cinq étages au-dessus étaient dédiés aux bureaux de l'administration et de la direction.

Le directeur de la banque, Charles Greenfield, un type cordial, était membre de ma synagogue. Il m'a félicité pour la bar-mitsva prochaine de Brian, mais a poliment refusé de me dire quoi que soit concernant les affaires de la banque.

« Je vous offre un verre, inspecteur ?

— Avec plaisir, j'ai dit. Un whisky, avec de la glace. Ce que vous avez de plus vieux. »

Quand on veut montrer à tout le monde qu'on est un *macher*, un caïd, on a un bureau comme le sien. Au coin d'un immeuble, avec deux murs vitrés et vue sur la rivière.

Il l'avait fait décorer comme une espèce de club pour fumeurs de cigares friqués. Fauteuils en cuir. Canapé en cuir. Bureau massif en bois. Moquette épaisse. Et, bien entendu, un bar bien garni, dont je me faisais un plaisir de profiter.

Il a fait la moue. « C'était simplement par politesse ; je pensais que vous auriez décliné.

— Pourquoi je refuserais un whisky gratuit ?

— Je croyais que les flics n'avaient pas le droit de boire pendant leur service ?

— C'est vrai, j'ai dit. Mais on n'a pas non plus le droit de mettre le gyrophare pour sortir des embouteillages ou de tabasser des gens parce qu'ils ont été impertinents, et je fais tout ça pratiquement tous les jours, donc on ne va pas commencer à couper les cheveux en quatre pour un verre de whisky. »

Son visage a exprimé plusieurs variations subtiles sur le thème du désintérêt tandis qu'il essayait de déterminer si je le menaçais. Il a fini par opter pour un froncement de sourcils neutre qui n'était pas assez neutre. Au lieu d'avoir l'air de s'emmerder, il avait l'air d'essayer d'avoir l'air de s'emmerder, ce qui signifiait que je l'avais un peu secoué.

À côté de lui, son assistant semblait bien assez secoué comme ça. Il était prêt à exploser comme une bouteille de soda.

Greenfield a traversé la pièce en quelques grandes enjambées et a rempli un verre de glaçons piochés dans un seau en argent. Il existait donc une personne dont le boulot consistait à s'assurer que la glace de ce type reste fraîche toute la journée. Il a quand même servi le whisky lui-même, histoire de ne pas paraître trop pinailleur.

Greenfield avait de grandes mains et de larges épaules sous la belle laine rayée de son costume. Sa famille avait des relations qui l'avaient fait entrer dans la marine pendant la guerre, un boulot probablement plus confortable que d'esquiver les tirs de mortier dans l'Argonne. Mais les marins avaient vu de vilaines choses dans le Pacifique, et Greenfield paraissait capable de se maîtriser.

« Vous allez devoir boire vite, parce que cette conversation risque de ne pas s'éterniser, il a dit, en me fourrant le verre dans la main. Si vous comptez m'interroger au sujet des clients de la banque, nous n'aurons rien à nous dire tant que vous ne m'aurez pas présenté une citation à comparaître.

— Je n'enquête pas sur vos clients, j'ai répondu. J'essaie d'empêcher un braquage. Vous savez que vous êtes à moins de deux blocs d'un groupe de manifestants noirs agités. »

Il m'a ri au nez. « Vos manifestants sont déjà encerclés par plusieurs dizaines de policiers. Je me sens en sécurité ici. »

J'ai lorgné vers l'assistant. « Pas lui, j'ai l'impression.

— Lui, on se fiche de ce qu'il pense, a dit Greenfield. C'est pour ça qu'il est à son poste et moi au mien. »

L'assistant devait avoir dix ans de moins que Greenfield ; il était plus petit, avait des cheveux d'un blond eau de vaisselle qui grisonnaient sur les tempes, et des poignets fins. Un nez saillant, des yeux perçants et rapprochés, la lèvre supérieure étroite et un menton fuyant. C'était le genre de type qui avait appris à tolérer qu'on le court-circuite et qu'on l'ignore. Il n'a pas pris la peine de répliquer à l'insulte de Greenfield. Peut-être qu'il s'était fait à l'idée que personne ne se rangerait jamais de son côté.

« Croyez bien que j'apprécie votre sollicitude, Buck, mais je crois vraiment qu'il n'y a rien à craindre, et mon travail m'attend, donc si vous voulez bien finir votre verre et vous diriger vers la sortie, je vous en serai infiniment reconnaissant.

— Je débarrasse le plancher si c'est ce que vous voulez, mais d'après un tuyau très fiable, des repérages ont eu lieu pour préparer un casse dans les parages, donc si vous avez des raisons de croire que vous êtes visé, vous feriez mieux de me dire ce que vous savez, sinon je ne pourrai rien pour vous. »

Greenfield s'est installé derrière son bureau à la superficie impériale. « Je prendrai cela en considération. »

L'assistant s'est mis à tousser.

« Vous avez quelque chose à dire ? je lui ai demandé.

— Charles, si vous ne lui en parlez pas, je vais m'en charger », a dit le petit homme.

Greenfield a haussé les épaules. « À vous de voir. Dans ce cas, je vais préciser que je m'y oppose et je veux entendre que vous en prenez acte, parce que je vais être obligé de rendre compte de cette infraction à la confidentialité auprès de Nashville, et de leur expliquer que vous avez offert des informations à la police malgré mon objection.

— Je comprends votre objection, ça fait vingt ans que je travaille ici, a dit l'assistant. Je vais parler en mon âme et conscience. Et de toute façon je ne pense pas que ce soit une infraction à la confidentialité de nos clients. Je m'inquiète pour l'argent de la banque, pas pour celui des clients. »

J'ai bu une gorgée de whisky, allumé une cigarette et passé le bras par-dessus le dossier du canapé de Greenfield. « Comment vous appelez-vous, mon ami ?

— Riley Cartwright. Je suis courtier immobilier et directeur adjoint de cette succursale.

— Je suis là pour vous aider, Monsieur Cartwright. Dites-moi ce qui vous chagrine.

— En ce moment, nous avons cent cinquante mille dollars dans la chambre forte, et l'idée d'un cambriolage me terrifie.

— C'est parce que vous êtes vieux et stupide et que votre vision du monde est dépassée, a dit Greenfield. Il n'existe pas d'endroit plus sûr qu'une chambre forte moderne.

— Pourquoi avez-vous une si grosse somme sur place ? j'ai demandé.

— Un camion blindé nous livre de Nashville toutes les semaines, a dit Cartwright. D'habitude, Kluge distribue les chèques de paye le vendredi et les ouvriers viennent les encaisser ici. Les nègres n'ont pas l'habitude de laisser leur argent à la banque.

— En même temps, Kluge ne les paye pas assez pour qu'ils puissent épargner grand-chose », j'ai dit.

Greenfield a montré son énervement en serrant l'arête de son nez entre le pouce et l'index. « Vous ne faites pas partie de ces gens-là, rassurez-moi ?

— Je ne fais partie de rien du tout », j'ai dit. Il y avait un imposant cendrier en cristal sur l'impressionnante table basse devant moi. J'ai fait semblant de ne pas le voir et j'ai laissé tomber mes cendres sur la moquette.

« J'espère bien, a dit Greenfield. Ces nègres sont des malades imaginaires, ils défilent sur le trottoir en répétant que les Blancs leur doivent quelque chose. S'ils veulent être payés davantage, ils n'ont qu'à acquérir des compétences, au lieu de faire comme si tout leur était dû. »

J'ai pris le temps d'effectuer un petit calcul. La somme entreposée dans le coffre, en dessous de nous, dépassait ce que gagnerait un inspecteur de la police de Memphis en vingt-cinq ans de carrière. Les travailleurs de chez Kluge se ruineraient la santé à trimballer des charges avant d'en avoir gagné la moitié.

Le braquage de banque est un délit stupide. Presque personne ne s'en sort impunément ; il y a trop de sécurité et toujours trop de témoins. Mais je comprenais plus ou moins pourquoi certains essayaient.

Cent cinquante mille dollars. Qui attendaient là. Difficile à appréhender.

« Il n'y a que cent vingt grévistes. Leur salaire à tous pour cinq semaines ne dépasse pas cinquante mille, j'ai dit. Pourquoi est-ce que vous avez le triple ? »

Cartwright a commencé à compter sur ses doigts. « Il y a des employés de Kluge qui n'ont pas cessé le travail, et qui ont envoyé des briseurs de grève pour essayer de débloquer leurs cargaisons. Mais aucun d'eux ne veut toucher son chèque devant les grévistes. Ils vont faire leurs affaires dans d'autres agences, loin de la manifestation. »

Greenfield s'est levé pour se servir un autre verre. « Ils doivent avoir peur de sortir d'ici avec les poches remplies et de se faire racketter par les grévistes. Je ne peux pas leur en vouloir. »

Cartwright a continué : « L'activité de notre autre agence a aussi baissé ; les gens évitent ce quartier, soit parce qu'ils soutiennent la grève, soit parce qu'ils ont peur des nègres. Toujours est-il que nous recevons un camion plein toutes les semaines, même si personne ne vient rien retirer. Ça s'entasse dans la chambre forte.

— Qui est, comme je l'ai dit, l'endroit parfait pour ça, a dit Greenfield. C'est fini, les années 1930. Dans une banque moderne, les cambrioleurs ne peuvent plus entrer et ressortir avec le contenu du coffre.

— Si vous n'avez pas besoin de cet argent, pourquoi est-ce que les camions continuent à vous en apporter davantage toutes les semaines ? j'ai demandé.

— Aucun protocole n'est prévu pour annuler les livraisons, a dit Greenfield. Ce que Cartwright ne comprend pas, c'est que nous avons des obligations contractuelles envers la compagnie de transport blindé, nous devons leur payer les trajets, et eux ont des accords avec les syndicats représentant leurs chauffeurs et leurs agents de sécurité, ils sont obligés de leur donner du travail. Quoi qu'il en soit, à la fin du trimestre, nous ferons le bilan et nous renverrons l'excédent à Nashville, comme nous le faisons quatre fois par an. Jusque-là, l'argent est parfaitement en sécurité dans notre coffre. La situation ne justifie pas qu'on enfreigne les procédures de routine. On ne peut pas chambouler nos affaires chaque fois que des nègres sont de mauvais poil ou qu'un voleur vient fureter par ici.

— J'ai soutenu que nous devrions renvoyer l'excédent de liquidités sans tarder, au lieu d'attendre la fin du trimestre », a dit Cartwright.

Péremptoire, Greenfield s'est enfoncé dans son profond fauteuil en cuir. « Mais ce n'est pas la procédure. »

Cartwright s'est donné une claque sur le front. « Se faire cambrioler n'est pas non plus la procédure. Tout ce bazar dans la rue a peut-être seulement l'air d'un conflit entre une entreprise et ses

salariés, mais la ville est une poudrière, et ça pourrait bien être l'étincelle. La police le sait, et c'est pour ça qu'ils tombent sur les grévistes. Les nègres attendent la première occasion pour lancer une émeute, et quand ce sera fait, Memphis s'enflammera. Nous sommes au cœur de l'incendie, assis sur un gros tas d'argent.

— Si toute la ville brûle, la chambre forte restera intacte et étincelante au milieu des cendres. Et si quelqu'un essaie de braquer la banque, il ne pourra prendre que ce qui se trouve dans les cages des guichetiers : douze cent dollars tout au plus, a dit Greenfield. Notre salle des coffres est sûre et flambant neuve, aucun équipement de ce type n'a jamais pu être forcé. Tous les guichetiers ont un bouton d'alarme sous le comptoir. Nos courtiers immobiliers eux aussi ont un bouton sur leur bureau et j'en ai moi-même un ici. Il est impossible de prendre le contrôle de la banque assez vite pour empêcher quelqu'un de pousser un bouton, et une fois le bouton poussé, la chambre forte est pratiquement inviolable.

— Aucune chambre forte n'est inviolable. C'est de l'orgueil, Charles.

— Vous avez entendu parler d'un voleur appelé Élie ? j'ai demandé. Parce que je crois qu'il est en ville.

— Je serais très intéressé d'entendre ce que vous savez précisément, et aussi d'où vous le tenez, puisque M. Cartwright a eu la gentillesse de vous livrer des informations confidentielles concernant notre banque », a dit Greenfield.

J'ai jeté mes cendres une nouvelle fois sur sa moquette. « Tant que l'enquête est en cours, je dois protéger l'identité de mes informateurs, j'ai dit.

— Ravi d'apprendre que nous pouvons espérer un renvoi d'ascenseur de la part de la police quand nous fournissons des informations utiles. » Greenfield a envoyé à Cartwright un regard un peu comme celui que lancerait un semi-remorque à un écureuil au beau milieu d'une autoroute. « J'ai entendu parler d'Élie. Il est excellent pour repérer les banques qui négligent leur sécurité.

Les voleurs chevronnés éviteront toujours une chambre forte moderne telle que la nôtre. Ils visent des cibles moins difficiles.

— Les cibles moins difficiles ne contiennent pas cent cinquante mille dollars en liquide, j'ai dit.

— Fort Knox est rempli à ras bord de lingots d'or qui valent des millions, mais Élie ne s'y est pas infiltré, que je sache. Dès l'instant où quelqu'un appuie sur une alarme, la police est avertie par téléphone et le coffre se verrouille automatiquement. Une fois qu'il est scellé, une minuterie démarre, et pendant trois heures la porte ne peut plus être ouverte. Même ma clé ne fonctionne plus. Il n'y a pas de combinaison. Le coffre est scellé pendant trois heures, point. Il est fabriqué en acier trempé et la porte a une épaisseur de quarante-cinq centimètres. Si vous savez manier le chalumeau industriel, vous réussirez peut-être à la percer une heure avant qu'elle se déverrouille, mais pour lors la police aura encerclé la banque.

— Et si quelqu'un coupe votre ligne téléphonique ? j'ai demandé.

— Ça déclenche automatiquement l'alarme, a dit Greenfield. Nous vivons dans une époque de merveilles scientifiques.

— Malgré tout ça, pourquoi est-ce que vous ne renvoyez pas l'argent, comme le suggère M. Cartwright ?

— Parce que la procédure établie consiste à rééquilibrer notre réserve de liquidités au moment de notre bilan trimestriel.

— Vous êtes comme un robot, avec votre protocole », a dit Cartwright.

Greenfield a bu une gorgée à son verre. « C'est vrai. »

J'ai balancé mon mégot dans le cendrier en cristal et allumé une autre cigarette. « Pourquoi ?

— En cas de cambriolage, ma conduite sera examinée, à la fois par mes supérieurs et par nos assureurs. Si je me suis écarté du protocole en commandant un camion blindé non prévu, et si ce camion est cambriolé, je perdrai mon poste et l'assureur pourra refuser de nous couvrir. Il est beaucoup plus facile d'attaquer un camion blindé que le coffre d'une banque, vous savez. Les vols de camions blindés sont vingt fois plus fréquents que les braquages de banques.

— Expliquez-moi comment se déroule la réception d'un camion, j'ai demandé.

— Ce n'est pas quelque chose que nous souhaitons divulguer, a dit Greenfield.

— Ils se garent au quai de déchargement dans la ruelle derrière la banque, a dit Cartwright.

— Donc la porte de la ruelle donne directement sur la chambre forte ?

— La porte de chargement est construite en acier renforcé et montée sur un cadre renforcé, lui-même fixé à un mur renforcé. Elle est équipée d'une barre résistante à l'arrière. Il y a une cage de sécurité dans le couloir, après la porte de chargement. Essayer de forcer la cage déclenche l'alarme et verrouille tout », a dit Greenfield. Il avait l'air de se demander s'il serait possible d'enfermer Cartwright dans le coffre. « Pendant les heures d'ouverture, deux gardes armés restent en faction devant la chambre forte, ils entendraient si quelqu'un touchait à la porte de chargement, et ils auraient tout le temps d'appuyer sur une alarme avant que la cage de sécurité soit forcée. Personne n'est jamais autorisé à se trouver seul dans la chambre ouverte, pas même moi. Si un des gardes a envie de pisser, il faut que quelqu'un vienne le remplacer pendant qu'il est aux cabinets. Je sais que dans les films, tous les dispositifs de sécurité ont leur talon d'Achille, mais dans la réalité la plupart des chambres fortes n'ont pas de point faible. Nous avons anticipé toutes les éventualités, et envisagé chacune d'entre elles.

— Mais le camion est vulnérable, lui ? »

Greenfield a secoué la tête. « Pas outre mesure. C'est un camion blindé. C'est comme un tank. Il est conçu pour résister aux tentatives de braquage, et protégé par des gardes expérimentés et lourdement armés. Mais une chambre forte sera toujours plus sûre que n'importe quel autre endroit pour entreposer de l'argent liquide. »

J'ai réfléchi : je savais qu'Élie était en ville et mijotait quelque chose uniquement parce qu'il avait veillé à ce que je le sache. S'il avait voulu se trouver un flic corrompu avec qui faire affaire, il aurait probablement cherché quelqu'un ayant la réputation de tremper dans des trucs louches. Il savait forcément que j'allais décliner son invitation.

Greenfield avait peut-être raison et la chambre forte ne craignait rien. Possible qu'Élie ait espéré que j'évacue l'argent, pour qu'il puisse le voler pendant le transit. Possible aussi qu'il ait déniché un défaut dans le protocole de sécurité de Greenfield. Si je ne faisais rien, il était à peu près libre de mettre à exécution tous ses projets pour démolir la chambre forte, mais si je tentais de déplacer l'argent, je l'aidais sans doute en mettant le pactole dans un camion qu'il pourrait attaquer bien plus facilement.

« Est-ce que je peux faire autre chose pour vous ? a demandé Greenfield.

— Je ne crois pas, j'ai dit.

— Alors toutes mes félicitations pour votre *sim'ha*. Transmettez tous mes vœux à votre fils, et dégagez de mon bureau. »

13

2009

« Je veux être certain que nous soyons tous d'accord sur le fait que mon client coopère », a dit l'avocat. Il s'appelait Meyer Lefkowitz, et dès la seconde où je l'ai rencontré, j'ai su que c'était une merde. En fait, j'ai su que c'était une merde avant même de le rencontrer, parce que j'avais vu ses pubs à la télévision. Dans l'une d'elles, un vaisseau spatial de dessin animé s'écrasait sur Memphis, et Lefkowitz aidait le pilote extraterrestre à se faire dédommager par sa compagnie d'assurance.

Mon petit-fils m'avait expliqué qu'un avocat pénaliste efficace est une personne à qui les tribunaux font confiance pour négocier au nom de personnes qui, elles, ne sont pas dignes de confiance.

Ça se tenait ; en général les pénalistes n'obtiennent pas la relaxe de leurs clients, parce que leurs clients sont presque toujours coupables. Ils ne passent pas leur vie à aller de procès en procès, comme on le voit à la télévision. Ce qu'ils font, c'est qu'ils marchandent. Déjà de mon temps, un criminel condamné par un jury écopait d'une peine bien plus lourde que s'il plaidait coupable et négociait convenablement sa peine, et à mesure que les tribunaux sont devenus de plus en plus surchargés, les peines négociées se sont allégées tandis que la sanction de ceux qui allaient au procès gagnait en sévérité.

Par conséquent, un bon avocat de la défense est quelqu'un qui reste en bons termes avec le bureau du procureur et qui est capable d'employer cette relation solide ainsi que sa réputation de fiabilité et de sagesse à obtenir les meilleurs accords pour ses clients. Autrement dit, on préférera un avocat qui ressemble à un comptable ou à un bibliothécaire.

Lefkowitz avait la quarantaine et des cheveux qui se raréfiaient, un gazon artificiel coiffé en vague banane grâce à une espèce de polymère industriel d'aspect gras qu'il avait appliqué généreusement. Il portait un costume à rayures fines avec de larges revers ; le tissu paraissait cher, mais il était mal coupé et négligé. Il avait une grosse montre en or avec un cadran serti de diamants, et arborait des bagues sur six de ses dix doigts. Il ressemblait à un gangster sorti d'un film de James Cagney.

Tout cela signifiait qu'il était probablement mauvais dans son travail. Quand un homme de quatre-vingt-dix ans vêtu d'un blouson Members Only juge que votre style est passé de mode, c'est qu'il est plus que temps de vous sortir la tête du cul. Lefkowitz avait un air tellement bouffon, il respirait tellement la corruption, on imaginait mal comment la partie adverse aurait pu négocier sérieusement avec lui.

« Sa coopération est dûment notée », a dit Andre Pierce. Il avait passé les menottes à Élie, l'avait poussé contre l'arrière de sa voiture de police et examinait le contenu de ses poches.

« Vous rendrez ses effets à mon client, jusqu'à ce qu'ils soient inventoriés à son incarcération et qu'on lui ait remis un reçu, a dit Lefkowitz.

— Je n'ai rien l'intention de lui piquer, a dit Andre. Je veux juste m'assurer qu'il ne transporte rien qu'il pourrait utiliser comme arme ou pour crocheter ses menottes. D'après l'inspecteur Schatz, votre client est une vraie anguille.

— Mon client fera une déposition quand vous pourrez lui offrir l'immunité et le protéger », a dit Lefkowitz.

Andre a souri et secoué la tête. Élie trimbalait un portefeuille, une pochette d'allumettes, la clé d'une chambre de motel et un de ces téléphones Internet en verre. Andre a ouvert le portefeuille.

« Pas de pièce d'identité ?

— Je n'en ai jamais sur moi, a dit Élie.

— Qui êtes-vous ? a demandé Andre.

— Je suis un fantôme. Un mort.

— Je croyais que votre client coopérait », a dit Andre à Lefkowitz.

L'avocat avait des chaussures marron et une ceinture noire. Je me méfie toujours des hommes dont la ceinture n'est pas assortie à leurs chaussures. « Mon client fera une déposition quand vous pourrez lui offrir l'immunité et le protéger, a répété Lefkowitz.

— Vous non plus, vous n'êtes pas très coopératif », a dit Andre. Il a attrapé le téléphone et donné un petit coup sur l'écran. Rien.

« Il n'est pas allumé », a dit Élie.

Andre a trouvé un bouton sur le côté de l'appareil et a appuyé dessus. L'écran s'est allumé, il affichait les mots « Saisir le code » et un pavé numérique.

« C'est quoi, votre code ? a demandé Andre.

— Si je commence à donner mon code à tout le monde, il ne protégera plus rien, si ? a dit Élie.

— Formidable, a dit Andre. Obligé de me coltiner les deux vieux du *Muppet Show* tout l'après-midi. » Il a fourré le portefeuille et le téléphone dans la poche d'Élie, posé la main sur la nuque du voleur, l'a poussé dans la Crown Victoria banalisée et installé sur la banquette arrière.

« Je ne veux pas que vous fassiez passer mon client devant tout le monde au 201 Poplar Avenue. Vous allez le mettre en détention dans un poste de police plus petit, a dit Lefkowitz.

— D'accord, a concédé Andre.

— C'est une requête importante. Mon client a des raisons de croire qu'il est en grand danger.

— Je vous ai dit que j'allais le faire.

— Je vais vous suivre, et je m'entretiendrai avec mon client dès qu'il sera incarcéré. Vous ne lui poserez aucune question en mon absence.

— Ça me serait pas venu à l'idée », a dit Andre, et il a fermé la portière sur Élie.

J'ai écrasé la cigarette que je fumais et replié mon déambulateur. À l'aller, je l'avais laissé sur le siège arrière, pour qu'il soit facile à attraper. Mais maintenant qu'Élie y était assis, le déambulateur devait aller dans le coffre, ce qui m'obligeait à contourner le flanc de la Crown Vic sans son aide et à gagner la portière passager, le tout en essayant de ne pas m'appuyer contre elle pour soulager mes jambes chancelantes.

Tout le long de la manœuvre, Andre n'a pas fait le moindre geste pour m'aider.

14

2009

Pour un type enfermé dans la cage à l'arrière, mains attachées dans le dos, en route vers le commissariat Est où il allait être incarcéré pour des motifs graves, Élie avait l'air atrocement content de lui, et je n'aimais pas ça. Andre non plus, apparemment.

« Écoutez, mon vieux, ça ne s'appelle pas protection des témoins sans raison. Si vous êtes pas témoin, on ne vous protège pas. Donc si vous voulez que je sois arrangeant avec vous, j'espère que vous êtes prêt à avouer votre mauvaise conduite et à balancer tous vos petits copains.

— Je ferai ce qu'il faut pour obtenir ce que je veux. Les gens comme moi se moquent pas mal des amis, a dit Élie. De mon point de vue, le monde se divise en deux catégories : les gens qui peuvent me servir, et ceux qui ne me servent à rien.

— Moi, je vois deux catégories de personnes dans cette voiture, a dit Andre. Un enfoiré à l'avant avec un badge, et un enfoiré à l'arrière avec des menottes. »

Je me suis demandé à quelle catégorie d'enfoirés j'appartenais.

« C'est amusant que vous en parliez », a dit Élie. Il a cambré le dos de manière à basculer le poids de son corps sur ses poignets, et puis il s'est glissé hors des bracelets. Il les a agités dans la direction d'Andre avec un air triomphant.

« Vous lui avez laissé un crochet ? j'ai demandé.

— Oh, que non, a dit Andre. Je l'ai fouillé. Je vois pas comment il a pu faire ça.

— Le monde se divise en deux catégories, a dit Élie. Les gens qui se satisfont d'être attachés, et ceux qui se déboîtent les pouces pour échapper à leurs fers.

— C'est un joli petit tour. Ça doit faire mal, a dit Andre. Et maintenant vous pouvez les remettre direct, parce que je vous laisserai pas sortir un pied de cette caisse tant que vous serez pas convenablement menotté. Sauf si vous avez envie d'un coup de Taser.

— Je peux ? j'ai demandé.

— On verra. Si vous êtes sage », a dit Andre. Et ensuite il s'est arc-bouté sur son klaxon. « Allez, avance ! Putain de conducteur du dimanche ! »

Devant nous, une camionnette se traînait. Andre a changé de file pour dépasser le lambin, mais la camionnette a repris de la vitesse, nous a fait une queue de poisson et a de nouveau ralenti.

« C'est quoi, son problème ? »

Je commençais à me sentir nerveux, mais j'étais tout le temps nerveux. La paranoïa est le premier symptôme de la démence chez les personnes âgées. Pour moi c'était presque un bruit de fond.

« Vous devriez peut-être lui dire de se ranger et lui mettre une amende, j'ai dit.

— Je suis inspecteur, je travaille pas à la police de la route.

— J'avais toujours un carnet de PV dans ma boîte à gants, des fois que j'aurais envie d'embêter quelqu'un, j'ai dit.

— Je vois au moins cent choses qui clochent là-dedans, a dit Andre. Je parie que vous arrêtiez les Noirs qui se promenaient dans les mauvais quartiers. Et en plus, on sort les contraventions par ordinateur, maintenant.

— Sans blague », j'ai dit.

À l'arrière, Élie a croisé les doigts et s'est violemment tordu les mains, d'une manière qui a renvoyé ses pouces dans leur logement avec un bruit sec.

Par le rétroviseur, j'ai regardé l'avocat, qui nous suivait jusqu'au poste de police. La bagnole de Lefkowitz était aussi vulgaire que son costume. Il conduisait un gros 4×4 Cadillac Escalade, que mon petit-fils avait un jour décrit très justement comme le véhicule préféré des gens qui en font des caisses.

Fut un temps, quand on voulait mettre de l'argent dans une voiture, on prenait un truc avec un moteur à douze cylindres, une transmission performante, des suspensions résistantes et des pneus de course. Aujourd'hui les voitures de prix étaient couvertes de chrome, tapissées de cuir et de bois marqueté : c'étaient des choses précieuses, des bibelots incapables de vous emmener à l'épicerie du coin de la rue sans brûler un demi-réservoir d'essence à deux dollars le litre.

La Ford bas de gamme gouvernementale d'Andre battait à plate couture l'Escalade à soixante mille dollars de Lefkowitz. Ce 4×4 était un monument roulant à la gloire de la mollesse, de l'incompétence et de la surconsommation ; le symbole parfait d'une époque d'obésité endémique.

Bill O'Reilly en parlait, d'ailleurs, il n'y a pas longtemps, sur Fox News : avant, tout le monde voulait être Steve McQueen, mais aujourd'hui tous les gamins essayaient de copier un rappeur nommé Pouf Dada. Avant, c'était une nation d'hommes, aujourd'hui c'est un pays plein de centres commerciaux, de voitures laides et de téléphones portables sans boutons. J'étais tenté de penser que les hommes comme moi n'avaient plus de place dans ce monde. Mais ce n'était pas vrai. Il y avait Valhalla Estates, et il y avait un autre endroit sur South Parkway, auprès de mon fils.

Je me suis demandé comment Lefkowitz avait pu s'acheter tous ses machins. Le crime payait, c'était sûr, mais défendre les voyous de Memphis et régler des histoires d'accidents de la route ne rapportait pas assez pour qu'on se balade en Cadillac, bardé de diamants. Je me disais qu'il devait être endetté jusqu'au cou. J'étais prêt à parier que ce n'était pas son nom qui était gravé à l'intérieur du bracelet de sa toquante en or, et qu'il avait acheté l'Escalade à vil prix, profitant de la fin du *leasing* d'un autre.

Derrière nous, un pick-up Ford F-150 cabossé a coupé la route à Lefkowitz et est venu se coller à notre pare-chocs. La circulation était trop fluide pour que les gens soient aussi agressifs, mais Memphis a toujours été réputé pour ses conducteurs mal embouchés. Andre ne semblait pas avoir remarqué le camion, il était toujours occupé à râler sur le type dans la camionnette, et sur son rôle de faire-valoir pour Mel Brooks et Carl Reiner.

Devant nous, le conducteur du dimanche a traversé un carrefour avant de piler sans raison. Andre a été obligé d'écraser la pédale de frein pour ne pas l'emboutir.

« Mais quel connard, putain ! a lâché Andre. Si seulement j'avais un carnet de PV ! » Il a passé la marche arrière, mais nous n'avions pas la place de reculer, le camion nous en empêchait. On était coincés en plein milieu du carrefour, et ces types nous prenaient en sandwich.

« Oh, merde », j'ai dit, et je me suis dépêché de mettre ma ceinture.

Andre n'a pas eu l'air de se rendre compte de ce qui se passait, et puis il a entendu un moteur qui hurlait. Il a à peine eu le temps de se protéger avant qu'une Chevrolet Suburban balèz défonce la voiture par le côté conducteur, et qu'un airbag m'explose au visage.

15

2009

Le choc et l'airbag m'ont fait voir des étoiles pendant vingt bonnes secondes, et quand j'ai retrouvé mes esprits, trois hommes avaient déjà sauté de l'arrière de la camionnette et ils arrachaient Élie à la banquette arrière de notre voiture.

Ils avaient tous des collants sur la tête pour dissimuler leurs traits, mais je voyais qu'ils étaient noirs ; et plusieurs d'entre eux étaient plutôt costauds.

J'ai regardé dans le rétroviseur. Derrière nous, deux types à collant sortaient du pick-up Ford qui nous avait coincés. Encore derrière, Lefkowitz enclenchait la marche arrière, reculait de quelques mètres, puis faisait demi-tour et déguerpissait dans la direction opposée. Quelques secondes plus tard, il a perdu le contrôle de son Escalade, j'ai entendu ses pneus crisser, puis un bruit de verre brisé et de métal froissé. Quel blaireau.

« T'es dans la merde », disait un des voyous à Élie. C'était le plus petit des cinq hommes, mais il avait une attitude dominante, et de l'or aux doigts et autour du cou. « T'imagines même pas comme t'es dans la merde.

— On devrait le buter ici, a dit un deuxième. Pour envoyer un message à tous ceux qui croient qu'ils peuvent nous dépouiller.

— Mais vous n'allez pas le faire, si ? a dit Élie. Vous avez besoin de ce que j'ai pris. Vous êtes aux abois.

— On peut te forcer à nous dire où tu l'as planqué. Quand on commencera à te faire mal, tu cracheras le morceau.

— D'autres ont déjà essayé. Et ils étaient meilleurs que vous.

— On va voir ça. » Un des ravisseurs attachait les poignets et les chevilles d'Élie avec des menottes en plastique, et un autre lui enfilait une cagoule sur la tête.

J'ai secoué Andre. Il a tourné la tête et m'a regardé. Ses pupilles ne faisaient pas la même taille. Les Crown Victoria de police sont des véhicules résistants, mais peu de voitures peuvent vous protéger quand un gros camion vous embroche à un carrefour. Il était probablement blessé à la tête, et il y avait beaucoup de sang sur ses vêtements.

Il y avait aussi beaucoup de sang sur mes vêtements. Mes joues me brûlaient à l'endroit où l'airbag m'avait frappé, et je sentais un élancement dans mon nez. J'ai porté une main à mon visage, je l'ai retrouvée mouillée et collante. Ce n'était pas bon signe, alors j'ai essayé de ne pas trop y penser.

« Reprends-toi, petit, j'ai dit à Andre. C'est le moment d'être un héros.

— Vous vous croyez malin avec votre blouson Members Only. Vous ressemblez à Bob Dole », il a dit, et sa tête a roulé sur le côté.

Dehors, les types à collant avaient ficelé Élie comme un rôti. Ils l'ont balancé à l'arrière de la fourgonnette, où il a atterri avec un bruit sourd. Chez les patients âgés, un épisode de chute est fortement corrélé avec une mort dans les douze mois, même quand la blessure paraît superficielle. Surtout quand une bande de grands Noirs en colère avec des collants sur la tête vous kidnappent.

« Et les deux autres ? a demandé un de ceux du camion Ford à leur chef.

— J'en ai pas besoin. Vous vous en chargez. »

La Suburban reculait du carambolage et s'apprêtait à faire demi-tour. Son aile pendouillait, les phares et la grille du radiateur étaient cassés, mais le moteur semblait fonctionner. J'espérais que ça signifiait qu'ils ne nous avaient pas percutés trop fort, et que les blessures d'Andre n'étaient pas trop graves. Les trois ravisseurs sont montés dans la camionnette avec Élie, et dès que la porte s'est refermée, ils ont mis les bouts. Il ne restait que les deux du camion Ford, et ils se disputaient pour savoir lequel allait nous descendre.

« C'est à toi qu'il a dit de le faire, alors c'est toi qui le fais », a dit le plus costaud des deux. Il faisait un bon mètre quatre-vingt-cinq et devait bien peser cent quinze kilos. Je voyais qu'il avait les cheveux tressés en nattes sous son collant.

« J'ai même pas de flingue, a dit le second. J'ai pas signé pour cette merde. » Il était plus petit, peut-être un mètre soixante-quinze, et pas épais.

« Moi, j'en ai un. T'as qu'à t'en servir.

— C'est le tien. Si tu veux qu'il serve, tu t'en sers.

— Mais il t'a dit de t'en charger. »

Andre était toujours à moitié inconscient et il bredouillait. J'ai tendu la main vers sa taille et détaché sa ceinture de sécurité. Ensuite, avec précaution, j'ai tenté de le retourner sur le côté. C'était bien ma veine qu'il m'ait obligé à laisser mon .357 quand on était partis de Valhalla Estates. Bien ma veine aussi, il était gaucher et je devais essayer de passer par-dessus lui pour attraper son holster.

Au moins, les voyous ne faisaient pas attention à moi. Ils se disaient sûrement que l'accident nous avait bousillés. On devait avoir l'air bousillés. Le plus petit disait : « Regarde cette caisse. C'est une caisse de flic.

— C'est pas une caisse de flic. Sur les caisses de flic, y a écrit "Police" en gros. Là, y a pas de gyrophare, pas de sirène.

— C'est grave une caisse de flic. T'as pas vu le grillage à l'arrière ? T'as pas vu l'antenne sur le coffre ? C'est une caisse de flic, donc les mecs dedans, c'est des flics. T'as envie de descendre des flics ?

— J'ai envie de faire ce qu'on m'a dit de faire. » Le plus grand a plongé une main dans la poche de son jean large qui lui tombait sous les fesses, il en a sorti un pistolet qui ressemblait à un jouet et il a essayé de le fourrer dans les mains du plus petit.

Le petit refusait de le prendre. « Moi je dis : on part. On a celui qu'on était venus chercher. Je suis pas d'accord pour tuer des flics.

— Il t'a dit que tu devais le faire.

— Et si je le fais, la prochaine fois que tu te feras choper pour port d'arme ou tentative d'homicide ou n'importe quoi, tu vas me poucave pour avoir une remise de peine, et c'est moi qui aurai l'injection pour avoir buté un flic. J'ai jamais tué personne. Si tu veux que ce soit fait, tu le fais. Si Tyrant veut que ce soit fait, il a qu'à le faire. On m'a promis deux cents dollars pour vous couvrir. Je vais pas descendre un flic pour deux cents boules.

— Va te faire enculer, a dit le grand. Je suis pas une balance.

— Je dis pas que t'es une balance. Juste, je veux pas risquer de découvrir que t'es une balance. »

J'ai trouvé le bouton-pression du holster et libéré le .38 de police d'Andre. Il était en métal froid, peint dans un noir mat. Léger, avec des bords arrondis et fonctionnels. C'était une arme sans grande personnalité, mais elle ferait son travail. J'ai relevé le cran de sûreté et vérifié qu'il y avait une balle dans la chambre. J'ai tiré sur la poignée de la portière, mais elle était un peu bloquée, le choc avait dû tordre le châssis. J'ai poussé avec l'épaule.

« J'y crois pas que je doive faire ça, disait le grand à collant sur la tête. C'est à toi qu'il l'a dit. T'es une gonzesse, tu sais ça ? » Une fois de plus, il a essayé de forcer son ami à prendre l'arme.

Sous mon poids, la portière s'est ouverte d'un coup, mais je suis parti sur le côté et j'ai perdu l'équilibre. Je n'avais pas une visée formidable, mais j'ai réussi à tirer sur le petit. Décharger le .357 donnait l'impression de brandir les éclairs de Zeus. En comparaison, le .38, c'était un peu comme changer de chaîne à la télé, mais il a fait un gros bruit et la balle a vaporisé la rotule du gamin. Il s'est écroulé et a commencé à hurler. Leur pistolet camelote est tombé par terre en cliquetant, et pendant que le plus grand courait derrière, j'ai réussi à m'extirper de la voiture et à me lever, en m'agrippant à la portière pour répartir mon poids.

Le temps qu'il se redresse avec l'arme, je m'étais stabilisé et je braquais le .38 sur lui.

« Et si tu lâchais ça ? » j'ai dit.

Il ne s'est pas exécuté tout de suite. Il ne me visait pas vraiment, mais il avait le doigt sur la détente.

« Du calme, le vieux », il a dit. Ses mains tremblaient un peu.

« Je suis calme », j'ai dit, puis j'ai tiré trois fois.

La première balle l'a atteint juste au-dessus du sourcil gauche et a transformé en bouillie la partie de lui qui savait parler. La deuxième balle est entrée juste sous sa lèvre inférieure, a brisé toutes ses dents et sa mâchoire, déchiqueté sa langue et s'est logée dans son tronc cérébral. La troisième balle l'a touché à l'épaule pendant qu'il s'effondrait. Je pense qu'il était déjà mort à ce moment-là.

« Vous avez tué Clarence, a crié le petit. Oh, putain !

— Je l'avais prévenu, j'ai dit. Je ne préviens jamais deux fois. »

Le pistolet en plastique était par terre, à moins d'un mètre du petit qui se tortillait sur le trottoir en se tenant la jambe. Il fallait que je le récupère avant qu'il reprenne ses esprits et essaie de le rafler, mais mon déambulateur était dans le coffre et je ne pouvais pas le sortir. J'ai avancé de quelques pas chancelants, et je n'ai pas pu faire plus. J'ai laissé mes jambes fléchir en contrôlant autant que possible. C'était un peu moins une chute qu'un agenouillement, mais à peine. Au moins je ne me suis pas amoché beaucoup plus que je ne l'étais déjà. J'ai franchi le reste de la distance qui me séparait de l'arme à quatre pattes, comme un bébé. Une fois que je m'en suis emparé, je me suis senti plus en sécurité et je me suis débrouillé pour me redresser en position assise sur le trottoir avant l'arrivée des secours.

16

2009

La femme en uniforme du Samu a fait un pas timide dans ma direction. Apparemment elle avait peur. « Il va falloir que vous lâchiez ça pour que je puisse vous aider », elle a dit. C'était une jeune femme à la peau marron clair, les cheveux tirés en arrière. Elle ne portait pas beaucoup de maquillage, mais ne semblait pas en avoir besoin.

J'ai levé les yeux vers elle. « Quoi ? Mais je vais bien, moi. C'est Andre qui a besoin d'aide. » J'ai commencé à indiquer sa direction, et j'ai eu la surprise de trouver mes mains pleines de flingues. J'ai essayé de me rappeler comment j'avais allumé la cigarette que je fumais avec mes mains pleines de flingues, mais rien. J'ai tendu les armes à la fille.

« Ils sont pas à moi, j'ai dit.

— D'accord. » Elle ne savait pas bien quoi répondre à ça, mais les policiers étaient arrivés, et l'un d'eux est venu prendre les flingues et les emmener loin d'elle.

« Je vais devoir vous examiner, elle a dit. Vous êtes couvert de sang.

— Ah bon ? » J'ai regardé ma chemise. Tout l'avant était trempé de rouge sombre. « Merde. C'est le mien ?

— On dirait.

— Eh ben, si vous voyiez l'état de l'autre. »

Deux ambulanciers essayaient d'immobiliser le gamin à qui j'avais collé une balle dans le genou, mais il battait des bras et serrait sa jambe et braillait. Le médecin légiste fermait un sac contenant le mort. Une ambulance avait déjà emporté Andre, et l'équipe de secouristes qui l'avait attaché sur le lit à roulettes affichait une mine particulièrement sinistre.

« On vous a tiré dessus ? m'a demandé la fille.

— Pas que je sache », j'ai dit. J'avais deux écorchures qui suintaient, et j'imagine que mon nez pissait, même si j'étais trop sonné pour m'en rendre compte.

J'ai enlevé la cigarette de ma bouche. J'étais couvert de sang. Ça m'a fait rire. « Hé, je ressemble à un tampon usagé. »

La fille agitait des doigts devant mes yeux.

« Est-ce que vous arrivez à suivre mes doigts ? » elle a demandé. J'ai essayé. « Vous vous rappelez ce qui vous est arrivé ? »

Je devais reconnaître que la série d'événements qui m'avait amené là était un peu floue. « Cette saleté d'airbag m'a mis K-O. en s'ouvrant. Mon médecin me fait prendre un anticoagulant, le Plavix. Ça m'empêche d'avoir des AVC, mais ça me fait marquer comme une pêche pourrie. Des fois, je me blesse juste en me cognant à la table de nuit, ou bien je me coupe en me rasant, et on est obligés de filer aux urgences.

— Je crois que vous êtes en état de choc », elle disait.

Deux fois, j'avais eu des saignements de nez assez graves pour nécessiter un voyage aux urgences, uniquement parce que le temps était sec. L'airbag m'avait frappé très fort.

« Dites à Rose que je vais bien. Pas besoin qu'elle se fasse du mouron. Si vous avez besoin de quelque chose, demandez à mon fils. »

Ensuite j'étais allongé sur le dos et on me portait vers une ambulance. Je n'étais pas sûr de savoir ce qui s'était passé. Ils ont relevé le haut du lit à roulettes, soit parce que j'étais en état de choc, soit pour empêcher le sang qui coulait de mon nez de descendre dans ma gorge.

« Ils ont Élie, j'ai fait. Il m'avait dit qu'ils le cherchaient, et je ne l'ai pas cru, et maintenant Andre est blessé et ils ont embarqué Élie.

— Ce masque va vous aider à respirer. » Elle l'a posé sur mon visage, et j'ai senti le flux d'air froid contre mon nez esquinté.

« C'est cet enfoiré de Lefkowitz. Il a dû les prévenir. Je sais qu'on n'était pas suivis en allant au cimetière. Faut qu'on attrape Lefkowitz. Il saura où ils ont emmené Élie. Je pense qu'on peut encore le ramener vivant, avec un peu de chance. »

Elle m'a planté une aiguille dans le bras et j'ai commencé à piquer du nez. J'étais à demi conscient, au mieux, quand ils m'ont sorti de l'ambulance et fait entrer dans l'hôpital, et pendant qu'un médecin en tenue de chirurgien criait qu'on lui apporte des poches de O-négatif, je me suis ennuyé et j'ai piqué un somme.

Une chose que je ne veux pas oublier :

Un journaliste avec le nez tout moucheté de points noirs avait plein de choses à dire sur les flics : « Parmi toutes les conventions des thrillers et des films d'action, celle qui m'énerve le plus, c'est que les héros ne tirent jamais les premiers. Ils doivent laisser les méchants ouvrir le feu avant de pouvoir riposter. »

L'intervieweur a acquiescé énergiquement. « Et quand le héros riposte, il tue tout le monde.

— Vous voyez, c'est ce qu'on entend depuis six ans, en réponse au 11 Septembre. Ce n'est pas nous qui avons commencé, mais on va finir. Tant qu'on n'est pas les premiers à tirer, on a le droit à une riposte illimitée et disproportionnée. »

J'ai reniflé en direction de la télé. Quand j'étais petit, on nous apprenait qu'il ne faut pas déranger l'eau qui dort.

« Bien sûr, si on cherche la vraisemblance, il existe une quantité de situations dans lesquelles un policier ou un soldat peut tout à fait ouvrir le feu avant l'agresseur, a ajouté le journaliste.

— Exactement, a dit le présentateur. Si on laisse tout le temps les méchants tirer en premier, à un moment ou à un autre il y en a un qui ne ratera pas sa cible.

— Je crois que dans le monde réel les méchants visent mieux que dans la plupart des films et des séries.

— Et, bien sûr, vous avez passé du temps avec de vrais policiers pour écrire votre thriller, *La Dernière Ronde*, qui sera bientôt adapté au cinéma. Qu'est-ce qui différencie les vrais policiers de ceux qu'on voit dans les films ?

— Je crois que ce que la plupart des gens ne comprennent pas, c'est que, pour un policier, toute interaction avec le public est source de tension. Quand ils vont travailler le matin, ils ne savent pas s'ils rentreront en un seul morceau. À tout moment, quand vous interagissez avec un officier de police, vous êtes face à un homme qui est conscient de ne pas être en sécurité. Il y a trois cents millions d'armes entre les mains des civils. Quand un policier arrête un conducteur, il ne sait pas si l'autre a une arme dans la boîte à gants. Quand un policier intervient pour troubles du voisinage, il ne sait pas si la porte s'ouvrira sur un type avec un pistolet. Tous les ans, dans ce pays, cent gardiens de la paix sont tués par des suspects.

— Ça ne semble pas beaucoup.

— C'est plus qu'assez pour que tous les officiers gardent ce risque en tête. Et le chiffre serait bien plus élevé si les policiers n'étaient pas entraînés à tirer les premiers quand ils sont confrontés à un suspect qu'ils ont des raisons de croire armé. Ces hommes sont des pères de famille. On ne peut pas leur demander de laisser une chance aux dealers et aux psychopathes de les tuer avant de riposter. Tous les ans, les policiers tuent cinq cents suspects par balle aux États-Unis. Par la suite, les enquêtes prouvent que la très grande majorité de ces tirs étaient justifiés.

— Des enquêtes menées par les mêmes agences de police qui emploient les tireurs.

— Eh bien, oui. »

17

1965

J'étais garé devant la banque, affalé dans ma Dodge, et j'écoutais le football à la radio. Il y avait un sac plein de hamburgers sur le siège passager, je sirotais un Coca tiède et sans bulles.

Surveiller la banque n'était pas un plan génial et je le savais. Je n'avais aucun moyen de garder l'œil à la fois sur la porte de devant et sur celle de derrière où les camions blindés laissaient leur cargaison, et je ne pouvais pas rester en planque assez longtemps pour empêcher Élie d'accomplir ce qu'il avait en tête. Simplement, je n'avais pas de meilleur plan.

J'avais gagné du temps en racontant au capitaine que j'enquêtais sur Longfellow Molloy ; les forces de police ne manquaient pas de types qui auraient adoré voir un nègre à grande gueule comme lui derrière des barreaux. Mais je ne comptais pas leur donner quoi que ce soit sur lui, si bien que mon excuse ne justifierait pas que je traque Élie pendant des jours et des semaines. J'allais devoir agir, et sans tarder.

Plusieurs options se présentaient à moi, aussi peu engageantes les unes que les autres : la première consistait à prendre un risque en encourageant Greenfield à déplacer l'argent au plus vite. Je pourrais contrôler moi-même le chargement dans le camion blindé, et même l'escorter jusqu'à Nashville. Si j'avais de la chance, et si Élie visait bel et bien la chambre forte, je réussirais peut-être à sortir l'argent avant qu'il ait vent du transfert. Mais si je me trompais, et s'il était préparé pour attaquer le camion, je jetterais l'argent droit dans ses bras, et il y aurait probablement une fusillade, et j'y resterais probablement.

La deuxième option consistait à remonter la dernière piste que Paul Schulman m'avait refilée. Il m'avait dit qu'Ari Plotkin était impliqué dans les plans d'Élie. Plotkin appartenait à une race de truands plus raffinée que Schulman, et je n'escomptais pas qu'il balance aussi facilement que son collègue de bas étage, mais j'étais prêt à le cogner plus fort, si ça me permettait de trouver un moyen d'empêcher le cambriolage. Hélas, si je démolissais Plotkin, Élie serait vite au courant. Il saurait que je savais quelle banque il allait braquer, et il partirait du principe que je savais tout ce que Plotkin aurait pu me dire. Il modifierait son plan en conséquence, et je retournerais à la case départ.

La troisième option était d'informer le service de ce que j'avais appris. Dans le meilleur des cas, mon retard à signaler ma rencontre avec Élie et ce que j'avais appris concernant sa cible serait considéré comme une erreur de jugement professionnel de ma part. Mais on y verrait plus certainement la preuve d'une tare raciale quelconque.

Ça donnerait un coup d'arrêt à ma carrière pendant plusieurs années. Ou bien on me mettrait à la porte. Ou peut-être que je commencerais à me trouver dans des situations dangereuses sans renforts appropriés, jusqu'au jour où se produirait une tragédie impossible à prévoir. Toutes ces issues étaient acceptables ; moins le service en apprendrait au sujet d'Élie et de son réseau de juifs corrompus, mieux ça vaudrait.

Ce qui menait à la quatrième option, celle que ma fierté refusait : je pouvais le laisser s'en tirer. Puisqu'il n'y avait pas d'enquête officielle, j'étais libre de laisser tomber mes recherches. J'étais un policier ; mon boulot n'était pas d'empêcher les crimes avant qu'ils soient commis, mais de nettoyer le merdier après. Charles Greenfield se foutait que sa banque puisse être cambriolée, et je ne voyais pas pourquoi j'aurais dû me tracasser plus que lui.

Élie ne volait pas des gens qui galéraient pour payer leur loyer. Il ne volait pas d'enfants affamés. Il ne volait pas les nègres qui défilaient devant les Transports Kluge. Il volait le contenu parfaitement assuré de la chambre forte d'une banque. Ce n'était pas tout à fait un crime sans victime, mais la victime n'avait ni visage, ni faculté de souffrir. Cette chambre forte ne recelait rien qu'il m'importait de protéger.

Mais je devais me protéger, moi. Si Élie était arrêté, il révélerait que je savais ce qu'il allait faire. Et même si lui n'était pas attrapé, ses complices pourraient l'être. Aucune agence n'avait jamais approché Élie de près ou de loin, mais il lui arrivait de travailler avec des gens moins bons, ou moins chanceux. Leur prochain coup ne serait peut-être pas aussi bien préparé, ou peut-être qu'ils claqueraient leur butin comme des crétins. Quelle que soit la raison, ces gens finissaient parfois en garde à vue, et là, ils finissaient par parler. C'était uniquement pour ça qu'on connaissait l'existence d'Élie. Et si ses gars parlaient cette fois, il était possible qu'ils donnent mon nom.

Dans son équipe, combien étaient au courant de mon rendez-vous avec lui ? Ses cinq gros hommes de main. Le barman. Combien d'autres avaient pu en entendre parler ? Est-ce que d'autres flics juifs étaient mouillés et savaient que je l'avais rencontré ?

Si je permettais au cambriolage d'avoir lieu, je ne pourrais jamais être certain que ma complicité resterait un secret. Un policier blanc ordinaire aurait signalé le contact aux huiles et se serait dédouané, mais j'étais un juif dans une institution malade, et il n'existait pas de réponse facile.

Si la loi était à ce point avilie et ses gardiens à ce point pervertis, peut-être que Brian avait raison et que je devais changer de métier. Peut-être qu'Élie avait raison, et je devais seulement m'habituer à jouer salement. Quels impératifs moraux m'empêchaient de me servir dans le contenu de cette chambre forte, aux dépens d'une victime anonyme qui n'en souffrirait pas ? Peut-être que la justice était un concept futile dans un monde où la police alignait ses forces pour veiller sur Alvin Kluge et son argent contre les nègres qu'il exploite.

J'aurais peut-être dû faire simplement ce que voulait Élie. Une fois inclus dans ses projets, j'aurais eu tout le temps de m'occuper des derniers détails à régler.

Tandis que je soupesais ces différentes possibilités et que je surveillais l'entrée principale de la banque, Elijah ouvrait la portière passager de ma voiture et se coulait sur le siège.

« Bonjour, Baruch. »

J'ai sursauté tellement fort, je vous jure que j'ai failli sortir de ma peau. Comment est-ce qu'on pouvait ouvrir une portière de voiture sans faire le moindre bruit ? J'ai fait un geste en direction de mon holster, mais Élie a posé une main sur mon bras, pour m'empêcher de dégainer mon arme.

« Restons polis », il a dit. J'ai entendu un petit coup sur le pare-brise arrière et j'ai tourné la tête. Élie avait placé ses armoires à glace de chaque côté de la voiture. Si je le descendais, ils me descendraient.

« Pas d'inquiétude, Baruch, il a ri avec un petit gazouillis. Je ne suis pas venu te tuer. Si je te tuais, j'attirerais l'attention de la police qui, jusqu'ici, semble ignorer joyeusement mes activités. Je me demande pourquoi tu ne leur as rien dit.

— Ça, tu n'en sais rien. Si ça se trouve, l'étau se resserre autour de toi et tu ne le vois même pas. »

Nouveau gazouillis. « Je ne crois pas, Baruch. Il y a cinquante flics devant chez Kluge, prêts à écraser ces pauvres nègres, et pourtant tu es seul à garder cette banque.

— Ils ne sont pas si loin que ça.

— Mais assez quand même, et ils regarderont ailleurs », il a dit. J'ai compris qu'il avait déjà dû trouver un autre flic pour infiltrer les forces de police. Dans ce cas, il savait avec certitude que je n'avais pas informé le service de sa présence à Memphis.

Il semblait tout à fait serein en me révélant une information pareille, mais je ne me faisais pas trop d'illusions quant à la possibilité qu'il laisse échapper des détails importants sur son plan pour prendre la chambre forte. D'expérience, je savais que l'arrogance charrie souvent une dose d'orgueil, mais quelquefois l'arrogance est justifiée, et ça semblait être le cas. J'avais la réputation d'être un flic assez malin, mais il faut dire que les types que je poursuivais étaient généralement assez idiots. Élie n'était pas idiot, et je ne le voyais pas ruiner un plan échafaudé avec soin en faisant le mariole devant moi.

« Je voulais te féliciter pour la bar-mitsva de ton fils Brian », il a dit. Il m'a tendu une enveloppe scellée avec les mots « Pour Brian » en pleins et déliés. Je l'ai prise en ne touchant que les bords du papier, afin de pouvoir le saupoudrer ensuite et trouver des empreintes. Je n'en trouverais pas ; ça aurait été trop simple.

« Si tu t'approches de ma famille, je te tue », j'ai dit.

Il a fait semblant de ne pas entendre la menace. « Quand j'avais l'âge de ton fils, je n'ai pas eu la chance d'étudier avec un rabbin. Je n'ai pas eu de fête en l'honneur de mon entrée dans l'âge adulte. Je vivais dans le ghetto, dans un appartement minuscule qui sentait le moisi, où habitaient trois autres familles en plus de mes parents et de ma sœur. Je croyais que c'était le pire endroit au monde, mais c'était seulement parce que je manquais d'imagination.

« C'est un défaut qui n'encombrait pas Hitler ; son esprit était une fantasmagorie tourbillonnante de barbarie qui a engendré Auschwitz. Et si tu veux tout savoir, il a imaginé pire encore.

— Une fantasmagorie tourbillonnante ? Sans déconner ? » j'ai dit.

Il s'est interrompu et m'a fixé avec un air désapprobateur pendant vingt ou trente secondes. J'ai mis cette pause à profit pour me demander si « de barbarie » était redondant après « fantasmagorie ». Je n'en étais pas certain, mais je pensais qu'Élie avait dû vérifier dans le dictionnaire à un moment où un autre. Son anecdote semblait bien rodée, comme s'il l'avait déjà racontée de nombreuses fois. Sa voix avait un accent glacial, je me demandais si ceux à qui il l'avait racontée étaient toujours en vie.

Il a repris : « Vois-tu, Auschwitz était un simple camp de travail où il se trouve que beaucoup de gens ont été tués, et où quatre fours crématoires industriels fonctionnaient jour et nuit pour incinérer les corps et bouchaient le ciel avec leur fumée noire et grasse. On entend parler d'Auschwitz à cause de ceux qui y ont survécu ; ceux qui peuvent raconter leur histoire.

« Tu ne rencontreras jamais personne ayant été envoyé à Treblinka. Un million y sont allés, mais ils sont tous morts. Treblinka n'était pas un camp de prisonniers, contrairement à Auschwitz. C'était une usine. Un abattoir.

« Donc, quand les SS sont venus dans le ghetto, dans le bloc d'immeubles crasseux où on nous avait déplacés après que la maison et le magasin de mon père ont été confisqués, et quand ils ont agité leurs armes et fait sortir tout le monde, quand ils nous ont poussés jusqu'à la gare et entassés dans un wagon, tellement nombreux qu'on ne pouvait pas s'asseoir, on a eu de la chance, parce que le train allait seulement à Auschwitz.

« J'ai eu de la chance quand je suis descendu du train, couvert d'excréments et d'urine qui n'étaient pas entièrement les miens. J'ai eu de la chance quand les gardes nous ont rangés à droite, mon père et moi, plutôt qu'à gauche, comme ma mère et ma sœur. J'ai eu de la chance quand ma mère a refusé d'être séparée de nous, quand elle a pleuré et supplié, et quand ils lui ont tiré dans la tête alors qu'elle tenait ma sœur dans ses bras. J'ai eu de la chance parce qu'ils n'ont tué que ma mère, et pas moi.

« J'ai eu de la chance parce que j'étais à Auschwitz, et qu'on pouvait survivre à Auschwitz. Mon père aussi a eu de la chance, mais il n'a pas su apprécier le destin que Hashem lui avait accordé. Après ce qu'ils avaient fait à ma mère, il n'a plus réussi à manger. Il n'arrivait pas à élever la voix pour louer le Seigneur. Si les gardes ne l'avaient pas traîné hors du baraquement tous les matins pour l'appel, il serait sûrement mort sur un tas de paille moisie. Le jour où il n'a plus été capable de tenir debout sur la place d'appel, ils l'ont battu à mort. Les rabbins disent que si nous voulons être bénis par Hashem, nous devons aller à Sa rencontre. Mon père n'a pas pu saisir l'occasion que Dieu nous avait donnée en nous envoyant à Auschwitz.

« Bien sûr, la plupart des rabbins ont été envoyés à Treblinka, ce qui veut dire qu'ils n'étaient peut-être pas aussi sages qu'ils le croyaient. »

Là, il a poussé un gazouillis joyeux.

« Pourquoi tu me racontes ça ? j'ai demandé.

— Je veux que tu saches. Je veux que tu comprennes l'hypocrisie implicite de ta situation. Je veux que tu comprennes comme il est ridicule et contre-productif pour un juif de servir d'agent de coercition pour un État chrétien, et je veux que tu essaies de saisir la logique imparable de ma manière d'agir.

— Bon, je crois que j'irai nulle part tant que t'auras des flingues braqués sur moi, j'ai dit. Donc vas-y, persuade-moi. »

Il a souri et j'ai eu un mouvement de recul. C'était raide de contempler ses dents héritées d'Auschwitz.

« Après la mort de mon père, je savais que je devais m'échapper de là, alors j'ai attendu et ouvert les oreilles. On m'avait assigné à un détachement de vingt prisonniers supervisés par deux gardes SS. Tous les jours, nous allions dans un village polonais évacué près de la bordure du camp, et nous récupérions les matériaux qui pouvaient être sauvés sur les bâtiments, qui allaient être démolis. Un des gardes était un homme cupide et corrompu. Il volait dans ce que nous avions récupéré et il fouinait dans les maisons pour prendre tous les objets de valeur qu'il y trouvait.

« Un jour, je suis allé le voir et je lui ai parlé pendant qu'il fumait une cigarette devant la maison, là où son coéquipier ne pouvait pas nous entendre. C'était une idée dangereuse, on risquait le peloton d'exécution pour avoir parlé avec un garde. Mais je savais comment piquer son intérêt.

« Je lui ai dit que mon père était un commerçant aisé avant la nationalisation des propriétés juives par les lois de Nuremberg. Je lui ai dit que, lorsque nous avions appris que nous allions être envoyés dans le ghetto, il avait caché toute sa fortune, son or et ses bijoux. Il espérait que nous pourrions les retrouver après la guerre. J'ai dit au garde que j'étais la dernière personne vivante à savoir où était caché son trésor, et je lui ai promis de le lui donner, s'il réussissait à me faire évader du camp.

« Il y a réfléchi quelques minutes, et puis il est entré dans la maison, il a donné un coup de crosse sur le crâne de l'autre garde et il a tué tous les juifs du détachement. Ensuite il m'a attrapé par le bras et m'a entraîné dans les bois, et il m'a dit de l'attendre là.

« J'imagine qu'il a raconté à ses supérieurs que les juifs avaient attaqué son équipier et qu'il les avait tués pour le leur faire payer. Mais la justification qu'il avait donnée à sa boucherie, ce n'était pas mon problème. Tout ce que je sais, c'est que, selon les rapports officiels, j'ai été tué ce jour-là, dans ce village polonais en ruine, et enterré dans une fosse commune. Il y a des gens qui ont survécu à Auschwitz, mais je n'en fais pas partie. Je suis comptabilisé parmi les morts.

« J'ai attendu dans les bois jusqu'à la nuit, et là j'ai entendu quelqu'un qui m'appelait de la route. J'ai rampé jusqu'à la lisière de la forêt, sans sortir de l'ombre, et j'ai vu une jeune femme dans une petite carriole tirée par une mule. Je l'ai rejointe, elle m'a caché sous un tas de guenilles et m'a emmené à sa ferme minable. Elle a dit qu'elle était la fiancée du garde et qu'il lui avait dit de me faire disparaître, pour qu'ils puissent récupérer mon trésor. Mais je n'ai pas attendu qu'il rentre. J'ai trouvé un couteau et j'ai poignardé la fille, puis j'ai pris tous leurs biens de valeur. J'ai dû lui donner vingt-cinq coups de couteau avant qu'elle arrête de se débattre. Ma résolution n'a jamais vacillé.

« J'ai survécu à la guerre en fuyant et en prenant tout ce dont j'avais besoin. Je n'ai jamais appelé ça du vol. Je ne crois pas que le vol existe vraiment. Les lois de Nuremberg qui ont nationalisé les biens de ma famille m'ont aussi doté, dès mon plus jeune âge, d'un profond scepticisme envers le concept de propriété. Il ne faut pas croire que les possesseurs soi-disant légitimes des richesses de ce pays les ont obtenues honnêtement, pas plus que les bénéficiaires des confiscations Nuremberg n'ont gagné les leurs. Les hommes déshabillent les collines de leur bois et creusent des entailles dans la terre pour trouver du charbon, avec la bénédiction de l'État, et c'est moi qui suis un criminel parce que, de temps en temps, je pioche dans quelques piles de papiers. Kluge se construit un manoir avec les revenus de la misère des nègres, et tu restes planté dans ta voiture pour m'empêcher de voler la paye qu'il refuse de distribuer à ses employés. De mon point de vue, les gens sont autorisés à garder ce qu'ils ont tant qu'ils sont aptes à m'empêcher de le leur prendre.

— Peut-être que je vois pas les choses de la même façon, j'ai dit. Peut-être que je crois que les actes doivent avoir des conséquences.

— Et qu'est-ce que tu vas faire ? Me tuer ? On m'a déjà enfermé. On m'a déjà tué. Ce sont des choses qui arrivent et qui arriveront encore, pas parce que je suis un criminel, mais parce que je suis juif. Alors qu'est-ce qui m'empêche d'être aussi un criminel ? Pourquoi est-ce que je devrais épargner la propriété de quiconque ? »

La chose la plus intelligente à faire aurait été de rentrer dans son jeu et de le faire parler pour essayer de lui soutirer quelque chose au sujet de son plan, mais la finesse n'a jamais été mon fort, et j'en avais ma claque d'écouter ce connard.

« Parce que je suis un chien sauvage, je lui ai dit. Et j'aime pas que tu viennes me chier devant la truffe. »

Il a gazouillé. « Tu me fais mal au cœur, Baruch. Tu es un planton grincheux qui prend racine là, tout seul, à manger des cochonneries grasses et à mener un guet inutile. Mais ce qui doit arriver arrivera, et tu ne peux rien y changer.

— C'est ce qu'on verra, j'ai dit.

— Tu dois avoir raison », il a dit, et il est sorti de la voiture sans un bruit. J'ai songé que je pourrais faire une exception à ma politique de fair-play et mettre une balle dans le dos de cette enflure, si bien que j'ai ouvert la porte d'un coup de pied et que je me suis levé tout en dégainant mon arme. Mais sans que je sache comment, Élie et ses hommes s'étaient déjà volatilisés.

J'ai attrapé l'enveloppe qu'il m'avait remise, la tenant toujours par les bords, et je l'ai ouverte avec mon canif. Elle contenait une carte d'anniversaire de supermarché pour un enfant. « Pour ce jour spécial ». À l'intérieur de la carte, j'ai trouvé, coincés, trois billets de cent dollars ; il avait lâché l'équivalent de ce que je gagnais en deux semaines de labeur, juste pour me narguer.

En théorie, j'aurais dû confier la carte et les billets au service, à titre de preuves. Un spécialiste aurait pu y chercher plus facilement des empreintes, et y trouver quelque chose d'utile. Ou bien les numéros des coupures auraient relié Élie à un vol ou à un autre.

Mais j'étais déjà trop engagé dans ma mission de justicier solitaire, ou ma tentative de camoufler l'affaire, quel que soit le nom qu'on lui donne. J'ai empoché les billets. C'était vraiment la seule chose que je pouvais faire.

Peut-être qu'Élie essayait de me pousser sur une pente glissante. Ou peut-être que j'avais déjà commencé à glisser. Peut-être que je glissais déjà depuis longtemps.

18

1965

Je ne m'étais jamais vu comme quelqu'un d'émotif, mais j'étais furieux contre Élie. Il menaçait ma famille et mon gagne-pain, et il méprisait mes valeurs, la vie que je m'étais bâtie et ce que je défendais.

Ce qui m'énervait le plus était qu'il avait probablement raison. J'étais bien au chaud dans un système dont je dépendais et auquel je ne pouvais pas me fier. Je travaillais au coude-à-coude avec des hommes que je n'aimais pas, et qui ne m'aimaient pas, et d'un jour à l'autre ma vie pourrait se retrouver entre leurs mains dans une situation périlleuse.

Mais j'étais censé faire quoi ? Me ranger aux côtés d'Élie et de son troupeau de bisons juifs ? J'avais une famille, et une mère, je devais m'occuper d'eux, et j'étais membre d'une synagogue. Je n'étais pas un spectre vengeur et sans attaches.

Élie savait que j'avais découvert qu'il attaquerait la Cotton Planters, je ne pouvais donc plus envisager de convaincre Greenfield de déplacer l'argent, c'était trop risqué. Mais puisque Élie savait que je savais, je me disais que je ne dévoilerais pas trop mon jeu en traquant Ari Plotkin, le truand du coin qui, d'après Paul Schulman, était dans la combine.

Plotkin était un cul béni et un sac à merde de première classe. Il avait une maison pittoresque style ranch à deux pas de la synagogue. Il priait trois fois par jour, sa femme portait une perruque et tout était strictement casher dans sa cuisine, au point qu'elle avait deux lave-vaisselle, un pour les plats de viande et un autre pour ceux ayant contenu des produits laitiers.

Et il finançait son mode de vie juif bien comme il faut en volant et en arnaquant.

Autrefois il se spécialisait dans les cambriolages, mais il semblait exercer de moins en moins à mesure qu'il vieillissait. C'était un intermédiaire incontournable pour qui cherchait à refourguer des objets volés. Il faisait le bookmaker, principalement pour la communauté juive, et il avait trempé dans la vente d'actions frauduleuses à des veuves et des retraités.

Il ne rechignait pas à braquer une arme sur quelqu'un, s'il y avait suffisamment d'argent en jeu, mais il ne s'était fait pincer qu'une seule fois pour ça. Il en avait réchappé en se rasant la barbe, ce qui avait empêché le témoin oculaire de l'identifier. S'il était monté assez haut pour attirer l'attention d'Élie, je le soupçonnais d'être également engagé dans une affaire sale et lucrative dont j'ignorais tout. Il avait une plus jolie maison que moi.

De son point de vue, Dieu n'avait rien à redire à ses activités, tant qu'il ne volait pas des juifs. Mais ce n'était pas Dieu qui allait le juger ce soir-là.

On était vendredi, c'était shabbat, il y avait de grandes chances que Plotkin soit chez lui. Je l'ai trouvé assis sous son porche, en train de lire – sans blague – le Talmud. Quand il m'a vu descendre de voiture, il s'est dépêché de rentrer.

Je suis allé jusqu'à la porte et j'ai frappé à coups de poing.

« Laissez-moi entrer, Ari, j'ai dit. Faut que je vous parle.

— Je connais mes droits, il a hurlé de l'autre côté. Y a rien qui m'oblige à parler avec vous. La police ne peut pas entrer chez moi sans mandat.

— Vous avez déjà vu ces moments à la télé où un policier dit à un criminel qu'il y a une manière douce et une manière dure de régler un problème ? Parce que là, c'est un de ces moments.

— Je crois que la meilleure manière de régler ça, c'est que vous parliez à mon avocat.

— Je crois qu'on va régler ça d'une manière qui suppose que vous parliez à mon pied », j'ai dit, et j'ai envoyé plusieurs coups de latte dans la poignée, jusqu'à ce que le verrou fasse voler le chambranle en éclats.

La porte s'est ouverte, et Plotkin s'est jeté sur moi avec ce qui ressemblait à un chandÉlier en argent, mais j'avais déjà dégainé mon .357. Je lui ai tiré dans la jambe, il est tombé à mes pieds.

« À l'avenir, tu sauras que la manière douce aurait fait moins mal », j'ai dit.

Je l'ai enjambé et je suis entré dans la maison, pour vérifier que je ne risquais plus rien. Le vestibule étroit débouchait sur la cuisine, où j'ai trouvé la femme de Plotkin recroquevillée derrière le plan de travail en lino, agrippant sa fille qui devait avoir cinq ou six ans. Elles se sont toutes les deux mises à hurler quand elles m'ont vu débarquer avec mon flingue.

« Sortez de là, j'ai dit.

— Allez-vous-en ! a crié la femme de Plotkin. Je vais appeler la police.

— C'est moi la police, j'ai répondu, et je leur ai montré mon badge. Sortez de la maison. Ce n'est pas la peine que la petite voie ça.

— Et où est-ce que vous voulez que j'aille ?

— Je suis pas une agence de voyages. Dégagez. »

Elle s'est enfuie par la porte cassée, en braillant et en se couvrant les yeux quand elle est passée à côté de son mari qui pissait le sang.

J'ai fait le tour des autres pièces de la maison, pour m'assurer qu'il n'y avait personne, puis je suis retourné à la porte d'entrée, où Plotkin se tortillait dans une flaque de sang qui s'élargissait doucement.

Pendant ma visite de la maison, j'avais remarqué que la lourde table en bois de la salle à manger était dressée pour le dîner de shabbat. Je suis allé attraper un coin de la nappe en lin blanc et j'ai tiré d'un coup sec, envoyant valser les assiettes en porcelaine de Chine et les verres en cristal. La nappe était du linge de famille. Je l'ai déchirée en bandes grossières tout en rejoignant l'ordure blessée près de l'entrée.

« J'ai aucun intérêt à te laisser te vider de ton sang avant que tu m'aies raconté ce que tu mijotes, je lui ai dit, en nouant des morceaux de tissu autour de sa jambe pour fabriquer un garrot de fortune.

— Ça appartenait à ma grand-mère.

— J'aurais pu bander ta blessure avec ma chemise, mais elle m'a coûté cinq dollars et j'ai pas envie de me mettre du Plotkin partout.

— Vous êtes ignoble.

— Paraît qu'on peut faire partir le Plotkin avec de l'eau gazeuse et un peu de sel, mais j'ai pas envie de massacrer une chemise à cinq dollars pour voir si ça marche.

— Si vous saviez comme je vous hais.

— Moi non plus, je t'aime pas, Ari, mais si tu te mets à table rapidement, j'essaierai de t'emmener à l'hôpital à temps pour que les médecins sauvent ta jambe.

— Je suis pas obligé de parler à la police, je connais mes droits.

— T'es un malin, pas vrai ? La Constitution t'accorde le droit de ne pas t'auto-incriminer. Alors vas-y, reste là, dis rien. Mais n'oublie pas que le garrot empêche le sang de circuler dans ta jambe. Si tu l'enlèves, ça va gicler. Il va sortir par un trou à l'arrière de ta jambe qui fait la taille d'une pomme. T'es baisé, mon ami. Si on te soigne pas rapidement, il va sûrement falloir t'amputer au-dessus du genou. Et si t'arrives pas à l'hôpital dans les deux heures, y aura même pas besoin de s'embêter à amputer parce que tu te videras de ton sang, même avec le garrot. Donc tu peux exercer tes droits de bon Américain aussi longtemps que ça t'amuse, mais tu vas mourir si tu ne me dis pas vite ce que je veux savoir.

— C'est du meurtre, il a dit.

— Je suis venu interroger un contrevenant bien connu des services de police. Il se trouve que des événements malheureux se produisent parfois quand les contrevenants deviennent agressifs. T'as essayé de me frapper avec un chandÉlier, putain. Mon fils a un jeu de société – tu vois duquel je parle –, et dans ce jeu, une fois sur deux, l'arme du crime est le chandÉlier. Si on avait été dans la véranda quand tu m'as foncé dessus avec ce chandÉlier, je me serais peut-être chié dessus. Franchement, te tirer dessus était la seule chose sensée à faire.

— Sale porc. Sale facho de la Gestapo.

— Continue à m'insulter, c'est pas moi qui suis en train de crever par terre. Mais si tu veux remarcher un jour, tu ferais mieux de te magner et de me dire ce que prépare Élie.

— Vous pouvez pas me torturer pour me faire avouer. À tout prendre, je préfère encore me vider de mon sang. »

Je lui ai montré mon arme.

« Je crois pas que ce soit vrai », j'ai dit. Et puis j'ai fait tourner le barillet, armé le chien d'un mouvement de pouce théâtral et j'ai pressé le canon contre son front. « Soit tu me racontes une jolie histoire, soit je vais trouver d'autres façons de m'amuser. C'est jamais une bonne idée d'insulter un sale facho de la Gestapo.

— Comment est-ce que vous pouvez vous conduire comme ça et continuer à vous considérer comme juif ? » Des larmes rondelettes ruisselaient sur ses joues.

« Je pourrais te poser la même question, petit hypocrite voleur et donneur de leçons.

— Je ne commets aucune brutalité contre mon peuple.

— Tu fais pas partie de mon peuple, Plotkin. J'ai rien à voir avec toi.

— Et je rends grâce à Hashem. »

D'un geste plutôt élégant et travaillé, j'ai réussi à allumer une cigarette sans rengainer le .357. « T'en veux une ? j'ai demandé.

— Je préférerais que vous ne fumiez pas à l'intérieur. Ma fille dort ici. Vous mettez sa santé en danger.

— Eh ben, moi, je préférerais ne pas avoir un braqueur juif en train de monter un gang juif dans ma ville. Si ta combine tourne mal, vous allez tous recevoir ce que vous méritez, tes amis et toi. Dans le coin, on a tendance à discriminer sans distinction. Ce que j'en dis, c'est que je suis pas le seul à faire du mal aux juifs. Ce que j'en dis, c'est que c'est toi qui mets mon enfant en danger. Alors prends donc cette cigarette, Ari, parce que dans le fond tout se résume à ceci : tu peux croire que Dieu est de ton côté, mais t'as Smith et Wesson contre toi. Tel que tu me vois, je suis furax, et je me ferais un plaisir de te buter. Est-ce que tu me crois quand je te dis que je vais te buter ? »

Il a levé les yeux vers moi, les siens débordaient de larmes.

« Je vous crois.

— Bien. Donc tu comprends l'enjeu : soit tu décides de parler, soit tu décides de mourir. »

Il a pris la cigarette et il a parlé.

19

1965

« Dès que les *schwarz* commenceront à incendier des trucs, on entrera dans la banque, a dit Plotkin.

— Avec qui tu travailles ? »

Il m'a lâché trois noms familiers : de jeunes juifs qui se lançaient sur une mauvaise pente. De nos jours, tous les gamins voulaient être Meyer Lansky, l'associé de Lucky Luciano.

« Comment tu sais que les basanés vont déclencher une émeute ? »

Il a grimacé. « Parce que c'est des *schwarz*. Parce que c'est inévitable. »

Ça, c'était une information que le service n'avait pas ; on essayait toujours d'anticiper la violence raciale en opposant une démonstration de force aux manifestations devant chez Kluge. Je me demandais si on les intimidait ou si on soufflait sur les braises.

« Vous allez pénétrer dans la chambre forte ?

— On va tout prendre.

— Comment ?

— On passe par-devant avec des armes.

— Et le système d'alarme ?

— C'est toute la beauté du plan. Personne ne répondra aux alarmes ; en tout cas pas pendant un moment. La réaction de la police sera très lente. Il y aura des vols dans toute la ville, les rues seront prises d'assaut par les émeutiers. On aura disparu avant que les secours arrivent, et on sera masqués. Quand ce sera terminé, c'est les *schwarz* qui porteront le chapeau. »

La personne qui avait recruté Plotkin ne l'avait manifestement pas informé des mesures de sécurité que Charles Greenfield m'avait décrites. Ce n'était pas le plan élégant auquel je me serais attendu. « C'est Élie qui t'a expliqué tout ça ? j'ai demandé.

— Un de ses hommes. » Plotkin m'a décrit un des balèzes de sa garde rapprochée. « Je n'ai jamais rencontré Élie.

— Quel rôle est-ce qu'il joue dans le plan ?

— C'est lui qui nous a parlé de la banque, qui nous a expliqué comment utiliser les émeutes pour se couvrir, et qui a plus ou moins tout mis sur pied. Une fois que ce sera fini, il nous aidera à filer sans laisser de traces. Il garde un tiers de la prise.

— Et combien vous espérez sortir de la banque ?

— Il a dit qu'on pourrait embarquer dix mille. Peut-être même quinze mille. » C'était à peu près cinq fois la somme qu'un voleur ramasserait en braquant les guichets, selon Greenfield.

Le plan de Plotkin était foireux. S'ils entraient par la grande porte, ils réussiraient seulement à déclencher l'alarme et à se faire choper, voire tuer. Pas moyen que ce soit le coup que préparait Élie. J'étais sûr qu'il les piégeait. Mais pourquoi ? L'alarme verrouillerait la chambre forte, Élie ne pourrait pas y accéder. À moins qu'il ait une raison de vouloir que la chambre forte soit verrouillée ?

Ça mériterait réflexion.

D'ici là, j'avais du boulot. J'ai appelé les secours pour qu'ils viennent nettoyer Plotkin, et ensuite j'ai appelé des voitures de patrouille en renfort pour aller choper les complices dont Plotkin m'avait donné les noms. Ils étaient tous chez eux, c'était shabbat, et ils se sont laissé embarquer sans résister.

Je les ai collés tous les trois dans des salles d'interrogatoire différentes, et je leur ai posé un paquet de questions. En fin de soirée, ils avaient tous signé leur déposition, avouant qu'ils prévoyaient de braquer la banque mais omettant de mentionner le nom d'Élie.

Je n'étais pas fou de joie d'avoir une bande de juifs au ballon à Memphis pour avoir manigancé un vol en réunion, mais c'était le genre de chose qui serait oublié bien plus vite qu'un casse de cent cinquante mille dollars commis par un voleur juif célèbre avec l'aide d'une clique de juifs et de policiers juifs corrompus.

Au cas où vous me trouveriez dur : j'ai passé un coup de fil au procureur, je lui ai dit qu'Ari et ses copains avaient pleinement coopéré, et j'ai suggéré que sa clémence ne serait pas insensée. Vu qu'ils étaient encore bien loin de commettre un vol au moment où je les avais arrêtés, je me disais qu'ils n'auraient pas besoin de rester longtemps en prison pour décider, à l'avenir, de consacrer leur énergie à des entreprises non criminelles.

Les trois complices ont écopé chacun de quatre ans à la prison d'État, avec possibilité de libération conditionnelle au bout de dix-huit mois. Plotkin a été condamné à sept ans et en a tiré trois, parce que c'était le meneur, et aussi pour voies de fait contre moi. Il a boitillé tout le reste de sa vie.

Mais pendant qu'il purgeait sa peine, sa petite bigote de femme a bien été obligée de se trouver un boulot. Après ça, elle n'a jamais plus été aussi coulante ou servile dans la maison. Sa fille aussi a eu des problèmes, elle s'est fait mettre en cloque par son petit ami goy avant ses quinze ans.

Je crois que Plotkin m'a estimé responsable de son malheur, mais s'il était entré dans cette banque par l'avant, il aurait pris perpète dans un pénitencier fédéral, ou bien il se serait fait descendre, et il n'aurait jamais eu l'occasion de conduire sa fille à l'autel lors de son mariage expéditif.

Il avait fait des choix et il devait vivre avec. Quand on choisit d'être une ordure, il y a des conséquences. Je pense qu'il aurait dû m'être reconnaissant pour mon indulgence. Cet enfoiré avait essayé de me taper dessus avec un chandelier.

20

1965

Le lendemain matin, Brian est revenu de la prière et m'a dit que le rabbin avait demandé à me parler. Je n'avais pas grand-chose à lui raconter, mais après l'épisode Schulman, il me semblait que je devais tendre un rameau d'olivier au petit. Alors, au coucher du soleil, à la fin de shabbat, je suis allé le voir à la *shoul*.

Abramsky était arrivé à Memphis presque un an plus tôt, mais son bureau donnait l'impression qu'il était encore en train d'emménager. Un des murs était couvert d'étagères encastrées, il en avait garni la moitié mais des cartons de livres s'entassaient encore par terre.

« Merci d'être venu, inspecteur Schatz. Je suis à vous dans un instant », il a dit. Il se tenait au bout d'un bureau ancien presque aussi gros que celui de Charles Greenfield, mais usé et abîmé alors que celui du directeur de la banque était lustré et brillant.

Le fauteuil derrière le bureau était inaccessible, bloqué par une muraille de cartons pleins de papiers, et le bureau lui-même était jonché de piles de photocopies, de carnets et de dossiers en papier kraft débordant de feuilles volantes. La pièce était tellement farcie de merdes que le coin de table devant lequel Abramsky se tenait était le seul espace de travail fonctionnel dans ce bureau.

Avec l'index de sa main droite, Abramsky marquait l'endroit où il avait arrêté sa lecture d'un imposant Talmud relié de cuir. C'était un livre énorme, soixante centimètres par quarante-cinq, à vue de nez, et le texte était imprimé si petit qu'Abramsky devait plisser les yeux pour le déchiffrer. Les pages étaient fines comme du papier de soie, mais malgré tout le livre faisait plus de dix centimètres d'épaisseur et, ça va sans dire, il était tout en hébreu.

Tandis qu'il lisait, avec sa main gauche, Abramsky griffonnait de droite à gauche en hébreu sur un bloc-notes jaune. Ses lèvres bougeaient de concert, et je me demandais s'il récitait en silence les mots qu'il lisait, ceux qu'il écrivait, ou quelque chose qui n'avait rien à voir.

Cependant, je n'avais aucun moyen de savoir ce qu'il lisait, écrivait ou marmonnait, parce que, bien que je puisse reconnaître des mots hébreux à l'oreille, je ne le parle pas, et je ne le comprends pas quand je le lis. J'ai donc jeté un œil à sa bibliothèque pour m'occuper.

Il avait tous les *siddour* et *Tanakh* que je m'attendais à trouver, ainsi que divers commentaires de la Torah ; des livres énormes, comme celui sur lequel il était penché, avec des tranches dorées et des couvertures incrustées d'or.

Pourtant, j'ai eu la surprise de découvrir une étagère entière de romans policiers : Raymond Chandler, Dashiell Hammett, Ross MacDonald et les œuvres complètes de Conan Doyle. Le dos semblait craquelé, il avait dû les dévorer. Plus bas sur le mur de livres, j'ai repéré des trucs qu'il avait probablement lus pour préparer son arrivée dans le Sud : Faulkner, Twain, et *Ne tirez pas sur l'oiseau moqueur.*

Il avait aussi cinquante exemplaires d'un livre sur la conception juive de la mort et du deuil. Il devait souvent l'offrir, pour avoir besoin d'autant d'exemplaires ; la synagogue existait depuis les années 1870 et aujourd'hui, en 1965, la communauté ne rajeunissait pas. Le couloir à l'extérieur de son bureau était tapissé de lourdes plaques commémoratives. Chaque plaque contenait quatre colonnes, dans lesquelles étaient encastrées une centaine de plaques plus petites. Sur chacune était inscrit le nom d'un membre décédé de la communauté. À côté de chaque nom se trouvait une petite ampoule, comme celles des guirlandes de Noël. On les allumait pour célébrer le *yahrzeit*, l'anniversaire de la mort de la personne. Il n'y avait pas d'interrupteur, le seul moyen de les allumer était de les visser dans leur socle, et le seul moyen de les éteindre était de débrancher l'ensemble ou de les desserrer une par une, à la main. Chaque semaine il fallait que quelqu'un arpente ce couloir en vissant et en dévissant, pour nous dire qui on devait commémorer, ce coup-là.

Je me suis demandé si Abramsky s'occupait lui-même des ampoules, mais j'ai conclu que ce n'était certainement pas le cas. C'était le genre de synagogue à engager un nègre pour ça.

Quoi qu'il en soit, entre ce couloir plein de monuments aux morts et cette étagère remplie de livres sur le deuil, tout portait à croire que ce type avait un boulot tellement déprimant qu'il devait être soulagé de préparer des gosses hyperactifs de douze ans à la bar-mitsva. Je préférais largement me farcir des scènes de crime macabres avec des boyaux partout, ou même un flotteur retrouvé tout gonflé et puant dans une rivière, que de passer un après-midi dans un hôpital à prier avec une personne qui perdait sa bataille contre un truc en phase terminale.

Abramsky a terminé ce qu'il faisait avec son gros livre tape-à-l'œil et déposé son carnet au sommet d'une pile de carnets identiques, eux aussi couverts de son écriture qui bavait à cause de la transpiration.

De chaque côté du bureau, il y avait deux vieux fauteuils en cuir qui n'étaient pas complètement noyés sous les papiers. Il s'est glissé dans l'un, et j'ai débarrassé le bazar qu'il y avait sur l'autre pour pouvoir m'asseoir. « Je vous demande pardon, il a dit. Si je n'écris pas mes pensées et observations pendant que je lis, je les oublie ensuite. Je suis certain que vous connaissez ça.

— Pas vraiment, j'ai dit, en tapotant le côté de mon crâne avec un doigt. Je garde tout là-dedans.

— Alors vous avez beaucoup de chance, à cet égard. Merci d'être venu me voir. Je voulais vous parler de votre fils. » Quand il parlait, il se penchait en avant. C'était un homme doux, une petite chose avec des angles arrondis, mais il vibrait d'une énergie bizarre. Ses mains étaient toujours en mouvement, elles tranchaient l'air pour ponctuer ses phrases ou rampaient sur son corps pendant qu'il écoutait.

« Est-ce que Brian tient le rythme, il sera prêt pour le grand jour ? » j'ai demandé. Même si on n'adhérait pas à de nombreuses traditions, on allait toujours à la synagogue orthodoxe car toute ma famille était enterrée dans le cimetière qui lui était rattaché. Le jour de sa bar-mitsva, mon fils devrait donc dire la prière, la *tefila*, pendant tout un office devant la paroisse entière. Je ne voulais même pas penser à ce que dirait ma mère si le petit se plantait.

« Oui. Il s'en sort très bien. Je crois qu'il est en train d'apprendre par cœur sa *haftara*, et je préférerais qu'il lise en hébreu, mais j'ai confiance, il vous rendra quand même très fiers.

— Alors qu'est-ce qui ne va pas ?

— Brian est encore perturbé par ce dont il a été témoin devant la synagogue, l'autre jour. Et je dois dire que moi aussi, cela me perturbe. »

J'ai serré les poings. La situation à la maison était tendue depuis des semaines à cause des idées que ce con avait fourrées dans la tête de mon gosse. « Paul Schulman et Ari Plotkin avaient mérité tout ce que je leur ai mis.

— Plotkin ? Qu'est-ce qui est arrivé à Plotkin ?

— Je suis allé chez lui hier soir et je lui ai tiré dans la jambe. »

Il a fallu un moment à Abramsky pour encaisser la nouvelle. « Est-ce qu'il est… ?

— À l'hôpital, j'ai dit. Et en état d'arrestation, parce qu'il préparait un braquage, et pour voies de fait sur un officier de police. Il ne reviendra pas de sitôt à la synagogue. »

Pendant deux secondes, la consternation a flotté sur son visage, mais il l'a réprimée au profit d'une expression neutre. « Je ne suis pas sans savoir que certains membres de notre communauté mènent des vies moins droites que je ne le souhaiterais. Mais je considère qu'il ne m'appartient pas de les juger.

— Non, j'ai dit. C'est à moi qu'il appartient de les juger. Vous, vous devez chanter avec eux en hébreu pour qu'ils aient l'impression d'être dans les petits papiers de Dieu quand ils ressortent pour aller voler la veuve et l'orphelin.

— Et pourquoi en faites-vous un affront aussi personnel, Baruch ?

— Quand on retrouve le cadavre de votre père dans un fossé au bord de l'autoroute, vous développez un faible pour la veuve et l'orphelin. »

Il a eu une sorte de frisson quand j'ai dit ça, et je me suis rendu compte qu'il n'était pas au courant. Il fallait vraiment que j'arrête de laisser échapper tout ce qui me passait par la tête. « Voulez-vous en parler ? il a demandé.

— Putain, sûrement pas. Soyez pas bête.

— Alors parlons de Brian : je crois qu'il serait déplacé de la part d'un rabbin de contribuer à brouiller un père et son fils, c'est pourquoi je me suis retrouvé dans une position peu enviable en devant justifier votre conduite, Baruch. Et c'est pour cette raison que j'ai eu besoin de vous parler. Parce que je crois qu'il faut que quelqu'un vous parle.

— Je suis là, non ? Si vous voulez parler, je vous écoute.

— Comme vous le savez peut-être, la section de la Torah pour la bar-mitsva de Brian est la *paracha Vayera*, dans laquelle Hashem châtie les villes corrompues de Sodome et Gomorrhe.

— Je connais l'histoire, j'ai dit. C'étaient des fous du cul et Dieu les a tous tués.

— Eh bien, les interprétations chrétiennes se concentrent sur les aspects sexuels de la dépravation des Sodomites, mais il y a autre chose. Les commentaires expliquent que les habitants de ces villes étaient avares et cruels. Ils se vautraient dans la décadence pendant que des mendiants mouraient de faim dans les rues. Ils étaient haineux envers les étrangers, ils les exploitaient et les tuaient pour le plaisir. Et c'étaient aussi des blasphémateurs ; le passage sur le désir des Sodomites pour l'"autre chair" n'est pas une allusion à leur comportement homosexuel, comme le veut la croyance, mais à leur désir impie de violer les anges de Dieu.

— Ça a changé, la préparation à la bar-mitsva, depuis l'époque où j'étais gosse.

— La Torah est la même depuis cinq mille ans.

— Alors j'imagine qu'on devait sauter les passages sur l'"autre chair".

— C'est possible, mais l'intégralité de la Torah est sacrée, et quand on en prend des éléments hors contexte, on perd l'ensemble de vue.

— Alors où est-ce que vous voulez en venir ?

— Hashem a décidé que les habitants de Sodome et de Gomorrhe devaient brûler pour expier leur barbarie et leur brutalité. Mais Abraham a imploré Sa clémence, et Hashem a accepté d'épargner les villes si l'on réussissait à trouver dix hommes justes vivant à Sodome. Alors Il a envoyé ses anges pour les chercher, et les anges demeuraient chez Lot, le neveu d'Abraham. Mais les habitants de Sodome ont eu vent des invités de Lot, et ils ont assiégé la maison en demandant que Lot leur remette les anges. Hashem a été épouvanté, et la ville condamnée. Hashem a dit à Lot de fuir avec sa famille, en les avertissant, "ne regardez pas derrière vous", tandis qu'ils s'échappaient de la ville en flammes. Mais la femme de Lot a désobéi à Hashem et elle a regardé, et alors elle a été changée en colonne de sel. D'après certains, en se retournant, elle a révélé qu'elle était tentée par la décadence charnelle de Sodome, et méritait ainsi d'être éliminée en même temps que la ville. Mais de nombreux érudits croient que, lorsqu'elle a été témoin de la gloire et de l'ardeur de la colère de Hashem, c'est la stupeur qui l'a détruite. Quand nous en avons discuté avec Brian, il a dit qu'il croyait que Memphis était devenu Sodome.

— Il a pas tort, j'ai dit. Y a trop de passif, et trop d'animosité. Ça fait beaucoup trop longtemps qu'on inflige trop de saloperies aux basanés. Toute la ville pourrait s'embraser d'un jour à l'autre. Et quand ça arrivera, on l'aura mérité autant que les Sodomites.

— Brian m'a dit qu'il a peur que vous soyez comme la femme de Lot, que vous ayez adopté les valeurs déviantes d'une ville déchue et d'une force de police violente et répressive.

— Il sait pas de quoi il parle. Si je suis violent et répressif, c'est pour maintenir le monde à l'écart de lui, et pour le protéger de quelques vérités difficiles. »

Il s'est penché et a posé une main sur mon bras. J'ai reculé. Je n'aime pas qu'on me touche. « Je le sais, et c'est ce que je lui ai dit. Je lui ai dit que vous n'êtes pas comme la femme de Lot. Je lui ai dit que vous êtes un des anges de Hashem, prêt à faire pleuvoir la justice sur ceux qui le méritent, mais aussi que vous cherchez l'espoir et la rédemption dans une ville perdue. Un fils doit honorer son père, donc je me suis senti obligé, en tant que professeur, de vous défendre devant lui. Mais ça ne m'a pas plu, parce que je ne crois pas que ce soit la vérité. »

Je me suis débarrassé de sa main et j'ai sorti mon paquet de Lucky Strike de ma poche. Je l'ai tapé deux fois contre ma paume et j'y ai pris une cigarette.

« J'aimerais autant que vous ne fumiez pas ici, a dit Abramsky. La ventilation marche mal et les odeurs ont tendance à s'accrocher. »

J'avais remarqué que le bureau embaumait le livre moisi et le vieux pet, mais j'avais eu la politesse de ne pas faire de commentaire.

« J'en prends bonne note, j'ai répondu, avant d'allumer quand même ma clope. Dites ce que vous avez à dire, et je ficherai le camp avant d'avoir trop empuanti la pièce. Et pendant que vous parlez, vous pouvez m'apporter un cendrier.

— Je n'en ai pas.

— Aucun problème. Une canette vide fera l'affaire, ou un verre avec un peu d'eau au fond. Ou en fait, si vous n'avez pas envie de vous lever, j'ai besoin de rien. C'est pas mon tapis. »

Il s'est levé et a pêché une tasse à café beige en dessous d'une pile de papiers sur son bureau. Il me l'a tendue et j'ai jeté mes cendres dedans.

« Bien, je ne crois pas que vous vous voyiez comme un ange, il a dit. Je crois que vous vous voyez comme Hashem. Mais vous n'êtes pas Hashem. Seul Hashem est Hashem. Et je veux que vous vous rappeliez ce qui est arrivé à la femme de Lot quand elle a contemplé Sa colère. Je veux que vous vous rappÉliez tout le mal que peut faire cette terrible justice, pas seulement à ceux qui en sont la cible, mais aussi à tout le monde alentour. Brian deviendra un homme aux yeux du peuple juif quand il lira la Torah le jour de sa bar-mitsva, mais vous et moi nous savons que son enfance s'est achevée au moment où il a vu son père frapper Paul Schulman à terre devant la synagogue. Voilà avec quoi vous devez vivre, quand vous infligez votre courroux. »

J'ai fait un geste avec la cigarette et il m'a présenté la tasse à café. J'ai écrasé le mégot à l'intérieur.

« Est-ce que Brian a gobé ce que vous lui avez dit sur moi ? j'ai demandé.

— Je ne crois pas. Il est intelligent. C'est difficile de mentir aux gens intelligents. »

J'ai acquiescé. C'était vrai. Le petit savait que son vieux n'était pas un ange. « En tout cas, merci pour votre discrétion, j'ai dit.

— Et, à l'avenir, je vous conseille vivement d'user de la vôtre », il a dit.

Je n'ai pas pu m'empêcher de rire, mais je doute qu'Abramsky ait compris pourquoi.

21

1965

La première chose que j'ai faite le lundi matin a été de rendre une petite visite à Charles Greenfield dans son bureau. Il m'a fait poireauter jusqu'à 10 h 30, juste parce qu'il en avait le pouvoir. Les fenêtres de son bureau étaient tournées vers le nord et ce jour-là, à cette heure-là, le soleil qui transperçait la canopée de nuages tombait dans la pièce à un angle parfait pour donner à Greenfield et à son attirail un aspect plutôt radieux. Il s'est assis dans son profond trône en cuir, devant la fenêtre, où, de l'endroit où je l'observais, de l'autre côté de l'étendue miroitante de son bureau, il paraissait entouré d'un halo lumineux.

« J'ai arrêté un gang de cambrioleurs qui se préparaient à prendre votre banque », j'ai dit.

Ça n'a pas eu l'air de l'impressionner. « Si le problème est résolu, je ne vois pas pourquoi vous nous faites perdre notre temps à l'un et à l'autre en venant me l'annoncer. » Tout en parlant, il m'a fait le genre de rictus narquois signifiant qu'il se rendait bien compte que, de nous deux, c'était lui qui m'avait fait perdre le plus de temps.

« Les hommes interpellés prévoyaient de pénétrer dans votre banque par l'entrée principale et de braquer les guichets sous la menace de leurs armes. Je crois que, sans le savoir, ils ont été les dindons d'une combine beaucoup plus élaborée qui vise à piller votre chambre forte, et j'ai peur que leur arrestation n'y change rien. Votre argent est peut-être toujours en danger. »

Il s'est caressé le menton. « À l'instant où ces hommes seraient entrés avec leurs armes, un caissier ou un courtier aurait déclenché l'alarme, qui aurait scellé la chambre forte. Si c'est ça, leur plan, il n'est pas formidable. »

J'ai allumé une cigarette. « La semaine dernière, vous m'avez dit que l'alarme verrouille la chambre forte pendant trois heures, et que, une fois l'alarme déclenchée, personne ne peut ouvrir la chambre forte, même pas vous.

— C'est exact.

— Il m'est venu à l'esprit que le plan d'Élie suppose que vous déclenchiez l'alarme et que vous vous empêchiez d'entrer dans la chambre forte. C'est même la condition principale.

— Je ne suis pas sûr de vous suivre. »

À ce moment, je me suis penché vers lui. « *La Ligue des rouquins*, ça vous dit quelque chose ? C'est une aventure de Sherlock Holmes. Un voleur imagine un plan pour pénétrer dans la chambre forte d'une banque en creusant un tunnel depuis le sous-sol d'un immeuble voisin. Si un voleur s'introduisait dans votre coffre par au-dessus ou par en dessous, ou par un mur, il pourrait sans problème le nettoyer en trois heures. Tout ce qu'il aurait à faire serait d'inventer un prétexte pour que votre personnel déclenche l'alarme, ce qui vous empêcherait d'y entrer. Il serait parti longtemps avant que vous puissiez ouvrir et découvrir le vol.

— Et qu'est-ce que je dois faire, selon vous ? » a demandé Greenfield. Il avait une espèce d'éclat féroce dans le regard.

J'avais vu un documentaire animalier sur les ours polaires solitaires qui pouvaient parcourir des centaines de kilomètres pour trouver une proie. Quand deux mâles se rencontraient, attirés par l'odeur d'une femelle en chaleur ou d'une carcasse de baleine pourrissant sur une plage, ils se battaient sans pitié, et l'un d'eux pouvait en sortir gravement blessé.

Dans cette pièce, Charles Greenfield était le plus gros ours et personne ne contestait sa suprématie. Les hommes qui l'entouraient, par exemple son assistant, Riley Cartwright, étaient de nature servile, soumise. Tous les étrangers en visite seraient probablement rabaissés par sa taille, ses beaux costumes ou ses meubles hors de prix. C'était un homme habitué à être le maître, il détestait viscéralement ceux qui essayaient de lui expliquer ce qu'il devait faire.

« Je suis content que vous me posiez la question, parce que je vais vous expliquer ce que vous devez faire », j'ai dit. Je me foutais de ses costards, de ses titres et de son bureau, et je voulais être certain qu'il le sache. Le fumet de baleine en décomposition de cet endroit attirait de nouvelles têtes, et il allait bien être obligé de prendre cette réalité en compte. Au cours des cinq derniers jours, j'avais envoyé deux hommes à l'hôpital, ce qui me donnait de bons arguments pour prétendre au titre de grand méchant ours. « Je crois que vous devriez augmenter la sécurité, et placer un garde à l'intérieur de la chambre forte en plus de ceux postés aux portes. Vous devriez aussi engager un ingénieur pour contrôler les fondations et le plafond, et vous assurer qu'il n'y ait jamais eu aucune tentative de percer la chambre forte par ces surfaces. Je vous conseille également de déplacer le plus gros de votre excédent, et d'engager un renfort de gardes pour escorter l'argent jusqu'à sa destination. »

Greenfield a éclaté de rire. « Monsieur Schatz, nous sommes une banque. Vous savez ce qu'est une banque ?

— Je connais l'idée générale.

— Une banque est un endroit où les gens comme moi travaillent tous les jours à côté d'une pièce remplie d'argent. Vous savez qui pourrait avoir envie de se servir dans une pièce remplie d'argent ? » Il a penché la tête d'un air inquisiteur, mais je me suis contenté de tirer sur ma cigarette. On se dirigeait manifestement vers le moment où il allait devenir territorial et marquer tous les coins de la pièce avec sa pisse d'ours polaire. Il a prolongé le silence jusqu'au malaise, puis il a dit : « Tout le monde, inspecteur. Si les gens croyaient qu'ils peuvent voler une banque, ils le feraient tous. Alors quand vous débarquez ici pour me dire qu'un type a envie de me voler, vous ne m'apprenez rien que je ne sache déjà. Si les banques réussissent à fonctionner alors que tout le monde a envie de les braquer, c'est parce qu'on fait en sorte qu'il soit très difficile de piquer de l'argent à une banque. Personne n'est en train de creuser un tunnel jusqu'à ma chambre forte. Elle a des parois de quarante-cinq centimètres d'épaisseur en acier trempé, plongées dans des fondations en béton et piégées par des détecteurs qui déclenchent l'alarme. Est-ce que vous savez ce qu'il faut pour transpercer un mur de soixante centimètres de béton ?

— Une masse ?

— Un marteau-piqueur, plutôt. Il n'y a qu'une seule façon de percer un tunnel dans le béton, et elle est bruyante. Je suis certain que nous nous en serions aperçus. Je ne crois pas qu'une entourloupe à la Sherlock Holmes soit en cours dans ma banque.

— Greenfield, je ne veux pas vous insulter, mais nous avons des informations véritables et crédibles indiquant qu'un criminel chevronné projette de voler le contenu de votre chambre forte. Je vous recommande de prendre des précautions.

— Et ce que je viens de vous expliquer, inspecteur, à plusieurs reprises et en détail, c'est que j'ai déjà pris toutes les précautions raisonnables. Nous avons de multiples niveaux de sécurité. Nous sommes parés contre toute éventualité. Sachant cela, nous sommes libres de consacrer notre temps à effectuer notre travail et à mener nos affaires, affaires dont vous êtes actuellement en train de me distraire.

— Je suis ravi que vous fassiez confiance à vos mesures de sécurité, j'ai dit. Mais ce n'est pas une menace ordinaire, et je crois qu'elle mérite une attention extraordinaire. »

Greenfield a refait son truc d'appuyer sur l'arête de son nez. « Vous avez dit que, d'après vous, les hommes que vous avez arrêtés et qui prévoyaient de braquer mes caissiers étaient des pigeons qu'Élie utilisait pour nous détourner de ce qu'il manigance réellement, c'est bien ça ?

— Oui.

— Réfléchissez, il est possible qu'ils n'aient pas été utilisés pour vous détourner d'un braquage de ma chambre forte, mais d'un autre coup qui n'aurait rien à voir.

— J'y ai pensé. Mais la banque est la cible la plus vraisemblable que j'aie réussi à identifier, et s'il a l'intention de voler autre chose, je n'ai aucune idée de ce que ça peut être. Rien ne m'a permis de dégager d'autres cibles liées à la grève chez Kluge et qui soient assez importantes pour attirer son attention.

— Ce n'est pas mon problème.

— À moins que j'aie raison et qu'il en ait après votre chambre forte.

— Eh bien, vous m'avez informé des risques. Je tiendrai compte de vos conseils. Vous avez fait tout ce qui était en votre pouvoir. Maintenant, si vous voulez bien m'excuser, je dois me consacrer à des questions moins fantaisistes.

— Connard.

— Pardon ?

— Rien. Je n'ai rien dit. Je vous remercie infiniment pour le temps que vous m'avez consacré. »

Je suis parti parce que je n'ai rien trouvé d'autre à dire. Je n'avais toujours pas l'intention de laisser Élie braquer la banque, mais s'il y parvenait quand même, à mon avis ça ne pouvait pas tomber sur plus charmant que Charles Greenfield.

22

1965

J'ai quitté le bureau de Greenfield par l'imposante double porte en bois, je suis passé devant le bureau de ses deux secrétaires débordées, et puis je suis arrivé devant la rangée d'ascenseurs. Il s'était arrogé toute une aile du groupe de bureaux et avait abattu la plupart des murs pour la transformer en une grande cathédrale lumineuse à sa propre gloire. Ça avait dû être bandant.

J'ai appuyé sur le bouton pour descendre jusqu'au grand hall au rez-de-chaussée de la banque ; une vaste caverne miroitante pleine de colonnes en calcaire rose qui reliaient le sol en calcaire rose au plafond cintré, voûté, en calcaire rose.

Quand je suis sorti de l'ascenseur, les cages en cuivre des caissiers étaient sur ma gauche, et sur ma droite il y avait une zone où l'on faisait patienter les clients attendant un rendez-vous avec un courtier immobilier ou autre cadre des étages supérieurs.

Et, bien sûr, c'est là que se trouvait Élie ; assis dans un fauteuil en cuir, il sirotait un café et lisait son journal.

J'ai parcouru le hall du regard ; rien ne semblait sortir de l'ordinaire. Quelques personnes réglaient des affaires avec les caissiers, mais dans l'ensemble, l'espace était assez désert. Comme me l'avait dit Greenfield, la proximité de la grève avait fait fuir la plupart de la clientèle.

Je n'ai entendu aucune alarme, n'ai repéré aucune des armoires à glace d'Élie, et je n'ai pas non plus vu de criminels juifs agitant des flingues sous le nez des caissiers. Mais ça ne signifiait pas que le vol n'était pas en train de se dérouler devant mes yeux.

Je suis allé m'asseoir dans le fauteuil à côté de celui d'Élie.

« Qu'est-ce que tu fais ici ? » j'ai demandé.

Il m'a offert son sourire Auschwitz. « Est-ce que tu me croirais si je te disais que je suis venu demander un petit prêt professionnel ? »

Le culot de ce type.

« Tu es en état d'arrestation, j'ai dit. On va se lever, et on va sortir d'ici. Si tu essaies de résister, je serai contraint de te maîtriser par la force. »

Il a suçoté ses lèvres, qui se sont enroulées autour de ses chicots. « Pas sûr que ce soit une bonne idée, il a dit. Tu ne sais pas ce qui t'attend dehors. »

L'unique entrée publique de la banque était une série de portes à tambour en verre. C'était la première fois que je voyais Élie sans ses maousses, et je pouvais supposer que s'ils n'étaient pas là, ils devaient être dehors. Ce n'était vraisemblablement pas un hasard de tomber sur Élie dans le hall de la banque qu'il prévoyait de braquer. S'il avait arrangé cette rencontre, il avait sans aucun doute planifié sa sortie, et c'est lui qui avait l'avantage.

« Je tomberais nez à nez avec une scie circulaire géante, j'ai dit.

— À vrai dire, je n'ai pas installé de scie circulaire géante, mais tu serais criblé de balles dès que tu poserais le pied sur le trottoir. » Il se remettait à gazouiller et je n'aimais pas ça.

C'était une partie d'échecs, et mon adversaire avait plusieurs coups d'avance. Que faire ?

J'ai songé à la porte de chargement. Je pourrais éventuellement le pousser par là et filer au nez et à la barbe de ses gars.

« Quand tu réfléchis très fort, tu tires une tête qui me procure un grand amusement, a dit Élie. Là, tu te demandes si tu pourrais m'embarquer par la porte de chargement. »

Pour ce faire, je devrais le faire passer juste à côté de la chambre forte. Et ensuite ouvrir la cage de sécurité dans le couloir. Est-ce que c'était jouable sans déclencher l'alarme ? Je devrais enlever la barre de la porte, et je ne savais pas si la ruelle était dégagée. Si ses hommes attendaient derrière, ils pourraient entrer par là. La cage de sécurité serait déverrouillée, et ils pourraient filer droit dans la chambre forte.

S'il était ici, c'est qu'il avait forcément une raison d'y être ; forcément une raison de me mener par le bout du nez. C'était peut-être ça, son plan pour braquer la banque. Je n'avais pas envie de leur servir de pigeon.

« Je ne crois pas que tu vas essayer de me faire sortir par là, il a dit. Nous avons donc deux portes et tu ne peux m'emmener par aucune d'elles. Et franchement, au plus profond de toi, Baruch, est-ce que tu as envie de m'arrêter ? »

Il a replié son journal et bu une gorgée de café.

Je n'avais pas envie de l'arrêter. J'avais envie de le tuer, ou sinon de le chasser de la ville. Je ne voulais pas qu'il pose ses fesses dans une salle d'interrogatoire et se mette à causer. Il avait regardé sans bouger quand les Allemands avaient tiré dans la tête de sa mère. Il avait attendu sans bouger quand les Allemands avaient battu son père à mort. Il avait amorcé la suite d'événements qui avaient mené un garde nazi à tuer les vingt juifs de son détachement. Et rien de tout ça n'avait l'air de trop le chagriner. Il y a des gens qui traînent leurs casseroles partout avec eux, et d'autres qui voyagent léger. Lui était sans pitié et égoïste ; le genre d'homme capable de brûler tous les ponts qu'il traversait sans jamais se retourner.

Combien de coups est-ce qu'il avait réussis ? Dix ? Quinze ? Mêlé à chacun, il pouvait y avoir un juif corrompu. S'il acceptait de tous les dénoncer, un abruti du bureau du procureur fédéral avec des dents qui rayent le parquet lui offrirait certainement l'immunité pour ses crimes. Attraper un braqueur de banques était un succès modeste pour un représentant de la loi, mais éventer un réseau de policiers corrompus pouvait faire une carrière, à condition que ce ne soit pas un réseau juif, et que ceux qui l'éventent ne soient pas juifs non plus.

« Tu n'es pas impliqué dans mes projets, et pourtant, s'ils éclataient au grand jour – si je parlais –, tu serais anéanti. Injuste, tu ne trouves pas ?

— Bordel.

— Si ton service fonctionnait comme il le doit, tu pourrais demander des renforts et une dizaine de policiers arriveraient en quelques minutes et tomberaient sur les hommes qui m'attendent dehors. Mais tu ne peux appeler personne, parce que tu as peur que je raconte à tes amis ce que j'ai en tête.

— Je pourrais te tuer ici », j'ai dit.

Il a encore gazouillé. « Tu crois ? Par le passé, tes supérieurs ont toléré tes excès et ton côté ripou. Mais la violence qu'ils t'autorisent contre les camés, les déviants et les pauvres sert à appuyer et à renforcer l'ordre social dominant. Tuer un homme blanc désarmé et bien habillé dans une banque perturberait cet ordre. Ce serait mauvais pour les affaires, Baruch, et ils ne te permettraient pas de nuire à leurs affaires. La première fois que nous nous sommes rencontrés, je t'ai dit que tu me faisais penser à un chien, et tu es effectivement un animal fort utile. Mais tous les chiens finissent de la même manière quand ils commencent à mordre les humains. »

Il avait probablement raison.

« Tu es seul, Baruch, et tu ne peux rien contre moi. Tu vas me laisser sortir. »

Mais il y avait quelque chose qui clochait dans sa voix ; un minuscule soupçon de doute. Ça m'a suffi pour décider de réévaluer toute la situation.

J'ai posé un long regard dur sur Élie. J'ai vu un petit escroc à face de fouine, minuscule, effrayé et planqué derrière ses phrases à deux balles et son faux charme européen. Il croyait que tout lui appartenait. Il croyait qu'il pouvait se ramener dans ma ville, piquer cent cinquante mille dollars et me laisser nettoyer derrière lui.

Mais il ne pigeait pas à qui il avait affaire. Je n'étais pas le serviteur obéissant d'une agence corrompue, comme le croyait mon fils. Et Abramsky ne se trompait pas, je n'étais pas l'ange qui cherchait une âme à sauver. Et je n'étais certainement pas le péon empoté que Greenfield voyait en moi.

J'étais une immense colonne de fumée qui s'élève au-dessus du désert. J'étais une pluie de soufre en fusion sur la tête des pécheurs. J'étais les ténèbres voilant le soleil et j'étais le sang dans l'eau. J'étais les grenouilles et les bêtes sauvages. J'étais une lame de rasoir cousue dans un ourlet.

J'ai regardé la porte à tambour, et j'ai regardé le hall, et j'ai su ce que j'allais faire.

Élie me souriait, je lui ai renvoyé son sourire à la gueule.

Tout ce qui m'avait paru si compliqué était soudain limpide. Il était un problème, et moi une solution. Il était un clou, moi un marteau. Je pouvais le casser en deux, uniquement en me servant de mes mains nues.

« J'ai vraiment dû foutre le bordel dans tes plans, en arrêtant Plotkin et les autres, j'ai dit. T'es même pas venu ici pour me chercher, pas vrai ? Si tu t'étais attendu à me voir, tu serais jamais venu sans tes petits copains pour t'appuyer. Tu n'organiserais jamais une confrontation ici, à l'intérieur de la banque que tu as l'intention de braquer. Si quelqu'un nous voyait nous disputer, il pourrait se souvenir de ton visage. Je t'ai surpris en plein repérage, pendant que tu essayais de mettre au point un nouveau plan.

— Ne dis pas n'importe quoi. Plotkin compte pour rien. » Mais le chevrotement dans sa voix était plus prononcé. Il avait peur de moi, et c'était sage de sa part.

« Je crois que personne n'attend dehors. Je crois que je pourrais te passer les menottes et te pousser vers la sortie, et personne ne m'en empêcherait.

— Tu ne prendras pas ce risque, il a dit. Et tu ne veux pas m'arrêter. »

Il ne souriait plus. Moi, si.

« C'est vrai, je ne veux pas t'arrêter, c'est pour ça que je vais te laisser partir, libre comme l'air. Mais d'abord, toi et moi on va aller faire un tour aux toilettes. »

Je me suis levé et je lui ai envoyé mon poing dans le ventre, assez fort pour expulser tout l'air de ses poumons. L'entrée des toilettes des hommes était près de l'ascenseur, à environ six pas dans le dos d'Élie. Je l'ai attrapé par le bras et je l'y ai traîné. Il était trop sonné pour résister, et personne n'a eu l'air de nous remarquer.

Dans la banque de Charles Greenfield, mêmes les petits coins avaient du chien. Les murs et le sol étaient recouverts de plaques de calcaire rose, comme le hall. Les appliques paraissaient neuves et impeccables, et il y avait des cadres de cuivre autour des miroirs au-dessus des lavabos. Les urinoirs en enfilade étaient libres, et toutes les cabines de toilettes étaient vides. Je m'y attendais, je n'avais vu personne entrer ou sortir tout le temps où j'étais resté dans le hall.

J'ai balancé Élie contre le mur de pierre, son front a rebondi dessus, ce qui l'a renvoyé dans les vapes assez longtemps pour me permettre de sortir de mon manteau la colère de Dieu, enrobée de cuir souple et montée sur un ressort rigide. Je lui ai donné un grand coup de casse-tête au genou, un bon coup qui a fait un bruit de céramique brisée. Avant qu'il s'écroule, je l'ai chopé par les revers de sa veste sur mesure et j'ai plaqué une main sur sa bouche pour l'empêcher de crier.

« Je t'ai dit que j'allais te laisser sortir d'ici. Mais tu vas marcher tout doucement, tu vas en chier à chaque pas. C'est pas demain la veille que tu recommenceras à t'enfuir en courant, et tu vas pas non plus pouvoir te faufiler en douce. »

J'ai posé sa main gauche sur le mur, écarté ses longs doigts de pianiste, et puis j'ai abattu le plomb tellement fort qu'il a imprimé une toile d'araignée de petites fissures dans le panneau de pierre.

« J'espère que t'avais pas l'intention d'ouvrir un coffre avec cette main. Elle va plus trop pouvoir te servir pour les travaux délicats. Pas dans un futur proche, en tout cas. »

Et ensuite je lui ai balancé le plomb dans les intestins aussi violemment que je pouvais ; le poids l'a frappé juste au-dessus du nombril, et le mouvement d'accompagnement a fait remonter le coup jusque dans son sternum. Il a vomi ses tripes sur le sol. Quand je l'ai relâché, il s'est effondré dans sa mare de gerbe et il a commencé à se tortiller, alors je lui ai distribué des coups sur les jambes, et deux ou trois sur le dos et la poitrine pour faire bonne mesure.

Après ça j'ai accroché le casse-tête à ma ceinture, j'ai enjambé le tas moite et puant qui était peu auparavant un homme fier et hautain, et je me suis lavé les mains dans le lavabo.

« Je t'avais prévenu de ne rien tenter dans ma ville. Tu ne m'as pas écouté, et maintenant regarde ce qui t'est arrivé. Ça aussi, ça faisait partie de ton plan ? »

Il a plus ou moins gargouillé.

« On dirait que j'ai fini par trouver un moyen de te faire taire. T'as sûrement l'impression que tu vas crever, mais tu te trompes. La matraque est considérée comme un des moyens les plus humains de maîtriser un délinquant. Ce sont surtout les tissus mous qui sont endommagés. Ça fait mal, mais ça guérira. Sauf ta main. À ta place, je la montrerais à un médecin. »

Il a grogné quelque chose d'inintelligible.

« Je comprends rien à ce que tu racontes, mais j'imagine que tu me remercies pour ma modération. J'aurais pu te faire beaucoup plus mal. Mais je me suis retenu, parce que je veux que tu sois en état de voyager. Alors quand tu vas réussir à te relever, il sera prudent de mettre de la distance entre Memphis et toi. Parce que tu crois peut-être que je viens de te mettre à l'amende, mais en fait c'était juste un avertissement. Tiens-en compte, parce que je ne préviens jamais deux fois. La prochaine fois que je te vois, je te tue. »

J'ai secoué mes mains pour les sécher, allumé une cigarette et laissé tomber l'allumette enflammée à côté d'Élie. Ensuite, je l'ai enjambé une nouvelle fois, je suis sorti des toilettes et j'ai traversé le hall. Le bruit de mes semelles sur le calcaire rose sonnait comme des coups de feu à mes oreilles.

« Vous n'avez pas le droit de fumer ici, monsieur, a dit un garde qui ne m'avait pas vu traîner un homme dans les toilettes, mais qui avait immédiatement repéré ma cigarette.

— Mais si, j'ai dit. Regardez. »

Et c'est ce qu'il a fait, puisque de toute façon je sortais par la porte à tambour.

À l'extérieur, je n'ai vu aucun signe des armoires à glace. J'ai sorti mon pistolet de son holster et je me suis coulé le long du bâtiment pour aller jeter un œil dans la ruelle, mais là non plus il n'y avait personne.

Je devais accorder ça à Élie : il avait presque réussi à me bluffer. Mais presque, à ce jeu-là, ça ne suffit pas.

Une chose que je ne veux pas oublier :

J'ai pris l'habitude de regarder un talk-show sur le cinéma avant ma sieste le mercredi après-midi. Ça criait moins que Fox News, et si je mettais les documentaires animaliers, je pouvais rester devant jusqu'au dîner sans fermer l'œil. Quelquefois, des acteurs et des réalisateurs étaient invités dans l'émission sur le cinéma, mais en général c'étaient des critiques et des universitaires. Je n'avais pas vu la plupart des films dont ils parlaient ; ça faisait des dizaines d'années que je n'étais pas allé au ciné. Vu que ces gens n'étaient pas des habitués des plateaux de télé, ils parlaient d'une voix douce et avaient l'air mal à l'aise, des détails que j'appréciais.

Le présentateur était la personne que j'aime le plus regarder à la télé. C'était un homme exceptionnellement rougeaud avec une trogne en pâte à modeler, et il donnait l'impression de ne pas avoir acheté de vêtements depuis une époque où il pesait quinze kilos de moins, si bien que sa tête giclait de son col trop serré comme du dentifrice d'un tube. Quand il s'animait, il oscillait d'avant en arrière, et j'étais persuadé que, pour peu que je regarde l'émission assez longtemps, un jour je le verrais tomber de sa chaise.

« Les personnages réalistes et les antihéros ont donc une popularité croissante, disait-il. Pourquoi, selon vous ? »

L'invité était une critique sortie d'Internet ; une femme à l'air niais avec des cheveux châtain terne, un œil qui disait merde à l'autre et une grande bouche humide qui paraissait trop large pour son petit visage aplati.

« Les antihéros ne sont pas nouveaux. Dans la mythologie classique et scandinave, on trouve beaucoup de figures dotées de défauts considérables et qu'un public moderne considérerait comme antihéroïques. Milton a publié *Le Paradis perdu*, qui met en scène un Lucifer compatissant, en 1667. Et il y a bien sûr Nabokov, qui a écrit *Lolita* du point de vue de l'abominable Humbert Humbert, et *Le Parrain* qui a raflé tous les Academy Awards en 1972. Ce sont les ancêtres des personnages que l'on voit dans des séries contemporaines telles que *Breaking Bad* ou *Les Soprano*. »

J'aimais bien la regarder. Quand elle se concentrait sur ce qu'elle débitait, elle semblait oublier de déglutir, et donc, comme elle était bavarde, sa bouche se remplissait petit à petit de salive. Ce qui avait tout le potentiel pour évoluer en quelque chose d'intéressant.

« La figure traditionnelle du héros représente l'establishment, continuait-elle. C'est le nouveau shérif qui fait régner la loi dans une ville sauvage du Far West, ou bien le super-héros qui déjoue les projets du méchant pour conquérir le monde, ou encore le flic dur à cuire qui éradique le crime dans sa ville. Il se bat pour perpétuer le statu quo et les structures de pouvoir existantes, souvent contre des adversaires qui ne représentent pas un mal ambigu, mais au contraire entretiennent des valeurs contraires à celles qui dominent dans la société, ou qui imaginent une hiérarchie sociale différente. »

Le présentateur se balançait de plus en plus à mesure qu'elle parlait, et il a fini par l'interrompre d'une voix flûtée : « Et vous pensez que ces héros sont passés de mode aujourd'hui ? »

Ça a accordé à la femme d'Internet une chance d'avaler, ce qui m'a terriblement déçu. Je n'attendais qu'une chose, que le barrage cède.

Elle a dit : « Dans une époque comme la nôtre, je pense que le statu quo est de moins en moins convaincant. Au début des années 1970, le pays sortait d'une décennie de batailles pour les droits civiques, la guerre du Vietnam battait son plein, et la présidence était embourbée dans des scandales. Le public était prêt à adopter Vito Corleone, qui répondait à un pouvoir fossilisé et exclusif, et à un racisme anti-immigrants, en construisant un empire à l'extérieur du domaine de la loi.

« La même chose se produit aujourd'hui. Le statu quo et l'establishment nous apparaissent moins nobles après huit années d'administration Bush, sept années de guerre interminable, le krach de Wall Street et le renflouement des banques et de l'industrie automobile. Nous nous sentons impuissants face à des forces sociales qui nous dépassent, et nous sommes donc prêts à applaudir un professeur de chimie exploité qui se réinvente en baron de la drogue.

— Et pendant ce temps, que deviennent nos héros traditionnels ? » a demandé le présentateur.

Elle a avalé la gorgée de salive avant que ça déborde de sa lèvre, et elle a dégluti une nouvelle fois. J'ai adressé un juron à l'écran.

« Ils deviennent de moins en moins nets. James Bond commet des assassinats secrets pour le compte du gouvernement. Batman est un millionnaire blanc qui sort la nuit dans un costume très sexuel en latex pour corriger les classes pauvres des villes. Le shérif du Far West qui faisait régner l'ordre dans une ville frontière, maintenant, il se contente de pacifier les lieux pour que les magnats du chemin de fer ou des mines puissent les enlever aux habitants et aux prospecteurs qui y ont installé leurs concessions en premier, et le superflic commence à ressembler au bras armé des élites contre les citoyens. »

J'ai laissé tomber et changé de chaîne. Elle n'allait pas se baver dessus, et elle n'allait pas non plus me convaincre d'accepter son relativisme moral.

Les critiques et les professeurs de cinéma disent souvent que tous les méchants pensent qu'ils sont les gentils. C'est peut-être le cas dans les *comics* et dans les romans de gare, mais dans la réalité, deux bons tiers des criminels sont trop stupides pour penser, point.

Ce ne sont pas des agents moraux qui choisissent de mal agir ; ils agissent par impulsion, motivés par leurs désirs les plus vils, la drogue et le sexe. Ils sont incapables d'évaluer les conséquences de leurs actes, que ce soit pour eux-mêmes ou pour les gens à qui ils font du mal. Ce sont des animaux, des brutes, rien de plus. Et il n'y a pas de race qui tienne ; c'est aussi vrai pour les Blancs que pour les basanés.

La plupart des autres sont ce que les psys pourraient appeler des sociopathes ; ils sont assez malins pour avoir un peu de bon sens, mais tellement fauchés qu'ils s'en foutent.

C'est la vérité, parmi les différentes catégories de criminels, seule une toute petite minorité prend le temps d'essayer de rationaliser ou de justifier son comportement, ou de rattacher ses crimes à un principe quelconque. Au cours d'une carrière dans la police, on ne rencontre pas beaucoup d'Élie.

Mais les faux-fuyants comme ceux d'Élie ne tiennent pas la route et ne résistent pas à un examen approfondi. Les hommes dans son genre ne sont pas très différents des autres voleurs et assassins ; quand on fait abstraction des foutaises qu'ils racontent, ils ne font que blesser les autres pour des motifs égoïstes.

Et je n'y connais pas grand-chose en héros et en antihéros, mais si vous n'avez été victime d'aucun voyou, taré ou philosophe hors la loi ces derniers temps, c'est probablement parce que quelqu'un comme moi les a trouvés avant qu'ils ne vous trouvent.

23

2009

Mon esprit s'est extirpé d'une fantasmagorie tourbillonnante de cauchemars pour arriver dans un état de semi-conscience. La première chose dont j'ai pris conscience a été un bip rythmique, avec en arrière-plan des parasites incompréhensibles. Le bip m'a empli d'une intense panique instinctive, et il m'a fallu un moment pour l'associer à des machines d'hôpital, à un moniteur cardiaque.

J'ai essayé de regarder autour de moi, mais je ne voyais que des ténèbres. Je me suis rendu compte que j'avais les yeux fermés. J'ai tenté de les ouvrir, mais je n'ai pas réussi à rassembler assez de force. Je ne pouvais pas non plus bouger les bras, mais je sentais le poids froid et oppressant d'un drap sur mes jambes nues, j'ai donc déduit que mon engourdissement était dû à un médicament plutôt qu'à un truc à la colonne vertébrale.

À présent, les parasites derrière le bip se coagulaient en voix, et petit à petit j'ai commencé à comprendre ce qu'elles disaient.

« … l'a renvoyée chez elle pour qu'elle prenne une douche et se repose. Elle a passé toute la nuit ici.

— Je sais pas comment elle a fait pour le supporter aussi longtemps.

— J'arrive pas à croire qu'il se soit encore fourré dans une fusillade. Quelqu'un a une idée de ce qui s'est passé ?

— Paraît que le flic est dans un état encore pire.

— Tu n'avais vraiment pas besoin de faire le déplacement.

— Pourquoi il est pas encore réveillé ? » J'ai reconnu la voix de mon fils. J'étais content qu'il soit là. J'avais l'impression que je ne lui avais pas parlé depuis longtemps. Pourquoi ça ?

« Il a été mis sous sédatifs. On craignait une hémorragie cérébrale, mais l'IRM est impeccable. Apparemment il était seulement en état de choc, et il a le nez cassé. Il a fallu lui faire une transfusion, ça a annulé ses anticoagulants et maintenant on a peur que des caillots se forment. À part ça, il devrait être bientôt rétabli. »

J'étais sous sédatifs. C'est pour ça que mes membres me paraissaient si lourds ; pour ça que j'avais l'impression de patauger dans une boue épaisse dès que j'obligeais mon cerveau à réfléchir.

« De toute façon je voulais venir ici. Je m'attends constamment à ce qu'on m'appelle à son sujet.

— Mais tu t'es absenté de ton nouveau poste.

— Je fais un remplacement pour l'été dans un cabinet d'avocats à New York ; ils comprennent la notion d'urgence familiale, et je pense qu'ils survivront sans moi pendant un ou deux jours. Les clients n'ont même pas voulu qu'on me confie de vrais boulots, donc en gros mes missions consistent à creuser des trous et à les reboucher le lendemain. Aujourd'hui, je rate un déjeuner de trois heures, un associé qui va faire un speech sur les tactiques de négociation, et un open bar.

— Et s'ils ne te proposent pas un poste à temps plein ?

— C'est vachement déplacé, comme question, maman. »

D'accord, ce n'était pas mon fils, c'était mon petit-fils, William, qui mettait maintenant des costards à mille dollars pour aller bosser dans son gratte-ciel à Manhattan, mais qui laissait encore tout le monde l'appeler Tequila Schatz. J'avais envie de lui dire de surveiller son putain de langage, mais pas moyen de forcer ma mâchoire à bouger. Ma langue était sèche, collante et lourde dans ma bouche.

« Ça m'empêche de dormir de penser à toi dans cette ville, et aux décisions que tu prends, a dit ma belle-fille. On dirait que tu oublies tout le temps de t'occuper de quelque chose d'important.

— J'ai pas envie d'en parler maintenant.

— Tu n'as jamais envie d'en parler. »

Mais où était Brian ? Ah oui, merde.

Quand je suis éveillé, je peux ranger ma colère, ma peur et mon chagrin dans un endroit où je n'ai pas à y penser, mais quand je rêve, tout remonte comme de la mauvaise bouffe mexicaine.

Chaque fois que j'ouvre les yeux, je flotte un moment entre deux eaux, puis je transperce la surface, et là le poids de tout ce que j'ai perdu s'écrase sur moi et me brise. Je pensais que les sédatifs m'auraient peut-être empêché de rêver, une fois que mon cerveau et mon cœur auraient ralenti à force de mariner dans les produits chimiques. Mais il faut croire que je me trompais. Quand ils se sont dissipés, mon cerveau drogué tournait au ralenti et tout cet horrible processus a pris beaucoup plus longtemps, comme quand on arrache très lentement un pansement qui colle à une blessure.

Pas étonnant que tellement de gens arrêtent de se rappeler les choses à mesure qu'ils vieillissent, quand la mémoire ne sert plus qu'à raviver les vieilles douleurs. Pas étonnant que les gens arrêtent de se lever le matin. Qu'est-ce qui les attend, à part des œufs brouillés et des déceptions ?

N'empêche, j'avais très envie d'œufs brouillés ; ça faisait un bail que je n'avais rien avalé. J'avais aussi envie d'une cigarette.

J'ai essayé de calculer combien de temps j'étais resté dans les vapes. J'avais un tube d'oxygène branché au nez, mais pas de sonde d'alimentation enfoncée dans la gorge, donc ça se comptait en heures plutôt qu'en jours, ce qui signifiait qu'il restait un mince espoir de rattraper Élie avant que ses ravisseurs ne le tuent.

Si William était venu en urgence de New York par le premier avion, il aurait pu se trouver dans ma chambre six heures après l'accident. Mais ça n'avait probablement pas été aussi rapide. Rose n'avait peut-être pas tout de suite appelé Fran, ma belle-fille, et Fran n'avait peut-être pas prévenu William sur-le-champ. Il n'avait peut-être pas réussi à trouver un vol direct.

Si les infirmières avaient renvoyé Rose pour qu'elle prenne une douche et se change, ça voulait dire qu'elle avait passé la nuit ici, et donc qu'Élie était prisonnier depuis seize à vingt heures. En tout cas, le fait que je sois capable de suivre le fil de ces pensées était bon signe. L'effet des médocs s'estompait.

Ma belle-fille a dit : « Je lui en veux tellement quand je pense à ce qu'il lui a fait subir. Des fois, j'ai peur de ce qui arriverait si elle mourait avant lui.

— Ils s'occuperont de lui là où il est, non ?

— Les résidences médicalisées, c'est pour les gens qui restent autonomes. Je crois qu'il n'y arrive plus, et d'ici un an ça aura encore empiré, à cause d'Alzheimer.

— C'est pas Alzheimer. Il dit qu'il a peut-être un léger truc cognitif.

— Tu as passé pas mal de temps avec lui ces derniers temps, qu'est-ce que tu en penses ?

— J'ai remarqué qu'il commence un peu à décliner. Des fois, il se met en colère pour rien. Et il perd un peu les pédales, je crois.

— Elle a l'air fatiguée.

— Elle l'a veillé toute la nuit.

— Non. Elle a l'air tout le temps fatiguée. Elle a l'air usée. »

Je pouvais à peine contracter mes mains, et mes paupières étaient toujours collées. Mais mes bras et mes jambes n'étaient plus bêtement engourdis, je commençais à sentir des fourmis dedans.

« À Valhalla Estates, ils n'arriveront pas à gérer son caractère, sans elle pour le calmer. Tu crois qu'ils seront là pour s'assurer qu'il mange et pour surveiller qu'il prenne ses médicaments, et tous les autres trucs qu'elle fait ? Il va avoir besoin de soins à plein temps, et je ne crois pas qu'il supportera d'avoir en permanence tous ces gens autour de lui.

— Quand tu dis "tous ces gens", tu penses à…

— Tu sais à quoi je pense.

— Donnez-moi de l'eau, bon Dieu, j'ai dit.

— Oh, merde, il est réveillé. »

24

2009

Mon lit d'hôpital était en position relevée, je suçais de la glace pilée et je broyais du noir parce qu'Élie était sûrement en train de se faire assassiner quelque part. Vu que je ne l'aimais pas, ça n'aurait pas dû me tracasser à ce point, mais je prenais son meurtre comme une offense personnelle parce qu'il avait été kidnappé malgré mon objection énergique dans la face de Clarence.

Mon *schnoz* cassé était pris dans une attelle. Ça pinçait un peu et sifflait chaque fois que j'inspirais, et j'avais une démangeaison qui me rendait dingue.

Mon petit-fils était assis sur une chaise à côté de mon lit, il me regardait comme si j'étais dans un cercueil, ce qui n'arrangeait pas franchement mon humeur. Il était en costume-cravate, j'en concluais qu'il était venu directement de l'aéroport. Dans cette tenue, il avait une allure masculine et presque intimidante. Ça m'agaçait. Je le considérais toujours comme un enfant.

Quand il était petit, je lui tendais la main pour qu'il la serre et j'écrasais sa petite paume dans la mienne, je faisais rouler ses phalanges entre mes doigts. Maintenant je ne pouvais plus faire ça. Ses avant-bras ressemblaient à des barres de métal.

Il racontait qu'il allait à la salle de gym, cinq séances de quarante-cinq minutes par semaine, et qu'il voyait un entraîneur trois fois par mois. Je l'avais vu faire de l'exercice quand il rentrait de la fac, et aussi à la salle du Jewish Community Center. Ses exercices ne ressemblaient pas à mes visites chez

Claoudiah ; il cavalait pendant une heure sur le vélo elliptique avec la résistance au maximum, et quand il descendait de la machine il était trempé de sueur, on aurait cru qu'il venait d'être baptisé.

Malgré tous ses efforts, dix ou quinze kilos de rondeurs s'attardaient sur sa silhouette trapue ; quand je le prenais dans mes bras, sa poitrine était ferme, mais j'aurais pu empoigner de pleines poignées de chair. Ce petit aimait manger.

Il lui arrivait d'appeler, simplement pour nous parler, à sa grand-mère et à moi, d'un restaurant new-yorkais bizarre dans lequel il se trouvait. Il allait manger des sushis dans un truc japonais. Il aimait bien une espèce de soupe vietnamienne au bœuf qui s'appelait « feu ». Il goûtait un babipim papoum au bœuf dans un restaurant coréen qui vous obligeait à cuire vous-même votre nourriture, ou bien il allait chez un Indien manger du poulet avec des tickets au marsala, des légumes du karma et du pain de Narnia au fromage.

Encore plus bizarre : une fois, il nous a appelés pour nous dire qu'il dînait dans un restaurant où les plats étaient « influencés par les parfums et les textures de la nourriture qu'on vend dans les rues au Maroc ».

« Tu dois te faire vacciner ou quelque chose comme ça avant d'aller dans ce genre de bouge ? j'ai demandé.

— Très drôle.

— C'est cher ?

— Non, plutôt raisonnable. Les tapas coûtent entre douze et quatorze dollars. Les entrées sont entre vingt-six et trente-quatre, en gros. Et la sangria est à seulement trente balles le pichet.

— Ils doivent pas être à plaindre, les Marocains, de nos jours. »

Cela dit, après vingt heures d'inconscience, je n'aurais pas craché sur de la nourriture marocaine, et j'aurais même pu dépenser trente dollars pour de la sangria si on m'avait laissé la boire au pichet. Je détestais ces saletés de glaçons. Je me disais que l'infirmière devait avoir raison, je ne garderais rien si j'avalais trop vite, mais j'avais soif et la glace n'y changeait rien. Je hais les hôpitaux.

« Et Élie ? j'ai demandé. Est-ce qu'ils l'ont retrouvé ?

— Je ne sais pas qui c'est », a dit mon petit-fils. J'ai tout de suite senti qu'il pensait qu'Élie n'existait pas. « Tu étais en voiture avec ton ami Andre Price, l'inspecteur de police. Tu te souviens d'Andre ?

— Oui, je me souviens d'Andre. Comment il va ?

— Pas bien, mais il est vivant. Ils l'ont mis en coma artificiel. Il avait une blessure grave à la tête, et il y a un gonflement qu'ils essaient de résorber.

— À l'arrière, on avait un type qui s'appelle Élie. C'est un braqueur de banques qui nous file entre les doigts depuis cinquante ans. Il allait se rendre. Ceux qui nous ont attaqués l'ont enlevé avant de s'enfuir.

— Personne ne nous a parlé de ça. La police croit que c'était Price la cible de l'attaque, parce qu'il enquêtait sur un meurtre lié à une affaire de drogue. Je crois que tu as les idées un peu embrouillées. »

La police ne savait rien d'Élie. C'est ça le problème des fantômes invisibles : quand ils disparaissent, personne ne les cherche. Il était plausible qu'il soit déjà mort. Je lui avais promis que, s'il était tué, je ferais « pleuvoir la vengeance » sur ses ennemis. C'était la dernière chose que j'avais envie de faire.

« Je crois qu'il va falloir que je dise deux mots à la police », j'ai dit.

Il a acquiescé. « Ils veulent te voir. On n'a pas arrêté de leur répéter que tu as besoin de te reposer.

— Je me suis assez reposé comme ça. »

Mon petit-fils est sorti de la chambre et est revenu quatre-vingt-dix secondes plus tard avec un grand Noir qui avait un badge d'inspecteur accroché à la ceinture.

« Je m'appelle Rutledge, il a dit. Stups. » Il devait avoir dans les quarante-cinq ans et ses cheveux grisonnaient sur les tempes. Il avait l'attitude d'une personne importante. « J'ai entendu beaucoup de choses sur vous, et si j'en crois ce que j'ai vu aujourd'hui, elles sont majoritairement vraies. »

Il s'est tourné vers Tequila et a croisé les bras d'une manière signifiant qu'il voulait me parler seul à seul. Tequila a hoché la tête pour montrer qu'il comprenait, puis il est allé s'asseoir sur la chaise à côté de mon lit, pour montrer qu'il s'en foutait. Apparemment il en était arrivé au stade de sa formation d'avocat dans la grande ville où les figures d'autorité ne l'intimidaient plus. J'étais fier de lui. Tout le monde devrait avoir la chance de vivre assez vieux pour voir ses petits-enfants devenir des snobs qui se croient tout permis.

Quand il est apparu que Tequila ne bougerait pas, Rutledge, Stups, s'est gratté le menton quelques instants avant de décréter que mon petit-fils pouvait entendre ce qu'il avait à dire. « Je veux vous assurer que nous allons les retrouver. La situation est compliquée depuis deux ans. La ville n'a plus un rond, et nous avons moins d'hommes et moins de temps à consacrer à certains de ces problèmes. Je ne vais pas vous mentir, nous avons perdu du terrain. Mais cette agression d'un inspecteur de police en plein jour, en pleine rue, nous a bien réveillés. Price était un de nos meilleurs éléments, et vous avez beaucoup de fans dans le service. Je crois qu'ils vous considèrent un peu comme une mascotte.

— Vous n'imaginez pas comme ça me fait plaisir d'entendre ça », j'ai dit. Il parlait d'Andre au passé, ce n'était pas bon. Ce qui lui était arrivé était un peu ma faute.

Rutledge a poursuivi : « Cette histoire les met en colère, ils sont tous très remontés. Des fonds ont été débloqués, on a le soutien complet de la ville de Memphis et du comté de Shelby, on met les moyens qu'on a dans la plus grande opération antidrogue que j'aie vue en vingt ans de carrière. Nos copains du FBI nous filent

aussi un coup de main. Le procureur fédéral inculpe des dealers de rue avec qui il ne se serait jamais emmerdé avant, et des types qui auraient tenu leur langue et tiré leur peine font la queue pour donner des noms quand le FBI les menace de peines fédérales incompressibles. C'est la débandade dans les rues, Buck. »

J'ai acquiescé. Tous ces renforts et ces heures sup, un esprit de coopération avec le gouvernement fédéral, et personne pour chercher Élie.

« Les gosses sur qui j'ai tiré, c'était qui ? j'ai demandé.

— Clarence O'Donnell, vingt-deux ans. D'après le rapport, les secours ont tenté de le réanimer, mais ça m'étonnerait qu'ils se soient acharnés, vu que son cerveau avait éclaboussé toute la rue. La mort a été constatée sur place. Sorti de taule il y a deux mois ; il s'était fait choper à mettre des mineures sur le trottoir, et il avait plaidé coupable pour les charges de coups et blessures et de séquestration. Il a été condamné à trois ans, a fait dix-huit mois. J'ai une fille, Monsieur Schatz, donc je dois vous dire : à votre place, je ne culpabiliserais pas d'avoir tué M. O'Donnell.

— J'ai jamais culpabilisé d'avoir tué quelqu'un », j'ai dit.

Il s'est marré. « Ça vous empêche pas de dormir, hein ? Le deuxième, c'est Jacquarius Madison, vingt ans. Deux condamnations mineures du tribunal pour enfants. A fait son temps en liberté surveillée. Fini le lycée. Jusqu'à l'automne dernier, il étudiait à Tennessee Tech. J'imagine qu'il s'est fait entraîner par de mauvaises fréquentations.

— Est-ce qu'il a dit quelque chose ?

— Peu de temps après son arrestation, un avocat s'est pointé, avec du bagout et un costard en peau d'ange, il a dit qu'il était le bavard de Madison. Ils ont parlé cinq minutes ensemble, puis Madison l'a renvoyé et a demandé un commis d'office.

— Pourquoi il ferait une chose pareille ?

— Je connais ce coup », a dit Tequila. Je crois l'avoir vu lever la main et sautiller un peu sur sa chaise. « Le premier avocat était corrompu et envoyé par ceux qui ont attaqué la voiture.

Madison ne voulait pas de lui, parce qu'il veut obtenir une remise de peine en les balançant.

— C'est aussi ma conclusion, a dit Rutledge. Mais Madison s'est entretenu avec le commis d'office, et ensuite il a refusé de nous parler. L'avocat a dû dire un truc qui lui a fait peur. »

Est-ce que ceux qui avaient enlevé Élie s'étaient arrangés pour soudoyer ou intimider l'avocat commis d'office ? Comment avaient-ils pu arriver jusqu'à lui aussi vite ? Et d'ailleurs, comment avaient-ils découvert que c'était lui qui héritait de l'affaire ? Ils étaient omniscients ou quoi ? Il fallait que je trouve qui j'avais en face de moi.

« Je veux parler à Madison, j'ai dit.

— Je ne crois pas que ce soit une bonne idée, a dit Tequila. Un juge verrait d'un mauvais œil que tu discutes avec lui, surtout en l'absence de son avocat. Ça pourrait être utilisé plus tard pour rejeter sa déposition. »

J'ai tendu le bras et serré son poignet aussi fort que je pouvais. « Je veux lui présenter mes excuses pour lui avoir pulvérisé la jambe, j'ai dit.

— Je croyais que vous ne culpabilisiez jamais d'avoir tiré sur des gens, a dit Rutledge. »

J'ai haussé les épaules. « Merde. C'est atroce. Je suis à peu près sûr que je n'ai jamais dit ça. Ça ressemble pas à un truc que je dirais. »

Rutledge, Stups, a tourné la tête vers Tequila pour chercher une espèce de soutien ou d'approbation. Tequila n'a pas bougé, n'a pas ouvert la bouche, ne lui a rien donné.

« Madison est toujours hospitalisé ici, a dit Rutledge. Une autre opération est prévue demain, pour essayer de reconstruire son genou. Mais je ne vois pas bien à quoi ça pourrait servir, que vous lui parliez.

— J'ai été flic pendant trente ans. Je comprends ce qui vous inquiète, mais je ne vais pas compromettre votre enquête. Je veux lui parler quelques minutes.

— De toute façon, si je refuse, vous allez quand même le chercher, pas vrai ?

— S'il est toujours ici ? C'est pratiquement sûr, ouais.

— Alors je crois que vous avez ma permission, puisque vous n'en avez pas besoin. Je sais ce qui arrive aux gens qui croient pouvoir vous arrêter. »

25

2009

Rutledge, Stups, m'a indiqué comment me rendre à la chambre de Jacquarius Madison, et j'ai permis à Tequila de m'aider à descendre du lit et à m'installer dans un fauteuil roulant. Puis je les ai laissés se baby-sitter mutuellement pendant que j'allais trouver le gosse à qui j'avais mis une balle.

Vu mon âge, j'avais été admis dans l'unité de soins intensifs gériatriques, un couloir blanc et triste où l'odeur d'eau de Javel ne masquait pas celle de la pisse. Le personnel avait toute la légèreté et la bonne humeur que l'on peut attendre de la part de personnes qui ont assisté à un décès avant le déjeuner et qui en verront un autre avant de rentrer chez eux.

Quand vous atteignez mon âge, les visites au service de soins intensifs revêtent une signification particulière, parce que vous êtes bien obligé d'admettre que c'est là que vous allez mourir. Pour un homme de quatre-vingt-huit ans avec une santé défaillante, il n'y a que deux manières de ne pas mourir dans un service de soins intensifs gériatriques : soit tout se passe si vite que les secours ne réussissent pas à vous emmener au bloc à temps, soit si lentement qu'on vous expédie à l'hospice.

Dès que mes roues m'ont fait sortir de ce couloir, l'air m'a paru soudain plus léger, même si ça sentait encore la pisse, parce que les hôpitaux sentent toujours la pisse.

Je suis entré dans l'ascenseur, et là je n'ai pas réussi à me rappeler à quel étage je devais aller, si bien que j'en ai choisi un au hasard, je me suis poussé jusqu'au bureau des infirmières le plus proche et j'ai demandé de l'aide. L'infirmière m'a répondu qu'elle ne pouvait pas chercher le numéro de la chambre de Madison, alors j'ai décidé de retourner voir Rutledge dans ma chambre, pour qu'il m'écrive les informations. Mais quand je suis revenu à l'ascenseur, impossible de me rappeler à quel étage était l'unité de soins intensifs gériatriques. Comme j'étais trop gêné pour retourner voir les infirmières, j'ai appuyé sur tous les boutons et j'ai jeté un œil chaque fois que les portes s'ouvraient jusqu'à ce que je trouve le bon étage.

Quand j'ai raconté à Rutledge que je m'étais perdu, il s'est foutu de moi, et Tequila a proposé de me conduire jusqu'à Madison, ce que j'ai trouvé un peu condescendant de sa part. J'ai attrapé un de mes carnets et noté les indications moi-même, parce que je trouvais trop indigne de laisser mon petit-fils me pousser dans le couloir, je ne pouvais pas le digérer.

Le temps que j'arrive à la bonne chambre, ma poitrine était trempée de sueur et mes bras fatiguaient. Je n'avais pas le temps de me reposer si je voulais retrouver Élie vivant, mais j'allais probablement avoir besoin d'une sieste très bientôt.

Jacquarius Madison n'était pas ravi de me voir, et certainement pas ravi non plus d'être menotté à son lit ni d'avoir pris une balle dans la jambe. Dans l'ensemble, il passait une journée pourrie.

« Tes amis t'appellent Jacquarius ? j'ai demandé.

— Ils m'appellent Jacques.

— Parce que t'es de la jaquette ?

— Vous êtes très drôle pour un fossile, il a dit, d'une voix qui ne laissait aucun doute : il me trouvait pas drôle du tout. Qu'est-ce que vous voulez ?

— Pour commencer, ma petite Jaquette, tu serais gentil de me remercier.

— Vous remercier ? Pourquoi ? À cause de vous, je pourrai plus jamais marcher. »

Un bon chirurgien orthopédique peut réparer une jambe, soit en recollant les os brisés avec des broches, soit en remplaçant l'articulation par une prothèse. Mais je doute que Jacques ait eu une bonne assurance dans son secteur d'activité. Si ce n'est pas bien soigné, les ligaments risquent de mal guérir et les os de ne pas s'amalgamer comme il faut, et vous finissez avec une jambe qui ne se plie plus.

Dans cet état, pour marcher, il faut faire tourner la jambe à partir de la hanche à chaque pas, ou sinon choisir de privilégier la jambe forte et de traîner l'autre derrière soi. Pas ce qu'il y a de plus pratique pour se promener.

« J'aurais pu viser la tête, comme pour ton copain Clarence, j'ai dit.

— C'était pas un copain. C'était mon cousin.

— J'ai fait ce que j'avais à faire, mais je te présente mes condoléances.

— Vous avez pas trop l'air de vous en vouloir. Mais ça va. De toute façon je l'aimais pas beaucoup.

— N'empêche que j'aurais pu te tirer dans la tête.

— Et si j'avais pris le flingue quand il me le donnait, j'aurais pu vous tuer avant que vous ayez le temps de prendre celui du flic dans son holster. »

J'y ai réfléchi un moment, j'essayais de confronter cette affirmation au souvenir embrumé que j'avais des événements de la veille. J'ai décidé qu'il pouvait avoir raison.

« Alors peut-être qu'on doit se remercier mutuellement.

— Y en a un seul de nous qui est attaché à un lit et qui a pris des balles, et c'est moi. J'ai pas super envie de vous dire merci. Je veux qu'on m'injecte des calmants et je veux dormir, alors dites-moi ce que vous me voulez. Je suis pas d'humeur à entendre des conneries.

— J'ai besoin de renseignements.

— J'en ai, des renseignements, et je demandais qu'à balancer tout le monde. J'allais me mettre à table, j'avais déjà la serviette autour du cou. »

C'est ce que Tequila m'avait dit : il avait renvoyé son avocat voyou et avait fait venir un commis d'office pour pouvoir dénoncer ses complices. Et ensuite il l'avait bouclée. Je lui ai demandé pourquoi.

« Il était pas question de remise de peine. J'ai tout raconté à l'avocat. Il a dit que les flics veulent des informations qui peuvent leur servir à assurer des condamnations.

— Et les tiens ne suffisent pas ?

— Pas si les mecs que je donne se font descendre avant que les flics les arrêtent, a dit Jacques. Déjà, avant ce qui s'est passé hier, ils étaient prêts à tout et ils avaient grave d'emmerdes. Maintenant tous les flics de la ville les recherchent, et ils vont pas hésiter à tirer. Y a pas un de ces bouffons qui a une chance de passer la nuit. Si je crache des trucs sur des macchabées avec qui j'ai été associé, l'avocat dit que j'informe pas ; je fais des aveux. Donc il m'a dit de la fermer et d'espérer que la police chopera un mec haut placé vivant, histoire que je puisse poucave des trucs sur lui. »

Ça paraissait sensé ; les procureurs n'offraient ni remise de peine ni immunité pour des témoignages contre des morts qu'on ne pouvait pas poursuivre en justice. Si Jacques dénonçait les autres, faute de meilleure cible contre laquelle utiliser ses renseignements, on les utiliserait contre lui. La bonne nouvelle était que personne de plus inquiétant que son avocat n'était arrivé ici jusqu'à lui pour lui dire de la boucler. La mauvaise nouvelle était que j'avais besoin de savoir dans quoi Élie s'était fourré, et je ne pouvais pas me permettre d'attendre de voir comment les choses allaient se décanter.

Heureusement, j'avais un plan. « Et si je m'arrangeais pour te faire sortir d'ici, sans que tu aies à t'inquiéter de témoigner contre quelqu'un ?

— Comment vous allez vous y prendre ?

— Je suis le seul témoin contre toi, et je souffre un peu de ce que les médecins appellent une démence légère. J'ai pu oublier que tu te disputais avec Clarence pour savoir si tu allais me tuer. Si ça se trouve, tu étais un passant innocent et je t'ai tiré dessus par accident parce que je n'avais plus les idées claires à cause de l'accident. Si tu m'aides, je peux t'aider. »

Il était tenté, ça se voyait, mais il ne me faisait pas confiance. « Il faut que j'en parle à mon avocat.

— Sois pas bête, ma petite Jaquette. Tu ne vas pas dire à ton avocat que tu as l'intention de conspirer avec un témoin pour commettre un parjure. Le faux témoignage, ça sort du champ d'action officiel d'un avocat. Si tu veux le faire, c'est avec moi, et c'est maintenant. »

Il a eu une espèce de petit sourire en coin. « Y a un truc qui presse ?

— Tes amis ont enlevé un homme à l'arrière d'une voiture de police dans laquelle je me trouvais. Je veux le récupérer vivant.

— Ah ouais. Lui.

— Tu le connais ?

— Vous allez bien dire à la police que vous m'avez tiré dessus par accident et que j'ai rien à voir avec ça ?

— Je t'ai dit que oui. Je n'ai qu'une parole.

— D'accord. Je vais vous dire tout ce que je sais, si vous racontez à la police que j'ai rien fait. »

J'ai ouvert mon carnet à une page blanche. « Parle lentement, pour que j'aie le temps de noter. Mais pas trop lentement, je suis pressé.

— Pourquoi vous écrivez ? »

J'ai tapoté ma tête avec mon crayon. « Je te l'ai dit, j'ai des problèmes de mémoire. Alors, qu'est-ce que tu sais sur l'homme qui a été enlevé ?

— Ben, je le connais pas personnellement. Mais je sais qui c'est. C'est un mec qu'ils appellent le Bouc ou le Buck.

— Le Buck ?

— Ouais. Le Buck. »

C'est quoi, ce bordel ?

Une chose que je ne veux pas oublier :

Au fait, voici pourquoi il se fait appeler Élie :

Chaque printemps, les juifs fêtent Pessa'h, qui commémore la libération des Hébreux de leurs chaînes en Égypte ancienne. La célébration de Pessa'h comporte un repas rituel qui s'appelle le *séder*, au cours duquel le chef de famille lit l'histoire de l'Exode dans un livre de prière, la Haggada.

Pendant le séder, on consomme le pain azyme, le matsa, que mangeaient nos ancêtres durant leur fuite d'Égypte, accompagné d'œufs qui symbolisent la renaissance et d'herbes amères pour se rappeler les peines de l'esclavage. Et à quatre moments du service, tous les convives qui sont en âge célèbrent la douceur de la liberté en buvant un verre de vin cérémoniel.

Autrefois, il y avait une querelle entre rabbins pour déterminer si les Écritures ordonnaient de consommer quatre ou cinq verres de vin au cours de la fête de Pessa'h. La querelle a finalement été résolue quand les rabbins ont décidé qu'il fallait remplir le cinquième verre, mais ne pas le boire.

Selon une vieille tradition, à un moment précis de la cérémonie, on ouvre les portes et on invite le prophète Élie à entrer dans la maison. Traditionnellement, Élie vient vérifier que tous les hommes présents sont circoncis, et donc aptes à consommer l'agneau sacrificiel, car Élie est – et c'est vrai – l'équivalent juif de ce qui serait chez les chrétiens le saint patron de la circoncision rituelle.

Pour vous donner une idée de l'âge de ces traditions : le sacrifice de Pessa'h ne fait plus partie du culte juif depuis deux mille ans, parce qu'on ne peut accomplir un sacrifice juif que dans le Temple de Jérusalem, or les Romains l'ont brûlé en même temps que toute la Jérusalem antique trente ans après la mort du Christ.

Comme personne ne mange plus de viande sainte, il n'y a pas réellement de raison de vérifier les circoncisions, si bien qu'on a levé l'accent sur toute cette composante dans le service moderne. Personne ne meurt d'envie de parler de prépuce au dîner. Mais, en plus d'être celui qui contrôle les pénis, Élie est tenu pour le prophète qui reviendra à l'âge messianique pour résoudre toutes les questions et les querelles de la loi juive.

Des querelles comme celle portant sur le cinquième verre de vin.

Et donc, de nos jours, on remplit le cinquième verre de vin, on ouvre la porte à Élie, et il boit le vin pour régler le conflit. Et vu que le service de séder dure environ quatre heures et demie, repas compris, si on verse le vin au début de la cérémonie, à la fin le verre d'Élie est vide.

Mais, même si le vin disparaît invariablement, personne ne voit jamais entrer Élie, et personne ne le voit jamais boire. C'est le prophète furtif ; un petit enfoiré, le plus sournois que connaisse la théologie juive.

Et Élie le braqueur de banques opère de la même façon. Sauf que lui, il fait disparaître de l'argent, pas du vin.

Lehaïm !

26

2009

« C'est moi le Buck.

— Non, mec, c'est une espèce de légende. Ou un mythe, ou je sais pas quoi. À part qu'il existe. Un genre de vieux Robin des bois taré qui défonce les caches. Vous savez ce que c'est, une cache ?

— Ouais, j'ai dit. J'ai été flic. »

L'heure de gloire d'Élie au début des années 1960 coïncidait avec les derniers feux d'une ère où les braqueurs pouvaient s'enrichir en nettoyant des banques. L'agence Wells Fargo ou Citi au coin de votre rue ne contient plus ce que Charles Greenfield appelle une « pièce remplie d'argent ». Au fil des deux dernières décennies, les banques commerciales ont remplacé les guichets et les caissiers par des distributeurs automatiques. On ne peut pas cambrioler un distributeur avec un pistolet. Et il y a de moins en moins de transactions en liquide aujourd'hui, si bien que les banques en gardent beaucoup moins sous la main.

Si vous entrez dans une banque moderne avec des menaces écrites sur un bout de papier que vous donnez au caissier, vous avez peu de chances de ressortir avec plus de cinq mille dollars, et ils seront probablement équipés d'un dispositif de maculage, et en plus le caissier déclenchera certainement une alarme silencieuse, et pour finir vous passerez vingt ans dans un pénitencier fédéral.

Par les temps qui courent, si vous cherchez une pièce remplie d'argent, vous êtes obligé de rendre une petite visite à un des derniers établissements qui brassent encore beaucoup de liquidités : un casino, une réserve fédérale, ou la maison d'un dealer.

En gros, une cache est l'équivalent d'une chambre forte pour un dealer de gros ; c'est un appartement ou un bâtiment confidentiel qui sert à entreposer de la drogue, des armes et du cash. Fenêtres barrées ; portes fermées par des verrous mastoc. L'endroit sera gardé en permanence par, au minimum, deux hommes de confiance sans doute armés de fusils à pompe.

Élie avait pris une ampleur quasi mythique dans mon esprit, j'étais donc presque déçu d'apprendre qu'il passait son temps à déshabiller des dealers. Banal et petit bras, ça me faisait mal. Je me l'imaginais volant les joyaux de la couronne d'Angleterre ou ratissant les trésors du Kremlin, quelque chose comme ça. Si j'avais accepté d'aider ce fils de pute, c'était en partie parce qu'il avait l'air tellement effrayé que je m'étais dit qu'il s'était fourré dans quelque chose d'exotique et fascinant.

Mais ce n'était pas idiot, de braquer des caches, d'un point de vue pragmatique, terre à terre. On pouvait y trouver des sommes ahurissantes. Au poids, l'héroïne pure vaut dix fois plus que l'or, parce qu'elle est coupée à cinq pour cent avant d'être vendue dans la rue. Ça signifie qu'un kilo d'afghane non coupée donne deux cent mille doses, qui se vendent dix ou quinze dollars pièce. Et elles partent vite ; à Memphis, il y a vingt-cinq mille gros junkies qui se shootent deux fois par jour quand ils réussissent à trouver de l'argent, et au moins autant de consommateurs occasionnels.

L'échange d'une grande quantité de drogue contre une grosse somme d'argent est une chose que beaucoup de gens, par exemple des concurrents, les forces de l'ordre, et des voleurs de tout poil, adoreraient intercepter, raison pour laquelle ceux qui mènent de vastes opérations de distribution et ceux qui sortent le produit pur d'Europe et le font remonter par l'Amérique du Sud n'aiment pas s'exposer aux dangers de transactions fréquentes. Au lieu de ça, ils procèdent peu souvent et par quantités importantes ; une mallette pleine de came en briques à un demi-million de dollars contre une douzaine de mallettes de vingt-cinq kilos pleines de liasses de billets de vingt dollars.

Si vous parvenez à vider une cache juste avant un échange de ce type, vous pouvez facilement ramasser deux ou trois millions de dollars en liquide. Mais ça n'arrive pas si facilement que ça ; pour la voler, il faut d'abord la trouver, or l'emplacement d'une cache est vraisemblablement un secret bien protégé. Et, pour prendre une position aussi fortifiée que celle-là, vous avez plus ou moins besoin d'une équipe du SWAT.

« Et donc Élie a dépouillé un dealer ? j'ai demandé. C'est lui qui est venu l'enlever ?

— Je connais pas d'Élie. Le mec qu'ils ont pris dans la caisse, c'est le Buck, ou le Bouc. Mais ouais, il a braqué un type, Carlo Cash.

— Carlo Cash ? C'est son vrai nom ?

— Je pense que c'est pas celui que sa mère lui a donné, mais tout le monde l'appelle comme ça.

— C'est qui ?

— Moi, je sais seulement ce que j'ai entendu de la bouche de mon cousin. Mais il a une grande gueule, donc peut-être que je sais plein de choses.

— Tu as dit que tu avais peur qu'il te balance.

— Il aime bien parler. Je marche pas avec la bande à Carlo, mais Clarence fourguait pour eux, et ensuite ils l'ont appelé pour mettre des coups de pression, parce qu'il est balèze, cet enfoiré. Je me disais que ce gros gogol montait les échelons. Il disait que je pouvais me faire deux cents dollars si je venais appuyer les gars de Carlo quand ils iraient pécho le Buck. J'aime pas me retrouver mouillé dans ces plans-là, mais je peux pas refuser deux cents balles, tu vois ou pas ? J'ai deux boulots. Je fais de la mise en rayon à Walmart et je cuis des frites chez Wendy's. J'ai pas d'heures sup et pas d'assurance, vu que c'est des mi-temps. Je gagne 7,25 de l'heure, et je taffe soixante heures pour me faire 435 dollars par semaine. Si on vient me proposer deux Benjamin Franklin non imposables pour une heure de boulot, je peux pas me permettre de dire non.

— Dis-moi ce que tu sais sur Carlo.

— Si vous avez besoin de meth, de coke ou de taz, il peut fournir, mais il fait surtout de la bonne rabla en direct de chez les talibans. C'est le distributeur local exclusif d'une espèce de cartel mexicain, ça veut dire que si vous chopez à Memphis, y a grave de chances qu'il encaisse la caillasse. C'est ça leur biz, à Carlo et ses gars. Dans cette ville y a plein de mecs qui tiennent des carrefours et des blocs et certains lotissements, mais y a que deux mecs qui maîtrisent l'approvisionnement, et Carlo est l'un des deux, donc tous les dealers doivent passer par lui.

— On dirait qu'il s'en sort bien.

— Il s'en sortait bien jusqu'à y a six mois. Maintenant il doit être mort.

— Qu'est-ce qui s'est passé ?

— Le Buck est passé. »

Je me suis avancé dans mon fauteuil roulant. « Attends une seconde. Je m'appelle Buck. Pourquoi Élie se fait appeler comme ça ?

— Pas Buck. *Le* Buck. Ou le Bouc. C'est le nom d'une espèce de fantôme juif, je crois.

— Le dibbouk ?

— Ouais. Le Buck, le Bouc, c'est pareil. »

Dans la tradition mystique juive, un dibbouk est un esprit malin. Il détruit des choses et possède des esprits. Comme il n'y a pas d'enfer ni de diable chez les juifs, le dibbouk est ce que nous avons de plus proche d'un démon. Apparemment Élie avait décidé de se trouver un nom plus impressionnant que celui d'un prophète fantôme qui picole en inspectant des bites.

« Donc j'imagine que Dibbouk a nettoyé une cache et pris de l'argent à ce Carlo Cash ?

— Non, a dit Jacques. Dibbouk a nettoyé quatre caches à Cash. »

Je n'ai pas pu m'empêcher de rire quand la Jaquette a prononcé « caches à Cash », mais lui n'a pas eu l'air de trouver ça drôle.

« Il a endormi quinze millions de dollars.

— Mince, j'ai dit. Raconte-moi ce qui s'est passé.

— Y a six mois, Cash avait rendez-vous avec un mec du cartel. Il avait prévu d'acheter quinze kilos pour six millions.

— D'héroïne ? j'ai demandé.

— Si ça avait été de la coke, il se serait fait salement carotter », a dit Jacques. On pouvait avoir un camion de cocaïne pour le prix d'une brique d'héroïne. « La nuit avant l'échange, une des caches de Carlos s'est fait défoncer. Les deux gardes étaient morts à l'intérieur.

— Comment est-ce qu'Élie les a tués ? » j'ai demandé. Le voleur que je connaissais n'était pas du genre à se salir les mains. Pas en personne.

Jacques a essayé de hausser les épaules, sans succès parce qu'il était menotté au lit. « Je sais pas. Personne a appelé la police scientifique. Les corps ont été enterrés quelque part et Dibbouk s'est taillé avec la moitié de l'argent de l'échange. Carlo peut pas trouver trois millions de dollars en une nuit, mais son contact, c'est un gangster mexicain super flippant, donc pas moyen qu'il zappe le rendez-vous. Vous pouvez pas planter un mec comme ça, et vous avez grave pas envie qu'il vienne vous chercher.

« Et aussi, Carlo, il a besoin du produit. Il a des mecs dans la rue qui dépendent de lui. Il leur faut quelque chose à fourguer pour se payer. S'ils peuvent pas compter sur Carlo pour un approvisionnement ponctuel, ils vont trouver quelqu'un d'autre sur qui compter. Et Carlo a d'autres dépenses. Y a des mecs au placard qu'il doit payer pour qu'ils la bouclent. Et y a aussi des flics à acheter. Il a des frais, Carlo, tu piges ?

— Donc il est allé au rendez-vous avec seulement trois millions de dollars ?

— Il pouvait rien faire d'autre. Un de ses gars d'en haut a dit à Clarence qu'ils flippaient leur mère que les Mexicains butent tout le monde, mais le mec du cartel, c'était un putain de businessman, tout en douceur. Le prix de la came, c'est le coût du transport. Les fermiers d'Afghanistan, ils sont pas riches, tu sais. Et vu que les Mexicains venaient au rencard avec le produit, ça veut dire qu'ils l'avaient déjà fait entrer dans le pays. Carlo avait toujours été carré sur la thune, donc le gros Mexicain lui a tout lâché pour trois millions, mais Carlo allait devoir lui rembourser la différence, avec des intérêts. La prochaine fois, il aurait douze millions à payer : les trois qu'il devait, trois d'intérêts, et six pour la nouvelle cargaison.

— Dans la rue, quinze kilos d'héroïne, ça vaut plus de trente millions.

— Ouais, mais Carlo garde pas la majorité. Il a du monde à payer : les dealers, les guetteurs, les coursiers, les muscles et les distributeurs. Et eux, ils s'en branlent que Carlo se soit fait dépouiller. Si on les paye pas, ils restent pas loyaux. Y a plein de niveaux entre Cash et la rue, et tout le monde veut se goinfrer. Les affaires de Carlo, elles marchent pas si les gens sont pas loyaux. C'est pour ça, il a passé les six derniers mois à vendre tout ce qu'il possède de légal, à vider ses comptes propres, à faire rentrer toutes les grosses dettes qui traînaient, et à emprunter à tous les gens qui sont moins flippants qu'un patron de cartel mexicain. À la fin, il les a eus, les douze millions, et il les avait mis dans trois caches, comme un écureuil.

« Cétait un putain de parano. Il gérait ça comme si c'était une opération secret-défense, un truc d'agent spécial. Y a aucun de ceux qui travaillaient pour lui qui connaissait l'emplacement de plus d'une seule cache. Il essayait de changer tout le temps son emploi du temps pour être sûr que personne le suivait, des plans comme ça. Mais Dibbouk, il s'en tape. Dibbouk, il est arrivé et il a vidé les trois caches la même nuit.

— Comment est-ce qu'il s'y est pris ?

— Aucune idée. Si je savais comment rafler les caches de Carlo, j'irais me servir moi-même. Je pourrais me contenter de deux millions. L'argent, il était gardé par six putains de vétérans d'Irak, les bérets verts les plus violents que la thune de Carlo Cash pouvait acheter. Et le vieux les a tous butés. »

Élie n'était pas devenu plus fort ni moins fragile depuis qu'il avait dépassé les soixante-dix ans, il n'avait donc pas pu tuer ces hommes en face à face. Il ne les avait d'ailleurs probablement pas tués à l'arme à feu. Impossible qu'il ait pu prendre le dessus.

« Tu sais comment il les a tués ? j'ai demandé.

— Je vous ai dit, je sais que ce que Clarence m'a raconté.

— Mais tu as bien une idée. Est-ce qu'il leur a tiré dessus ? Est-ce qu'il les a empoisonnés ?

— Tout ce que je sais, c'est qu'ils étaient morts. »

On a donc deux gardes paramilitaires armés de fusils dans un appartement plein d'argent. Les fenêtres sont barrées. La porte est renforcée et fermée par de multiples verrous. C'est le seul accès. Comment est-ce qu'un octogénaire se débrouille pour pénétrer là-dedans et tuer les gardes ?

Le meilleur moyen serait probablement de mettre à profit la nature hermétique de la pièce, en injectant un gaz toxique par la ventilation. Quand ils sentiraient l'odeur du gaz, les gardes s'enfuiraient par la porte, et alors le voleur pourrait les prendre par surprise et les descendre. Mais s'il y avait bien une limite qu'Élie s'interdirait de franchir, c'était de gazer des gens.

J'ai dit : « Donc Carlo doit retrouver les Mexicains et il n'a pas leur argent. »

Jacques a acquiescé : « Il est baisé. Faut qu'il trouve Dibbouk et qu'il récupère son argent, sinon les Mexicains vont le buter. Et le bruit court que Carlo a des emmerdes et que beaucoup d'hommes à lui sont morts. Il paraît faible aux yeux de tous ceux qui aimeraient se débarrasser de lui, et y a du monde qui fait la queue pour prendre le contrôle de la distribution pour les Mexicains. Mais Carlo est pas débile, et il a retrouvé Dibbouk.

— Comment il a fait ?

— Je sais pas. Mais en général, quand vous cherchez ce genre d'info, vous dénichez quelqu'un qui sait, et soit vous raquez, soit vous le cognez. »

Ça correspondait à ce que j'avais en tête. Personne ne nous avait suivis jusqu'au cimetière, et personne ne nous avait suivis quand on en était partis, à part l'avocat d'Élie. Lefkowitz avait dû appeler avec son portable dans sa voiture et donner notre position à Carlo.

« Donc Carlo a appelé Clarence, et Clarence m'a appelé, et on est allés enlever le mec qui avait pété la cache. Mais je savais pas du tout qu'il allait être à l'arrière d'une bagnole de flic.

— Une idée de l'endroit où ils ont pu l'emmener ?

— Il fallait qu'ils le travaillent au corps pour qu'il avoue où il a mis l'argent.

— Ça, je comprends. Mais où ?

— Je sais pas. Il a plein d'endroits où cacher des trucs, Carlo. Cacher des trucs, c'est son boulot. »

Je l'ai regardé longtemps, attentivement. Je l'ai regardé dans les yeux, j'ai surveillé les coins de sa bouche. J'ai examiné ses mains. Honnêtement, je n'arrivais pas à décider s'il mentait ou si j'avais seulement envie qu'il mente.

« D'accord, j'ai fait.

— Vous allez leur dire que vous m'avez tiré dessus par erreur, hein ?

— Je t'ai dit que je le ferais. »

Je supposais qu'une grosse partie de ce que m'avait dit Jacquarius Madison était de la merde en barres, notamment ce qu'il m'avait raconté sur lui-même. Carlo n'aurait jamais mêlé le cousin de quelqu'un à un projet d'enlèvement, même s'il avait perdu beaucoup d'hommes. Les dealers vivent dans la crainte des balances, ils n'embauchent pas des gens qu'ils ne connaissent pas pour commettre des délits sérieux.

Mais je m'en fichais pas mal ; si je pouvais ramener mon braqueur vintage en un seul morceau, alors Rutledge, Stups, se chargerait de la Jaquette, de Carlo et de tous les autres.

À ce stade, mon plan consistait à me servir de ce que m'avait dit Jacques pour secouer Lefkowitz. J'espérais qu'il me lâcherait des renseignements qui me mèneraient jusqu'à Élie.

Problème : je manquais de temps.

27

2009

Je n'ai pas eu besoin d'aller bien loin pour trouver Meyer Lefkowitz. Quand il avait fui les lieux de l'enlèvement d'Élie, l'avocat avait planté sa Cadillac dans un poteau électrique, et la voiture était passée de soixante kilomètres/heure à zéro en sept dixièmes de seconde. Lefkowitz, lui, n'avait pas décéléré aussi vite, et ainsi il s'était envolé par le pare-brise.

La Cadillac Escalade à soixante mille dollars est équipée d'un pare-brise sécurisé spécial qui se brise en petits galets plutôt qu'en éclats acérés ; vous pouvez le traverser tête la première, il ne vous causera pas de blessures graves. Malheureusement, la ville de Memphis, fauchée, n'avait pas encore jugé utile d'installer des trottoirs sécurisés, et donc Lefkowitz ne s'était pas raté en heurtant le trottoir.

Il avait été admis dans le même service de traumatologie que la Jaquette. Il était à deux pas, je ne me suis même pas perdu en allant dans sa chambre. J'ai engagé mon fauteuil dans la porte et j'ai vérifié qu'elle se refermait derrière moi.

Apparemment, il avait mis les bras devant lui avant de percuter la vitre. L'un était immobilisé par un plâtre, l'autre était enveloppé de bandes de gaze sous lesquelles le sang paraissait continuer à suinter. En levant les bras il s'était quand même protégé la tête, et malgré des bleus et des gonflements voyants, son visage semblait intact dans l'ensemble, à l'exception d'un pansement carré sur sa joue gauche.

« Bonjour, Monsieur Schatz, comment allez-vous ? » Il m'a souri, il avait toutes ses dents. Il avait dû avoir une veine monstre à l'atterrissage. Ce sont toujours les pires qui ont le plus de chance.

« J'ai connu mieux, pour être honnête », j'ai dit, tout en plaçant mon fauteuil roulant à côté de son bras cassé.

« Moi, je me porte étonnamment bien », il a dit, et puis il a ri. Je ne savais pas à quoi il était chargé, mais c'était puissant.

La défonce aux opiacés a tendance à amoindrir la capacité à la sournoiserie et émousse l'intellect. Tout bien pesé, et pour des raisons évidentes, ça pouvait avantager un interrogateur.

Quoi qu'il en soit, il existe différentes manières de persuader différents suspects de partager leurs informations. Même drogué, Lefkowitz était certainement trop malin pour tomber dans le panneau et avouer involontairement qu'il avait vendu son client à un dealer. Je ne l'imaginais pas sensible à la culpabilité, et il avait trop à perdre pour que je réussisse à lui faire avouer quoi que ce soit de préjudiciable par la méthode douce.

Il continuait à glousser. Je savais que c'était dû aux médicaments, mais peu importe, ça m'énervait.

Au-delà d'un certain âge, on ne voit plus très souvent rien de nouveau, et j'avais vu des quantités d'hommes comme Meyer Lefkowitz ; c'était le genre de personne qui se pensait à l'abri des sanctions ; le genre de personne qui voyait la société et la justice comme un filet de sécurité protégeant son statut et ses privilèges, et non comme un mécanisme servant à punir ses transgressions.

Ces avocats, hommes d'affaires, politiciens, gangsters et play-boys se croient hors d'atteinte de tous ceux qui pourraient vouloir les empêcher de battre et de violer des femmes et des enfants, d'assassiner les gens dont l'existence les incommode.

Et très souvent ils ont raison. Il y avait dans notre société trop de choses ambiguës et corruptibles qui devraient être absolues. Des juges invoquent des vices de forme pour invalider les aveux d'un suspect. Des témoins clés trouvent des trucs louches dans leur boîte aux lettres et se rétractent brusquement. Des preuves s'évaporent de salles verrouillées dans des postes de police. Des jurés rendent des verdicts inexplicables.

Élie vivait en rébellion contre la brutalité de l'action étatique ; il était mort à Auschwitz à cause d'un pays qui avait sombré dans la folie, et il était ressuscité en Dibbouk le jour où sa mère avait été exécutée sous ses yeux.

Il avait toujours vu juste quant à l'institution qu'est la civilisation ; elle est sévèrement détraquée sur tous les plans. Aucun jeu de règles ne lie plus ses membres entre eux. Les obligations sociales sont flexibles, les sanctions inéquitables, et la loi n'est jamais autre chose que les hommes qui l'appliquent.

Mais même si l'État ne nous gaze pas, nos droits ne nous protègent pas réellement. Les criminels s'en foutent autant que les nazis, et la loi n'est pas efficace pour nous protéger d'eux. Je l'ai appris le jour où le corps boursouflé de mon père est apparu, flottant sur le ventre, dans l'eau stagnante d'un fossé de drainage au bord de l'autoroute.

Je suis devenu soldat, et ensuite policier, mais je n'ai jamais réellement cherché à devenir un instrument du pouvoir étatique, comme le croyait Élie. De même que lui, j'ai été sculpté par les forces qui ont fait de mes parents des victimes.

Il voulait être un spectre vengeur. Je voulais être la lame d'un rasoir.

Voilà ce qui me tournait dans la tête quand j'ai poussé mon fauteuil dans la chambre de Meyer Lefkowitz. Je me disais aussi ceci : Certains types réagissent aux pichenettes, et avec d'autres il faut y aller aux poings. Lefkowitz avait tout intérêt à me berner, mais c'était un trouillard, ce qui le plaçait clairement dans la seconde catégorie. La douleur était la clé pour le faire parler. Pas de chance, il planait aux antidouleurs.

Pas de chance pour lui.

J'allais devoir lui faire méchamment mal pour que ça traverse ce qu'on lui avait administré. Et j'étais prêt, même si l'âge m'avait privé de pas mal d'outils sur lesquels je comptais autrefois. Je n'étais plus capable d'envoyer valser un type contre un mur, ou de lui fracasser les côtes d'un coup de matraque. Mais, au moins, dans certaines circonstances, j'étais toujours capable d'être dangereux.

Quand j'ai appris à mon fils comment se raser, voici ce que je lui ai expliqué : une lame de rasoir neuve peut te raser de près ou bien te couper net, mais si elle est vieille, émoussée, ébréchée et rouillée, elle ne fera que des cochonneries.

J'ai allumé une cigarette.

« Hé, je crois pas que vous ayez le droit de fumer ici, il a dit.

— Qui va m'en empêcher ? j'ai demandé. Vous allez me dénoncer à une infirmière ?

— Je crois qu'il y a de l'oxygène qui peut exploser ici.

— Peut-être que j'aime vivre dangereusement. » J'ai fait tomber mes cendres sur sa chemise d'hôpital.

« Je ne sais pas. J'ai l'impression qu'on a eu assez de danger comme ça depuis quelques jours.

— Vous voulez que je la jette ?

— Ouais, s'il vous plaît. »

J'ai aspiré une bouffée. « J'en serai ravi. »

Sa chemise d'hôpital avait un profond col en V pour laisser passer les câbles qui reliaient les électrodes collées sur sa poitrine aux machines qui surveillaient ses organes vitaux. J'ai repéré le creux de la clavicule à la base de son cou, et c'est là que j'ai écrasé ma cigarette, en pressant la braise contre sa peau délicate.

« Vous me brûlez, il a dit.

— C'est vrai ?

— J'ai l'impression.

— Ah, exact. Ça sent le cramé. Je vous demande pardon. Je suis vieux et maladroit. Ma main a dû déraper. »

J'ai balayé le mégot. La brûlure formait déjà une vilaine cloque gris-jaune qui virait au rouge sur le pourtour. Il n'a même pas eu l'air de la sentir.

J'ai allumé une autre cigarette. « Espérons que ma main ne va pas déraper cette fois. »

Les yeux de Lefkowitz sont partis dans le vague un instant, puis il a remué la tête comme pour refaire le point, et il a dit : « Hé, vous avez pas le droit de fumer ici.

— Vous êtes sûr ?

— Oui. C'est un hôpital. » Il a fait une pause. Il a remarqué la brûlure sur sa poitrine. « Ça vous arrive d'avoir des, euh, des déjà-vu ? Comme si on avait déjà eu cette conversation ?

— Jamais, j'ai dit. J'ai quatre-vingt-huit ans. Ma mémoire n'est plus ce qu'elle était.

— Je suis certain qu'on a déjà eu cette conversation. Ça me met mal à l'aise. » Il a essayé de toucher la brûlure avec son bras gauche bandé, et puis il a grimacé de douleur quand le mouvement a tiré sur les points de suture sous ses pansements. La gaze a rougi en plusieurs endroits. Il devait avoir le bras en lambeaux. Bien fait.

« Alors parlons d'autre chose, j'ai dit.

— Oui. Faisons ça. » La douleur le ramenait un peu sur terre. Il paraissait un peu plus cohérent.

« Vous avez appelé Carlo Cash avec votre portable, pendant que vous nous suiviez au poste de police. C'est comme ça qu'il a su où nous attendre en embuscade.

— Non. »

J'ai tiré sur la cigarette. « Vous travaillez pour Carlo Cash.

— C'est faux.

— Je sais que c'est vrai. Vous êtes le seul à avoir pu lui indiquer comment nous trouver pendant qu'on roulait. Dites-moi où ils ont emmené Élie.

— Je n'ai pas appelé Carlo Cash.

— C'est votre dernière chance de cracher le morceau, après je vais devenir désagréable.

— Je ne sais rien, Monsieur Schatz.

— Comme vous voulez », j'ai dit, et j'ai tendu la main gauche et soulevé sa paupière. Avec ma main droite, j'ai approché le bout de ma cigarette de son œil nu, assez près pour qu'il sente la chaleur de la braise. « J'ai pas de temps à perdre, Lefkowitz. Je le veux vivant, et si vous continuez à me raconter des conneries, je vous jure que je vous brûle un œil.

— Oh non, je vous en prie. S'il vous plaît. Je vous en prie. » Il reprenait ses esprits, c'était déjà ça.

« Vous êtes un pourri. Vous êtes un sac à merde. »

Il s'est mis à se débattre et à se tortiller, à bouger la tête pour éloigner son œil de la cigarette.

« Attention, j'ai dit. Je suis vieux. J'ai la tremblote. Ma main n'est pas stable.

— J'arrange des accidents de voiture. Je traite pas avec Carlo Cash. Oh, merde. Je bosse pas pour eux. J'ai presque aucune pratique en défense pénale, de toute façon, à part un cas de conduite en état d'ivresse de temps en temps. »

Je me sentais de moins en moins sûr de moi, et j'ai reculé la cigarette. « Pourquoi vous avez accepté de représenter Élie ?

— Parce qu'il est entré dans mon bureau et qu'il m'a tendu vingt mille dollars en liquide. Je lui ai dit qu'il lui fallait quelqu'un de plus qualifié, et il a répondu qu'il était pressé.

— Et vous n'avez pas eu de doutes quand il vous a tendu une liasse de billets ?

— Bien sûr que si. C'est pour ça qu'il m'a donné autant d'argent. Pour que je garde mes doutes pour moi.

— Je vous crois pas. C'est pas en arrangeant des accidents de voiture qu'on peut s'acheter des Rolex et des Cadillac.

— Si, quand on en arrange plein. Je sous-traite la plupart du travail à une boîte indienne qui rédige mes plaintes et mes dossiers pour vingt dollars l'heure. Je passe mes journées au téléphone à marchander avec les assurances.

— Je finirai par le savoir si vous me mentez.

— Allez vérifier. Ressortez les transcriptions de débats ou l'avis judiciaire dans n'importe quelle histoire où Carlo ou ses hommes sont impliqués. Vous trouverez les noms des avocats en haut de la première page. C'est toujours les mêmes types, je suis jamais dedans. Moi, j'arrange des accidents de voiture. »

J'ai éloigné la cigarette de son visage et je l'ai plantée entre mes lèvres.

« Je vous crois », j'ai dit. Il n'avait pas les couilles d'essayer de me mener en bateau alors que je lui fourrais une cigarette allumée dans l'œil.

Mais alors, comment Carlo Cash avait-il su dans quelle voiture était Élie, et où le trouver ?

Une chose que je ne veux pas oublier :

« Et donc ce Buck Schatz fait une nouvelle fois les gros titres. »

Je regardais une émission dans laquelle un présentateur gauchiste à costume en tweed et face de rat débattait avec un gros conservateur ruisselant de sueur qui avait toujours la cravate desserrée et le col déboutonné. Grâce à ces deux-là, aucune idéologie ne faisait envie.

« C'est comme ça qu'il s'appelle ? Buck Schatz ? disait Gros-Suant. C'est une blague ou quoi ?

— Apparemment c'est son vrai nom, disait Face de Rat. C'est le type de quatre-vingt-dix ans qui ne peut pas s'empêcher de tuer des gens.

— Ah, ouais. J'ai entendu parler de lui il y a quelques mois, je me rappelle. Il a tué cet assassin, là, un flic, dans un hôpital. Qu'est-ce qu'il a fait cette fois ?

— Il a tiré sur deux jeunes Noirs. Il en a tué un. » Je voyais que Face de Rat mijotait une petite tirade sournoise. « Vous savez, ça me fait réfléchir à nos lois sur le port d'arme. Est-ce que nous avons réellement besoin de nonagénaires qui se traînent partout en tuant des gens ? »

Gros-Suant a porté ses doigts à son oreillette. « Attendez, ces deux-là étaient complices d'une attaque violente contre un officier de police qui a été gravement blessé. L'homme que Schatz a tué à l'hôpital était coupable de quatre meurtres. Et Schatz est un policier à la retraite, il sait comment manier et entretenir une arme. Je crois que beaucoup de gens considéreraient qu'il démontre l'avantage d'avoir une population armée. »

Face de Rat a eu un mouvement exagéré d'incrédulité désespérée, très télévisuel. « D'après les reportages qui nous viennent de Memphis, ce Schatz souffre de démence sénile. Il est incapable de se rappeler s'il a un invité ou s'il y a un intrus chez lui, et il porte un flingue. Il est armé jusqu'aux dents et il vit dans une maison de retraite ! Je n'aimerais pas être l'infirmière qui risque de prendre une balle chaque fois qu'il faut lui changer ses draps ou vider son pot de chambre. »

Gros-Suant s'indignait. « Mais beaucoup de gens le qualifieraient – beaucoup de gens le qualifient – de héros. Je trouve injuste de s'interroger sur sa santé.

— Eh bien, cette fois, c'est sur des Noirs qu'il a tiré.

— Je ne vois pas l'intérêt de parler de race dans cette discussion.

— Ce n'est pas à vous de décider s'il faut parler de race dans une discussion. Quand un vieil homme blanc tire sur de jeunes Noirs, la race est déjà un élément de la discussion. C'est très grave que vous et vos tarés de la gâchette applaudissiez un tireur sénile pour avoir tué un Noir et estropié un autre.

— L'officier de police que M. Schatz a sauvé en tirant sur ces hommes était noir, lui aussi. »

Face de Rat a soupiré. « Votre mépris des faits est aussi honteux que prévisible. C'est un flic de Memphis à la retraite, âgé de quatre-vingt-dix ans. Il n'y a rien de louable à avoir été associé à une clique telle que la police de Memphis pendant les années où exerçait cet homme. Nous ne devrions pas nous demander s'il est raciste ou non, mais plutôt à quel point il l'est.

— Eh bien, à propos de choses honteuses et prévisibles, vous avez entendu ce que le président a dit aujourd'hui ?

— Justement, à propos de racisme… »

28

2009

Si ce n'était pas Lefkowitz qui avait livré Élie à Carlo Cash, alors je ne voyais pas qui ça pouvait être. J'avais gardé un œil dans le rétroviseur pendant tout le trajet jusqu'au cimetière pour m'assurer que personne ne nous pistait le train, et Élie lui aussi aurait certainement été capable de semer ceux qui l'auraient suivi.

J'avais besoin d'un œil neuf, de quelqu'un d'intelligent et d'efficace qui pourrait envisager les faits tels que je les comprenais et repérer de nouveaux schémas. Hélas, je ne connaissais personne de tel, alors j'ai dû demander à mon petit-fils.

« Surveillance électronique, il a dit. Tu peux poser un dispositif de pistage GPS sur une voiture, et il te transmettra sa situation partout où il ira.

— Comme un émetteur radio ? j'ai demandé. On n'aurait pas remarqué l'antenne ?

— C'est un truc minuscule. Ils auraient pu le cacher dans le passage de roue, ou sous un pare-chocs. Si tu ne le cherches pas, tu ne le trouveras jamais.

— Je crois que j'ai vu un épisode des *Experts* où ils utilisaient un machin dans ce genre-là, j'ai dit. Autrefois, pour savoir ce qu'un type trafiquait, on était obligés de le suivre.

— Maintenant, si tu veux savoir ce qu'il trafique, t'as juste à le suivre sur Twitter.

— Et c'est quoi, exactement, le Twitter ? j'ai demandé. Ils en parlent tout le temps sur Fox News. »

Tequila s'est marré. « Je crois qu'on devrait se contenter de chercher du côté du GPS aujourd'hui, et garder Twitter pour plus tard. »

Nous étions dans ma chambre d'hôpital, nous attendions le médecin. J'étais revenu dans mon lit réglable et Tequila était assis à côté. Sa mère était allée chercher Rose à Valhalla Estates. Le temps qu'elles reviennent toutes les deux, j'espérais être en mesure de sortir, mais le médecin voulait me garder en observation jusqu'à ce que je puisse reprendre les anticoagulants, et on ne m'en donnerait pas tant qu'il ne serait pas certain que je n'allais pas mourir au premier saignement de nez.

« Je crois qu'il faudra qu'on revienne aussi sur ton petit air condescendant, j'ai dit. Mais d'abord, on doit comprendre comment Carlo Cash a pu poser un bidule GMT sur l'Escalade de Lefkowitz ou sur la Crown Vic d'Andre.

— GPS, pas GMT.

— GPT. C'est ce que j'ai dit. »

Tequila a parcouru le carnet dans lequel j'avais pris des notes la veille. « D'ailleurs, pas besoin d'appareil. Y a une conclusion évidente à tirer de tout ça, grand-père. Lefkowitz a appelé Cash pour lui dire où vous tendre une embuscade.

— C'est aussi ce que je pensais. Mais j'ai parlé avec Lefkowitz, et il m'a convaincu que ce n'est pas lui. C'est juste un charognard qui organise des accidents de bagnole.

— Il t'a peut-être menti.

— Je ne pense pas. J'ai pas mal insisté.

— Qu'est-ce que tu veux dire, grand-père ?

— Je l'ai brûlé avec des cigarettes. »

Ses yeux se sont écarquillés, ses joues vidées de leur couleur. « Oh, putain. Merde.

— Surveille ton langage, bordel.

— T'as brûlé un innocent avec des cigarettes, grand-père.

— Je crois te l'avoir déjà dit, Prosecco : personne n'est innocent. »

Il est resté muet pendant deux minutes, il feuilletait mon carnet sans vraiment lire. Il a fini par dire : « Il s'est écoulé seulement deux heures entre le moment où Élie est entré dans le bureau de Lefkowitz pour la première fois, et le moment où tu l'as retrouvé au cimetière. Il aurait fallu qu'ils suivent Élie pour savoir qu'il avait choisi Lefkowitz, mais s'ils le suivaient déjà, ils n'avaient pas besoin de poser un mouchard sur la voiture de son avocat pour le retrouver. »

On discuterait des brûlures de cigarette plus tard. Cette nouvelle donnée tomberait dans l'oubliette où nous jetions tous nos souvenirs interdits. Les minutes d'Élie étaient comptées, et j'avais fait ce que je pensais être nécessaire au vu des circonstances. Mais je n'en étais pas fier.

La vérité, c'est que j'ai fait beaucoup de choses dont je ne suis pas fier. Mais si on regarde ce que la colère de Dieu incendie derrière nous, on se change en colonne de sel.

Alors, on écrit les trucs qu'on veut se rappeler, on omet le reste, et on continue à aller de l'avant, avec un déambulateur, ou un fauteuil roulant, ou n'importe quel autre moyen qui nous permette de rester en mouvement.

« Cash avait peut-être un informateur dans le bureau de Lefkowitz ; une secrétaire, un vigile, toutes les personnes qui avaient pu repérer Élie », j'ai dit.

Tequila a secoué la tête. « Ça n'a pas de sens. Pourquoi un dealer d'héroïne garderait un espion dans le bureau d'un avocat qui bidonne des accidents de voiture ? Et de toute façon, comment est-ce qu'un mouchard sur la Cadillac de l'avocat leur aurait appris où il fallait vous attaquer ?

— Je ne vois pas comment ils auraient pu le poser sur la voiture d'Andre. Il aurait fallu qu'ils sachent qu'Élie était venu me voir ce matin-là, et on peut partir du principe qu'il aura pris la peine de vérifier qu'il n'était pas suivi quand il est allé à Valhalla Estates. Ensuite, j'ai téléphoné à Andre quelques heures plus tard. Il aurait fallu qu'ils mettent mon portable sur écoute très tôt après mon premier contact avec Élie pour savoir qu'Andre était impliqué, et s'ils avaient trouvé un moyen d'écouter mes appels, ils auraient eu moins d'une heure pour installer le dispositif sur la voiture d'Andre, qui était garée dans un poste de police. Je vois mal comment ils auraient pu atteindre un des deux véhicules.

— Alors s'ils n'avaient pas de mouchards sur les voitures, et si Lefkowitz ne leur a pas dit où vous étiez, je ne comprends pas comment ils ont pu coordonner l'attaque de la voiture d'Andre. » Il s'est gratté le menton, a fermé les yeux, et s'est balancé sur sa chaise un moment. « Peut-être qu'ils ont réussi à poser un mouchard directement sur Élie. Peut-être qu'il leur a volé un objet qui était marqué et qu'il le portait sur lui.

— Je ne pense pas. Andre l'a fouillé avant de le faire entrer dans la voiture. Si Élie avait eu un émetteur, Andre l'aurait trouvé. »

J'ai repris le carnet et je l'ai feuilleté.

« Tiens, la liste de ce qu'il avait dans les poches, j'ai dit. Un portefeuille mais pas de pièce d'identité, une pochette d'allumettes, une clé d'hôtel et un de ces téléphones sans boutons. »

Tequila a repris du poil de la bête. « Un téléphone sans boutons ? Un iPhone, un truc comme ça ?

— Aphone ? J'ai dit sans boutons, pas sans voix. »

Tequila a sorti de sa poche une plaque en acier noir et en verre. « C'était un téléphone comme celui-ci ? » Il a appuyé sur un petit bouton sur un côté de l'appareil et l'écran s'est allumé. Il y avait un pavé numérique et les mots « Saisir le code ».

« Ouais, j'ai dit. Exactement comme ça. Andre l'a allumé, il a demandé le code à Élie et Élie a refusé de le lui donner.

— Qu'est-ce qu'un voleur de quatre-vingts ans faisait avec un iPhone ? Il relève ses mails quand il est en cavale ?

— Je ne sais pas ce qu'il en fait, j'ai dit. Je ne sais pas ce qu'on fait avec ces trucs.

— Il y a des gens qui en ont dans ta maison de retraite ?

— C'est pas une maison de retraite. C'est une communauté médicalisée pour seniors.

— Oui, bon. Est-ce qu'il y a des gens de ton âge qui ont ce type de téléphone ?

— Personne que je connaisse. »

Il a fait un geste de victoire, comme s'il venait d'avoir une idée lumineuse. « Et si ce n'était pas son téléphone ?

— Alors on devra le poursuivre pour vol de téléphone, en plus des huit meurtres et du vol de quinze millions de dollars.

— C'était de l'argent sale. Il n'avait pas réellement de propriétaire. De propriétaire légitime, en tout cas.

— Tu as fait deux ans de droit. Voler un dealer, ça reste du vol. Tu le sais. »

Ça m'a rappelé une chose qu'on m'avait dite un jour à propos de la légitimité des droits de propriété.

« Bref, là où je voulais en venir, c'est que, si ce n'était pas son téléphone, le propriétaire a pu le suivre à la trace, disait Tequila. Il est équipé d'un récepteur GPS, pareil que les mouchards qu'on voit à la télé. Il y a une appli – un programme informatique – qui s'appelle Find My iPhone. Tu peux l'ouvrir depuis ton ordi, et le téléphone transmettra sa localisation précise, à quelques centimètres près, via Internet. Ces appareils se font souvent voler, les gens activent le programme, et ils signalent l'adresse du voleur aux forces de l'ordre. Si le téléphone appartenait à Cash ou à ses hommes, ils ont pu le suivre de cette façon.

— S'ils ont réussi à trouver Élie aussi facilement, pourquoi ils ne l'ont pas enlevé plus tôt ?

— Le téléphone avait besoin d'être connecté à un réseau pour transmettre sa localisation. Tu as dit qu'il était éteint, puis qu'Andre l'a allumé. En l'activant, il l'a rendu traçable. Mais pour quelle raison est-ce qu'Élie se trimballerait avec un téléphone volé qui pouvait être localisé par les gens qui le traquaient ?

— Je sais. J'aurais dû comprendre plus tôt. Ce n'est pas la première fois qu'il fait un truc comme ça. »

29

1965

Deux jours après avoir flanqué une raclée à Élie, à 10h30, j'étais assis dans ma voiture devant la banque, je surveillais l'entrée ; j'attendais qu'il se passe quelque chose. Je songeais à aller chercher quelque chose de gras et pas cher à manger quand j'ai entendu des cris derrière moi, en provenance de la manifestation.

« Oh, qu'est-ce que vous faites ?

— À terre !

— On a des droits !

— À terre, putain ! Tous ! »

Vu que ma voiture était garée dans un créneau, et que les bureaux de Kluge n'étaient pas à plus de deux cents mètres, je suis descendu et j'ai commencé à courir en direction du bruit.

Je voyais des policiers qui brandissaient leur matraque ; ils s'enfonçaient dans la foule des grévistes et frappaient sans distinction. Une partie des nègres qui portaient des pancartes fixées à des tiges en bois avaient arraché le carton pour en faire des bâtons.

L'espace d'un instant, la voix claire et forte de Longfellow Molloy s'est élevée au-dessus du brouhaha de la mêlée : « Nous manifestons pour conserver notre dignité. Ne les laissez pas salir votre action. »

Un des policiers a raflé un porte-voix et l'a fait taire en criant plus fort : « Vous êtes tous en état d'arrestation. Lâchez vos armes, tout le monde à terre et les mains sur la tête. »

Certains manifestants ont essayé de fuir. J'ai vu un officier poursuivre une femme dans la rue et lui mettre un coup de matraque sur la tête. Elle est tombée et il a continué à la frapper au sol.

« Ils veulent faire de nous des criminels, hurlait Molloy. Ils veulent faire de nous des animaux. Le monde va voir ce qu'ils font. Le monde va voir. »

Mais personne ne l'écoutait. Une cartouche de gaz lacrymogène a explosé au-dessus des manifestants, qui se sont mis à tousser et à se griffer les yeux. J'ai vu quatre gars costauds envoyer un policier à terre, lui arracher son casque et lui piétiner le visage. Les autres policiers aussi l'ont vu. Autour, plusieurs ont dégainé leur arme.

« Ne tirez pas, je leur ai crié en agitant mon badge au-dessus de ma tête. Vous allez déclencher des émeutes dans toute la ville ! »

Il devait bien y avoir un responsable, mais je n'ai repéré aucun gradé. Possible qu'ils dirigent les opérations par radio, ou qu'ils aient fui quand la violence a éclaté.

Dieu merci, tous les policiers n'ont pas ouvert le feu. Sinon, ils auraient tué tous les manifestants et un paquet d'entre eux se seraient tiré dessus mutuellement dans la confusion. Mais trois flics ont vidé le chargeur de leur arme de service dans le tas, un total de dix-huit coups comme l'indiquerait plus tard le rapport.

Une demi-douzaine de manifestants sont tombés, morts ou blessés. Les autres ont lâché leurs armes et tenté de fuir. Les policiers pourchassaient les fuyards, les frappaient avec leur matraque et les menottaient.

J'ai vu Longfellow Molloy étendu dans une mare de sang ; il lui manquait un œil et une partie du nez. J'ai pensé à ce qu'avait dit Abramsky au sujet de l'incendie de Sodome : si les anges avaient pu trouver dix hommes justes, ma ville aurait été épargnée.

Dans mon dos, j'ai entendu un bruit qui ressemblait à une sirène de pompiers. Je me suis retourné et je me suis rendu compte que c'était l'alarme de la Cotton Planters Union Bank.

J'ai hésité. Il y aurait une enquête sur ce désastre ; quelqu'un était en tort. Pour espérer découvrir qui avait ouvert les hostilités, il fallait commencer immédiatement à prendre les dépositions des témoins ; si les manifestants s'en allaient, ils auraient trop peur de se présenter à la police et on ne les retrouverait jamais. Et une fois que les flics auraient accordé leurs violons, il ne serait plus possible de démêler le vrai du faux.

Mais en principe, je n'étais même pas censé me trouver sur les lieux de la manifestation. Je ne voulais pas que mon nom figure dans le compte rendu d'un massacre racial. Je ne voulais pas que ma photo se retrouve dans les livres d'histoire à côté de ça. Donc je suis reparti vers la banque au pas de course.

À ce moment-là, tous les employés de bureau essayaient de déguerpir du quartier. Les voitures bouchaient les rues et un flux de gens sortait des portes à tambour des gratte-ciel. C'était étrange de voir les trottoirs aussi noirs de monde ; à Memphis, personne ne circulait à pied. Il m'a fallu huit minutes pour me frayer un chemin en jouant des coudes dans la cohue des employés paniqués et arriver à la banque. Un cambriolage ne dure pas huit minutes ; le temps que j'arrive, Élie et sa bande avaient déjà disparu.

La porte à tambour était bloquée, mais un des gardes postés à l'intérieur m'a reconnu et m'a laissé entrer. Le hall était pratiquement désert. Greenfield avait dû autoriser le personnel à rentrer chez lui. Il n'y avait que Riley Cartwright, son assistant, et cinq gardes en uniforme.

« Combien ils étaient ? j'ai demandé. Vous pouvez les décrire ? Vous pouvez me dire par où ils sont partis ?

— Il ne s'est rien passé, a dit Greenfield. J'ai activé le système de sécurité pour verrouiller la chambre forte. Ça m'a paru être une précaution raisonnable, au cas où l'émeute se serait étendue.

— Il n'y a pas eu de vol ? »

Il a secoué la tête. « Tout va bien ici. L'équipe de sécurité va rester en place pour empêcher des pillards d'entrer, mais la chambre forte est protégée et inaccessible pour les trois prochaines heures. »

J'avais peut-être bel et bien réussi à faire assez peur à Élie pour qu'il quitte la ville. « Bon, eh bien, j'imagine que je serai plus utile ailleurs, j'ai dit. Appelez la police si vous voyez quoi que ce soit de suspect. »

Une chose que je ne veux pas oublier :

La réaction des nègres aux violences du matin s'est révélée plus feutrée que ce que j'avais craint ; la grève des employés de Kluge était devenue le point de convergence des angoisses des employés de bureau blancs du centre-ville, mais la cause n'avait jamais vraiment rassemblé les Noirs de la ville. La plupart des gens semblaient considérer que c'était une question qui concernait les travailleurs, et non une question raciale.

Et, après six semaines de défilés sans histoires devant les bureaux de Kluge, aucun journaliste n'était présent quand la grève avait tourné à la castagne.

Maintenant qu'il y avait des morts, les médias nationaux allaient s'intéresser à notre histoire, mais faute d'images sanglantes et sensationnelles, elle ne serait pas beaucoup relayée par la télévision. Vu que, sorti de Memphis, personne n'avait guère fait attention à la grève, seules les équipes locales relataient les événements dans les heures suivant le carnage.

Comme les journalistes de Memphis étaient obligés de vivre dans cette ville, ils marchaient sur des œufs et se concentraient sur l'angle ouvrier, plutôt que sur la question raciale. Personne n'avait envie de publier ou de diffuser une version qui mettrait le feu aux poudres.

La grève n'avait pas assez d'ampleur pour attirer l'attention des associations nationales de lutte pour les droits civiques, et les travailleurs du fret n'étaient pas du genre pieux, si bien que les pasteurs noirs de Memphis n'avaient pas rallié leurs ouailles à la cause. Il y avait assez peu de monde quand la violence avait éclaté, et la majorité des témoins oculaires avait été arrêté sur les lieux. Avant que la police commence à libérer les manifestants, des heures après la fusillade, très peu de personnes savaient exactement ce qui s'était passé.

Plutôt que de chercher un responsable, le maire voulait éviter que l'affaire fasse des vagues, et les huiles considéraient qu'elles parviendraient à cacher toute cette vilaine histoire sous le tapis si elles menaient une enquête approfondie et assidue qui aboutirait à cette conclusion inévitable : les policiers s'étaient comportés de manière exemplaire, et tous les tirs et coups visant les grévistes étaient pleinement justifiés.

Le temps que la plupart des gens qui auraient pu réagir par la violence entendent parler de la fusillade, les rues grouillaient de flics. Au coucher du soleil, le service avait doublé son record du nombre d'arrestations en une journée, et nos cellules de détention provisoire étaient remplies de nègres. Il n'y a pas eu d'émeutes à Memphis ; en tout cas pas en 1965. La paix a été préservée.

Sauf à la Cotton Planters Union Bank. Quand la chambre forte s'est rouverte, après les trois heures de verrouillage, tout l'argent s'était envolé.

30

2009

J'étais allongé sur le dos dans mon lit d'hôpital réglable. L'infirmière m'avait planté une intraveineuse dans le bras et m'avait dit qu'ils surveillaient mon niveau de fer, parce que les analyses de sang avaient montré que j'étais anémié. Ça ne me surprenait pas. J'avais tout à fait l'impression de sortir d'un accident de voiture.

Rutledge, Stups, était assis près de moi dans ce que l'hôpital avait de plus proche d'un fauteuil rembourré ; un machin camelote avec des coussins en plastique. Rutledge était trop grand et paraissait mal à l'aise. Il avait posé sa cheville droite sur son genou gauche et ses bras dépassaient des accoudoirs. Entre les mains, il tenait quelque chose que j'avais d'abord pris pour un carnet, mais qui était en fait une espèce d'appareil électronique : au choix, un très gros téléphone Internet ou un tout petit ordinateur.

Mon petit-fils était excité comme une puce, il ne tenait pas en place. Il faisait les cent pas au pied du lit ; rien qu'à le regarder, je m'énervais.

« Je ne comprends pas comment on est censés retrouver ce mec à partir de son téléphone, a dit Rutledge. On n'a pas l'adresse mail ni le mot de passe sous lesquels il l'a enregistré, on ne peut pas le pister en ligne. »

Tequila s'est mis à sautiller partout. Il adorait connaître la réponse à une question, mais il aimait encore plus quand personne d'autre ne connaissait la réponse, ça lui permettait de se sentir premier de la classe. « Un téléphone peut être suivi par

GPS, il a dit. Mais l'opérateur peut aussi obtenir sa position par triangulation, grâce à l'infrastructure du réseau cellulaire. Les opérateurs enregistrent les communications entre les téléphones et les relais, et ces données peuvent être utilisées pour retrouver où étaient un téléphone, et son propriétaire, vraisemblablement, à un instant T. »

Rutledge avait un air agacé. « Je sais tout ça, il a dit. Mais pour suivre un téléphone, il faut son numéro. Vous ne pouvez pas me dire qu'un type a un téléphone et me demander de le retrouver. Tout le monde a un téléphone, bon Dieu. »

Je me suis aperçu que je ne connaissais pas le prénom de Rutledge. Je suis revenu en arrière dans mon carnet pour voir si je l'avais noté, mais non, il n'avait donc jamais dû me le donner.

Je me suis dit que son prénom faisait peut-être très noir et qu'il était gêné. Ou bien Rutledge était son prénom, et pas son nom de famille. Mais dans ce cas, je ne connaissais pas son nom de famille. À moins que ce soit Stups. J'ai songé à le lui demander, mais il semblait être du genre susceptible, capable de se scandaliser d'une question pareille.

« Mais c'est un modèle de téléphone particulier, et le réseau sait détecter avec quel modèle de téléphone il communique, a dit mon petit-fils. C'est un iPhone.

— Et ? Il y a des dizaines de milliers d'iPhone dans cette ville. Voire des centaines de milliers. Tout le monde a un iPhone, merde.

— C'est vrai, mais les opérateurs conservent l'historique des connexions à leurs relais, tout comme les historiques des téléphones, donc ils peuvent consulter un relais en particulier pour voir qui se trouvait à portée, et ils peuvent consulter un numéro pour voir à quels relais il s'est connecté. On sait que le téléphone qu'on cherche était au cimetière juif sur South Parkway hier à 15 heures. Le cimetière est situé près d'un dépôt ferroviaire, d'une usine désaffectée et d'une carrière. C'était très probablement le seul iPhone à proximité du cimetière à cette heure, et l'opérateur devrait pouvoir vérifier l'historique des relais qui couvrent le cimetière et retrouver le numéro.

— Et une fois qu'ils seront en mesure d'identifier le téléphone, ils pourront localiser l'endroit où il était hier soir selon la méthode normale », a dit Rutledge. Il paraissait impressionné. « Comment vous savez tout ça ?

— J'ai assisté à un séminaire le semestre dernier sur les technologies émergentes et les questions de vie privée, a dit Tequila. C'est un terrain fertile pour les études juridiques, parce que les tribunaux essaient d'appliquer les lois régissant la surveillance analogique à des faits liés aux innovations récentes telles que les téléphones portables et l'activité en ligne. Les tribunaux fédéraux rendent des décisions contradictoires sur le plan des attentes en matière de vie privée par rapport à certains de ces trucs, et, au bout du compte, la Cour suprême devra trancher et rendre des jugements cruciaux qui détermineront si l'empreinte numérique tombe sous le coup de la protection du quatrième amendement.

— Je suis content de ne pas avoir d'empreinte numérique, j'ai dit.

— Tu devrais plutôt être content que ton copain Élie en ait une, a dit Tequila.

— Sûrement. On a besoin d'un mandat pour ça ?

— Non, a dit Rutledge. Les fournisseurs nous sortent leurs relevés dès qu'on les demande.

— C'est la question constitutionnelle : est-ce que la police peut obtenir ces données sans supervision judiciaire ? a dit Tequila. Je vais peut-être écrire un article là-dessus. Je fais partie de la rédaction du *Journal de la législation et des politiques publiques.*

— Range ça dans ton caleçon », je lui ai dit.

Rutledge a collé son appareil contre son oreille, j'en ai déduit que ça devait être un téléphone.

« Vous n'avez pas le droit d'utiliser ces machins-là dans un hôpital, j'ai fait.

— Ah ouais ? Et qui va m'en empêcher ? »

31

1965

J'étais assis à mon poste dans le bureau des inspecteurs au commissariat central. J'avais laissé ma voiture devant la banque et j'étais rentré à pied; les rues étaient trop encombrées pour conduire.

L'opportunité qui se présentait de contribuer à la campagne du service pour mettre un terme aux affronts des nègres m'apparaissait singulièrement peu séduisante, si bien que j'avais passé les heures suivant la mort de Longfellow Molloy à essayer de garder mes distances avec l'enquête sur le massacre en remontant sans conviction des pistes dans une histoire de meurtre datant d'une semaine. J'avais ma petite idée, mais elle ne tiendrait pas, parce que cette enflure s'était fait la malle après avoir intimidé mes deux témoins clés pendant que j'étais focalisé sur Élie.

J'avais presque envie d'aller trouver le type et de lui coller une branlée, mais je savais que les événements du matin allaient valoir une mauvaise presse au service, et je craignais que les huiles commencent à prendre les violences policières plus au sérieux. Je ne voulais pas non plus trop attirer l'attention sur une enquête que j'avais foirée par négligence. J'avais une vague explication concernant mes occupations de la semaine, mais elle ne résisterait pas à un examen approfondi.

J'allais devoir laisser filer celui-là pour le moment. Je le coincerais la prochaine fois qu'il tuerait quelqu'un.

J'ai fourré mes notes dans un dossier à soufflet, et j'étais en train de le glisser dans un tiroir de mon bureau quand j'ai entendu à la radio que la Cotton Planters Union Bank avait été dévalisée.

J'ai attrapé le téléphone et appelé le standard de la banque. L'opératrice m'a passé le poste de Greenfield, c'est lui qui a décroché.

« Qu'est-ce que vous foutez ? il a demandé. Ça fait vingt minutes que j'ai signalé le vol de cent soixante-dix mille dollars et la police n'est toujours pas là. »

Un jour normal, un braquage de banque aurait déclenché un branle-bas de combat dans la police de Memphis ; tous les inspecteurs auraient dû le faire passer en priorité devant la tripotée de junkies et de nègres qui se dépouillaient et se tuaient les uns les autres.

Mais ce n'était pas un jour normal. Aujourd'hui, tout le monde se moquait de Greenfield et de son argent à la con.

« Je croyais que vous aviez seulement cent cinquante mille dollars dans le coffre, j'ai dit.

— Nous avons eu une nouvelle livraison entre-temps.

— Vous avez fait entrer vingt mille dollars alors que je vous avais prévenu qu'Élie avait l'intention de vous braquer ?

— Oui. Bon dieu, j'ai l'impression d'entendre Cartwright.

— Vous êtes un crétin, Greenfield.

— La dernière fois, j'étais un connard.

— Vous êtes un connard et un crétin. En fait, vous êtes la bande de chair grasse et ridée entre les couilles et le trou de balle. Vous êtes ni l'un ni l'autre, vous êtes le truc moche entre les deux.

— Une opinion que j'apprécie à sa juste valeur.

— Je vous dis ça, c'est pour votre édification personnelle.

— Vous allez continuer à m'insulter, inspecteur Schatz, ou bien est-ce que vous comptez faire votre travail et arrêter le responsable ? »

Je n'attraperais pas Élie, c'était une évidence. Le système de sécurité dernier cri de Greenfield avait offert aux voleurs trois heures pour se faire la malle avant que leur crime soit découvert. Élie était déjà dans un autre État.

Et je n'avais même pas envie qu'il soit arrêté, parce que je ne voulais pas que son complot juif soit éventé. Maintenant qu'il avait nettoyé la banque, le seul moyen d'éviter un retour de flamme, c'était de m'assurer qu'il s'en tire sans encombre. Mais si ce vol devait être élucidé, ça se produirait malgré tout mon zèle.

« Je crois que je vais continuer à vous insulter.

— Allez vous faire foutre, Schatz.

— Vous d'abord. »

Là, j'avais un problème : Ari Plotkin m'avait dit que le plan d'Élie consistait à cambrioler la banque quand la grève tournerait à l'émeute. Attendre devant la banque qu'il se passe quelque chose ne m'avait pas semblé être une façon particulièrement productive d'employer mon temps, et je doutais que les voleurs aient fait la même chose que moi. Élie avait dû planifier son casse pour qu'il coïncide avec l'instant précis où la violence allait éclater.

Le jour où je l'avais rencontré, il avait essayé de m'embrigader pour que je devienne sa taupe au sein du service. Mais quelle était la partie de son plan qui nécessitait un homme dans la police ? Pas besoin d'un grand effort d'imagination : il avait payé quelqu'un pour déclencher une émeute raciale devant l'immeuble de Kluge afin de détourner l'attention du coup qu'il réalisait à la banque. Par conséquent, le casse juif que je voulais couvrir et le massacre policier qui était déjà la cible d'une enquête interne frénétique étaient en réalité une seule et même affaire.

L'air de rien, j'ai posé quelques questions concernant le braquage, et j'ai appris qu'il était arrivé entre les mains de l'inspecteur le plus incompétent du service, un asthmatique nommé Whit Pecker qui était à cinq mois de la retraite mais n'avait pas attendu pour devenir un clampin qui ne servait plus à rien.

C'était un coup de bol pour moi ; Greenfield ne lui parlerait pas de nos entretiens : l'assurance de la banque pourrait refuser de le couvrir si elle apprenait que le directeur avait été averti du braquage. Avec un peu de chance, le nom d'Élie pas plus que le mien ne seraient jamais reliés à ce dossier.

Cependant, les hommes qui enquêtaient sur la boucherie étaient plus dangereux ; les trois inspecteurs les mieux notés de la ville avaient été chargés de faire la lumière sur les événements. Pour le moment, d'après les rumeurs qui tournaient au poste, ils n'étaient pas très vernis. Ils devaient prendre les dépositions de dizaines de témoins, et ils croulaient sous les versions contradictoires et les récits inutiles. Tous les nègres insistaient sur le fait qu'un policier avait tiré le premier, tandis que pour les flics c'étaient les nègres qui avaient commencé à agiter leurs bâtons et à lancer des bouteilles, et leur contre-attaque restait dans les clous.

Mais j'avais quelques informations qui manquaient aux enquêteurs : je savais qu'Élie avait cherché à corrompre un flic juif. Il n'y avait que quatre juifs dans les forces de police de Memphis, et j'étais l'un d'eux, de sorte que pendant que l'enquête officielle devait faire le tri dans cinquante noms et autant de versions, je travaillais sur une liste assez restreinte. Je n'avais qu'à poser quelques questions discrètes à une poignée de connaissances pour découvrir lequel des flics juifs était affecté à la manifestation ce matin.

Il s'appelait Len Weisskopf. C'était un officier âgé de vingt-six ans, et il était dans le pétrin.

32

2009

« Hier à 15 heures, un seul iPhone était allumé dans les environs du cimetière, a dit Rutledge, Stups. Le numéro de ce téléphone appartient à Charles Cameron.

— Alias Carlo Cash ? j'ai demandé.

— Oui, chef, a dit Rutledge.

— Je croyais que les dealers n'appelaient que depuis des jetables, a dit Tequila.

— Des jetables ? » j'ai demandé.

J'ai deviné que c'était de l'argot de la drogue en voyant comme l'inspecteur a retroussé la lèvre quand il a entendu Tequila l'employer.

« Des téléphones prépayés, jetables, a dit Rutledge. Ils les utilisent pour leurs affaires, mais ils gardent des téléphones normaux pour les appels normaux. Comme des gens normaux. Vous comprenez que ce sont des gens, hein ?

— Ouais, bien sûr, a dit Tequila.

— Commencez pas à croire que vous êtes dans le coup juste parce que vous écoutez Jay-Z et que vous avez vu *The Wire*, a dit Rutledge. Je les connais, les types dans votre genre. »

Les naseaux de Tequila se sont dilatés en grand. « Celle-là, tu l'as pas volée », je lui ai dit. Je n'écoutais pas Jay-Z et je n'avais pas vu *The Wire*, et j'aurais été surpris que Rutledge, Stups, connaisse des types dans mon genre, mais j'ai décidé de ne rien dire.

« Bref. On a remonté la trace du téléphone jusqu'à un entrepôt de Riverside Boulevard.

— Il y a des entrepôts sur Riverside Boulevard? a demandé Tequila. Je croyais que c'était seulement des parcs et des logements récents.

— Vous confondez avec Riverside Drive, lui a dit Rutledge. Riverside Boulevard, c'est pas du tout la même histoire. »

Riverside Drive et Riverside Park étaient situés dans le centre-ville réhabilité de Memphis. La construction d'un stade de basket à un demi-milliard de dollars avait beaucoup joué dans l'amélioration des quelques pâtés de maisons entourant le Peabody Hotel.

Les promoteurs avaient rasé le cœur croulant de la ville et bâti une flopée d'immeubles résidentiels haut de gamme et quelques mignonnes petites boutiques, un cinéma, et une tripotée de restaurants branchés.

L'année précédente, Rose et moi avions invité Tequila à dîner dans ce quartier, dans un grill brésilien. Je n'étais pas dingue de la partie brésilienne, mais j'imaginais qu'ils ne pourraient pas trop gâcher un morceau de viande.

J'avais travaillé presque trente ans dans ce quartier, au poste du 128 Adams Avenue, mais il a fallu que Tequila demande le chemin à son téléphone parce que je ne reconnaissais plus rien. Garer la Buick m'a coûté huit dollars.

Dans un grill brésilien, vous ne commandez pas un steak; vous payez quarante dollars pour une assiette, et ensuite des serveurs se baladent avec des épées sur lesquelles sont embrochés des morceaux de différentes viandes, et vous en prenez autant que vous pouvez vous en fourrer dans le gosier. Pour une raison que j'ignore, les serveurs s'appellent des *churros*.

Tequila ne nous a pas décroché un mot de tout le repas, trop occupé qu'il était à découper, à mastiquer et à héler des serveurs pour qu'ils lui apportent encore de la viande. Je l'ai regardé engloutir au moins un kilo et demi de bavette, d'aloyau à l'ail, de cuisses de poulet panées au parmesan et de filet mignon enrobé de bacon. J'étais presque impressionné, tout comme je serais presque impressionné par des phénomènes de foire dans un cirque.

Le lendemain, mon petit-fils m'a appelé pour m'annoncer qu'il avait « coulé un bronze tellement gros que c'était marée haute dans la cuvette. »

« C'est hallucinant, il a dit. Comme une nouvelle île tropicale avec un sol volcanique fertile. Dans mes toilettes.

— Très heureux d'entendre ça, j'ai dit.

— Tu veux que je t'envoie une photo ?

— Non. Et je n'ai pas le téléphone qu'il faut pour ça.

— J'ai peur que ça bouche la tuyauterie. Je ferais peut-être mieux de le casser d'abord avec la brosse. »

Ma tuyauterie à moi aussi était bouchée, ce qui donnait un ton particulièrement énervant à cette conversation. J'en étais au troisième jour d'un traitement aux laxatifs oraux, et les viandes brésiliennes n'avaient pas contribué à débloquer la situation ; elles avaient seulement accentué mon impression d'être gonflé et obstrué. Si je ne parvenais pas à faire descendre quelque chose de solide avant le petit déjeuner du lendemain, je devrais essayer avec un suppositoire. Et si ça ne marchait pas non plus, il faudrait que j'aille voir mon gastro-entérologue. De tous les médecins, il était celui que j'aimais le moins, et de loin.

Je n'avais pas envie d'expliquer tout ça à mon petit-fils, qui n'a donc jamais compris pourquoi je me suis énervé contre lui.

Quoi qu'il en soit, là où je voulais en venir, c'est que, une fois qu'on dépasse les nouveaux lotissements qui ont germé autour du nouveau stade, le déclin postindustriel de Memphis continue sans faiblir. Sur la berge de la rivière, à trois bornes du bouquet de gratte-ciel financiers, d'immeubles gouvernementaux et de grills brésiliens, on traverse des kilomètres de rues grêlées de nids-de-poule, d'entrepôts à l'abandon et de chantiers navals.

La rivière est devenue une artère bien moins importante, et le fret que portaient des centaines de dockers est désormais déplacé bien plus rapidement par deux grues contrôlées par ordinateur. Memphis restait une ville de transport, mais l'activité s'était recentrée autour de l'aéroport international et de la plate-forme FedEx.

Un dealer n'aurait aucun mal à se trouver un petit entrepôt peinard où personne ne l'entendrait torturer des gens.

« Vous croyez qu'Élie est toujours là-bas ? » a demandé Tequila.

Rutledge a froncé les sourcils. « La dernière fois que le téléphone a envoyé un *ping* au réseau, il était au milieu de la rivière, vers 2 heures du matin.

— Comme s'il était sur un pont ? a demandé Tequila.

— Comme s'il était sur un bateau », j'ai dit.

Rutledge a acquiescé. « Et il n'a plus rien transmis depuis. Le plus probable, c'est qu'il a fini à l'eau.

— Avec le corps, a dit Tequila.

— Ça en a tout l'air, a dit Rutledge. Je suis désolé.

— Pas moi, je lui ai dit. Ce n'était pas le corps d'Élie.

— Qu'est-ce qui vous fait croire ça ? a demandé Rutledge.

— Ce n'était pas son téléphone », j'ai dit.

33

1965

Douze heures environ après que des policiers avaient descendu Longfellow Molloy, les huiles ont décidé qu'il n'y aurait pas d'émeutes, et la nouvelle a circulé par radio : ils arrêtaient les heures sup. Je suis allé chercher un journal et un café, et j'ai tué quarante-cinq minutes. Ensuite j'ai rendu visite à Weisskopf. C'est sa femme qui a ouvert.

« Je vous connais. Vous êtes Baruch Schatz », elle a dit. Elle avait l'air surprise que je vienne toquer chez elle alors qu'il était presque minuit. Elle essayait de déterminer si elle devait en tenir compte, et aussi ce que je faisais là. N'y arrivant pas, visiblement, elle a décidé de se contenter d'être polie : « Je m'appelle Devorah. Félicitations pour votre *sim'ha* ! »

Elle faisait allusion à la bar-mitsva prochaine de Brian. Je lui ai souri, le sourire automatique avec lequel je répondais aux gens qui me disaient quelque chose de gentil à propos de mon fil. « Merci beaucoup. Il faut que je parle à Len.

— Vous voulez entrer ?

— Je suis un peu pressé, je crois qu'il vaudrait mieux que je lui parle dehors. Juste une petite minute, promis.

— Je vais aller le chercher. » Elle est rentrée et a fermé la porte. J'ai détaché mon casse-tête de ma ceinture ; serré les doigts autour de la poignée à m'en blanchir les jointures.

La porte s'est rouverte. Weisskopf avait les épaules larges et quelques centimètres de plus que moi, mais il ne donnait pas l'impression d'être puissant. Il avait un visage qu'on aurait pu qualifier de beau, s'il n'avait pas été légèrement déformé. Son nez était un peu trop épaté. Ses lèvres un peu trop charnues. Ses yeux un peu trop petits et un peu trop écartés. Sa mâchoire et ses joues un petit peu molles à force de se la couler un peu trop douce.

Il se tenait dans l'encadrement de la porte, il me souriait, mais sans vraiment réussir à masquer sa nervosité.

« Ça, c'est inattendu, il a dit. Je ne sais pas si on s'est déjà rencontrés, mais je crois que ma mère connaît la vôtre. »

J'ai fait un geste en direction de la porte, avec le casse-tête. « Sortez sous le porche et fermez derrière vous. »

J'ai coincé une cigarette entre mes lèvres et j'ai craqué une allumette. Il a fermé la porte. Il n'avait pas l'air tranquille.

« Je peux faire quelque chose pour vous, Buck ? »

J'ai tiré une longue taffe. « Vous pouvez me dire ce que je suis censé raconter à mon fils.

— Je ne comprends pas.

— Quand je vais rentrer, ce soir, mon fils m'attendra, et il voudra savoir comment je peux faire partie de l'organisation qui a commis les atrocités de ce matin. Il va me demander comment je peux me regarder dans la glace. Et je n'ai aucune idée de ce que je vais lui répondre. Donc je vous demande ce que je dois lui dire, à votre avis.

— Pourquoi est-ce que vous venez me voir, moi ? On se connaît à peine.

— Je vous déconseille d'avoir le culot de me raconter des conneries », j'ai dit. J'ai brandi le casse-tête. « Je vais jouer du xylophone sur vos côtes. Je vais péter toutes les dents que vous avez dans la bouche. »

Il a levé les mains, paumes tournées vers moi. « Me faites pas de mal, il a dit. Ma femme est enceinte. On va avoir un bébé. »

Je l'ai empoigné par l'épaule, je l'ai retourné, et je l'ai fouillé pour vérifier qu'il n'était pas armé.

« Il y a eu trois morts à cause de vous.

— Des nègres.

— Arrêtez de dire des trucs qui me foutent en boule quand j'essaie de me persuader de ne pas vous tuer. »

Il n'y avait qu'une seule chose qui m'empêchait de le cartonner à coups de gourdin jusqu'à ce que sa tête ne soit plus qu'une tache sous le porche, et ce n'était pas sa femme : je ne voulais pas devoir expliquer pourquoi je l'avais fait. Je ne voulais pas que le service découvre que les juifs étaient responsables du massacre. J'allais donc devoir le couvrir. J'allais devoir expédier Len Weisskopf quelque part où personne ne le trouverait jamais.

« Combien Élie vous a payé pour tuer ces gens ? j'ai demandé.

— J'ai tiré sur personne. J'ai juste frappé un homme avec ma matraque.

— Mais c'est vous qui avez tout déclenché. Il vous a payé pour ça. Vous étiez sa diversion pendant qu'il braquait la banque.

— Peut-être, mais on ne m'a jamais parlé d'un braquage, et je savais même pas que les autres allaient ouvrir le feu sur les manifestants, et j'ai jamais rencontré Élie. Tout ce que je savais, c'est que je devais attraper le premier *schwarz* qui me tombait sous la main à 10h30 précises et lui mettre un coup de matraque. Je suis sûr que vous auriez corrigé ces bamboulas si on vous avait offert un paquet d'argent. Combien de gens vous avez tabassés cette semaine, gratuitement ? »

J'avais envie d'en tabasser un de plus ici même, mais j'ai avalé le nœud que j'avais dans la gorge et ignoré sa provocation. « Qui vous a payé ? Qui était votre contact ?

— Ari Plotkin. »

Bordel. La prochaine fois que j'aurais l'occasion de tirer sur Ari Plotkin, il faudrait que je me rappelle de viser la tête.

« Combien ?

— Trois mille cinq cents.

— Mille cent et des poussières pour chaque mort sur votre conscience. »

Il a plissé les sourcils. « Et vous, Buck, combien de morts sur votre conscience ? Combien de personnes est-ce que vous avez tuées ?

— J'imagine que je pourrai en supporter une de plus », j'ai dit. J'ai levé le bâton, il s'est protégé la tête avec ses mains et a reculé d'un pas.

« Oh, merde !

— Où il est ? » Je lui hurlais au visage, je projetais des particules de salive et de cendre sur ses joues.

« Où est quoi ?

— L'argent, pauvre tache.

— Dans la maison.

— Va le chercher.

— Quoi ? Pourquoi ?

— Parce que si tu n'y vas pas, je vais lever le casse-tête que j'ai dans la main et je vais te cogner à mort. »

Il est rentré dans la maison. Ce qu'il a bricolé à l'intérieur a duré assez longtemps pour que je commence à me demander s'il ne s'était pas mis une idée stupide dans la tête, si bien que j'ai rangé le gourdin à ma ceinture et dégainé mon .357. Je me suis placé sur le côté de la porte et dès qu'il l'a ouverte, j'ai tendu le bras, attrapé sa chemise à pleine main, et je l'ai plaqué contre le mur.

Je l'ai fouillé, et il ne s'était pas montré assez débile pour prendre son flingue. Il avait fait ce que je lui avais dit et récupéré une grosse liasse de billets quelque part dans la maison.

« Tu ne vas pas pouvoir garder ça », j'ai dit. Je lui ai pris l'argent des mains.

« Quelque chose me dit que vous allez l'emballer et le ranger avec les preuves.

— Ce que je vais en faire, c'est pas ton problème.

— Alors c'est de l'extorsion ? il a demandé.

— Dis-toi que c'est ton jour de chance, Len. Y a rien qui me ferait plus plaisir que de te cogner jusqu'à ce que t'aies de la purée à la place des boyaux. C'est ce que tu mérites, et tu mérites aussi d'aller au placard.

— C'est mon argent, il a dit. Il est pour ma famille. Je l'ai gagné honnêtement.

— Eh ben, ça tombe mal pour toi, il se trouve que je suis doté de ce qu'on pourrait appeler un profond scepticisme envers le concept de propriété privée, j'ai dit, en fourrant la liasse dans la poche de mon manteau. Demain matin, tu vas appeler ton sergent et lui dire que tu n'arrives pas à digérer ce que tu as vu aujourd'hui. Tu vas lui dire que tu démissionnes.

— Et qu'est-ce que vous voulez que je fasse sans travail ?

— Tu vas faire tes valises et tu vas quitter la ville.

— Pour aller où ? »

J'ai appuyé le canon du .357 contre son front. « Je suis sûr que tu trouveras de vertes prairies accueillantes du côté de Rienàbattre. Mais pas moyen que tu restes ici.

— J'ai une maison.

— Engage quelqu'un pour la vendre et demande qu'on te vire l'argent. Mais t'as intérêt à dégager de ma ville avant demain soir. Si je te recroise, ou même si tu te retournes en partant, je te brûlerai vif dans le feu sacré de Dieu. Est-ce que c'est clair ?

— C'est clair. »

J'ai baissé mon arme. « Très bien.

— Faut quand même que je vous dise que vous êtes un hypocrite de merde. Vous jouez au type droit dans ses bottes et en même temps vous vous remplissez les poches avec mon argent sale. Vous valez pas mieux que moi. Vous êtes au moins aussi pourri et beaucoup plus violent. Ça me donne la gerbe de vous regarder.

— Eh ben, tant mieux, tu n'auras plus jamais à me voir, j'ai dit. Et si tu me vois encore, vaudrait mieux que moi je te voie pas, parce que la prochaine fois que je te vois, je te tue.

— Vous êtes un hypocrite.

— Et toi, t'as jusqu'au coucher du soleil pour quitter Memphis, sinon ta femme enceinte ferait mieux de commencer à préparer ton enterrement, petite merde. »

Une chose que je ne veux pas oublier :

Quand Brian s'est réveillé, le petit déjeuner était presque prêt. J'avais fait du café en grains, pas le truc instantané dont je me contentais d'habitude. J'avais aussi préparé des œufs brouillés, des bagels, du bacon, et j'avais pressé des oranges.

La question du bacon était l'une des rares disputes importantes que j'avais réussi à gagner contre Rose. Tous les deux, nous venons de familles qui observent les traditions, où la cuisine était casher, mais ma mère avait arrêté de tenir compte de certaines restrictions incommodes après la mort de mon père, et le temps que j'entre au collège, je me fichais de manger un cheeseburger dans un restaurant.

Pendant la guerre, les rations n'étaient pas très bonnes, le plus souvent, et le porc séché se conservait mieux que la plupart des autres viandes, c'était donc la fête quand on réussissait à s'en procurer. J'ai commencé à aimer son goût.

Lorsque je suis rentré d'Europe, après tout ce que j'avais vu, enduré et commis, je n'avais plus la patience de séparer la vaisselle de la viande et celle des produits laitiers. Quand je faisais les courses, je rapportais du *taref*.

Au début Rose se fâchait, mais elle a fini par comprendre que les règles avaient changé. Les juifs avaient eu besoin d'être délivrés, et Dieu n'avait pas montré le bout de Son nez. C'est l'armée américaine qui avait dû faire Son travail à Sa place. J'ai pris une bastos en faisant Son travail à Sa place. Donc, hors de question qu'Il continue à me dire ce que j'avais le droit de manger au petit déjeuner.

J'avais accordé une concession à Rose : après avoir rempli la maison d'une odeur de graisse de porc frite, je veillais toujours à la couvrir avec l'odeur de mes cigarettes.

Mon fils est entré dans la cuisine en se frottant les yeux pour en chasser le sommeil. Il portait un pyjama en flanelle, et l'époque des gigoteuses ne semblait pas si lointaine.

J'ai posé une assiette devant lui.

« Tu vas pas réussir à m'acheter aussi facilement, il a dit.

— Je n'essaie pas d'acheter quoi que ce soit, j'ai répondu. J'avais seulement envie de préparer le petit déj. »

Il y avait un marché qui fermait tard, j'y étais passé après ma petite conversation avec Len Weisskopf, surtout pour être sûr que Brian dormirait quand je rentrerais. Je ne savais pas quoi lui dire, et je n'étais pas prêt à lui expliquer.

J'avais cassé un des billets de cent qu'Élie m'avait donnés pour acheter les provisions. Je m'étais senti sali d'utiliser cet argent. Je n'étais pas spécialement fier de tout ce qui s'était produit au cours de la semaine écoulée.

« Trois hommes sont morts, et tu crois que tu vas pouvoir ravoir mon admiration avec du café et des œufs ?

— Et du bacon », j'ai dit.

Il a hoché la tête. « D'accord. Je veux bien du bacon. »

Il a mangé sans un mot. J'ai refait des œufs.

Rose est entrée dans la cuisine quelques minutes plus tard. J'ai posé une assiette d'œufs et un bagel grillé devant elle aussi.

« Tu ne les a pas cuits dans la même poêle que tes cochonneries, hein ? » elle a demandé.

Pour notre quinzième anniversaire de mariage, j'ai essayé de la surprendre en rapportant deux homards vivants pour le dîner. Les juifs n'ont pas le droit de manger des fruits de mer, et Rose était furieuse. Elle m'a ordonné d'aller les rendre et de récupérer mon argent, mais les homards étaient restés trop longtemps hors de l'eau et le poissonnier a refusé de les reprendre.

J'ai pensé à les cuire, même si Rose ne voulait pas en manger, mais elle n'acceptait pas qu'on garde quelque chose d'aussi sacrilège dans la maison, et elle m'a obligé à m'en débarrasser. Neuf dollars fichus par la fenêtre.

Cette nuit-là, j'ai fini par dormir sur le canapé et j'ai retenu la leçon.

« J'ai utilisé une autre poêle, j'ai dit. Tes œufs n'ont jamais touché le porc.

— Parfait, elle a dit. Ça me retourne l'estomac.

— Je sais.

— Maman, arrête d'embêter papa, a dit Brian. Il va avoir une grosse journée, il a des nègres à tuer.

— Je n'ai tué aucun nègre, j'ai dit.

— Mais ton service, si, et aujourd'hui tu vas aller travailler comme si tout était normal.

— Je n'excuse pas ce qui s'est passé hier. Ils n'auraient probablement pas dû ouvrir le feu.

— "Probablement" ? » Il a donné un coup sur la table et manqué de recracher son jus d'orange.

« Il y avait des tensions très fortes. C'était une situation compliquée.

— C'étaient des travailleurs qui essayaient de révéler les pratiques barbares d'une entreprise qui les exploite, et la police les a traités comme des criminels. Ton service a laissé ce salaud d'Alvin Kluge l'utiliser comme une bande de briseurs de grève.

— Je sais que tu as beaucoup écouté Abramsky.

— Je réfléchis par moi-même. Mais le rabbin a raison sur plein de choses.

— Abramsky a perdu des membres de sa famille pendant l'Holocauste, a dit Rose. Je comprends pourquoi il s'inquiète de la puissance de l'État quand la police emploie la force.

— C'est un point de vue extrêmement limité, et tu le sais, chérie, j'ai dit. Les gens devraient se soucier d'autres formes de violence : les macs et les poivrots qui battent des femmes. Les dealers qui font régner la peur dans des quartiers entiers. Les voleurs qui tirent sur des gens en pleine rue. Si la police ne peut pas utiliser la coercition et la violence, elle ne peut pas protéger la population. »

Brian a enfourné un morceau de bacon dans sa bouche. « Ça nous touche pas vraiment, tout ça, il a dit. Peut-être que la solution est pire que le problème. Pour empêcher quelques voyous d'agresser quelques personnes, on autorise tout un service plein de voyous à menacer tout le monde.

— Je t'ai déjà raconté ce qui est arrivé à mon père ? j'ai demandé.

— Buck, il n'a que douze ans, a dit Rose.

— Et alors ? S'il veut être un homme, il faut qu'il le sache. Moi, j'avais six ans. »

Pour la première fois de la matinée, Brian m'a regardé dans les yeux : « Qu'est-ce qui est arrivé à grand-père ?

— On n'en parlera pas », a dit Rose.

Je me suis servi les derniers œufs, puis je me suis assis avec eux. Personne ne parlait. J'ai mangé un bout de bacon et allumé une cigarette.

Finalement, j'ai dit : « La police ne vaut jamais mieux que les hommes qui portent l'uniforme. Certains de ces hommes ne valent pas grand-chose. Mais s'il n'y a pas de gens bien pour faire ce travail, alors il n'y aura que des hommes mauvais. Je suis obligé d'y aller tous les jours, et j'essaie de faire ce qui est juste. Je te l'ai dit, je n'ai pas tué ces nègres.

— Mais tu as frappé M. Schulman. Je t'ai vu.

— C'est vrai. J'ai senti que c'était ce que je devais faire parce qu'il a filé en courant quand il m'a vu. Si je n'avais pas trouvé ça suspect, il aurait pu arriver de mauvaises choses à des innocents.

— Je ne pense pas que M. Schulman allait faire du mal à quelqu'un.

— Je suis content que tu penses que les gens sont bons. Mais quelquefois ils sont plus dangereux qu'ils n'en ont l'air.

— Et quelquefois la violence est excessive.

— Oui. Quelquefois.

— Tu as déjà tué quelqu'un ? » il a demandé.

Rose s'est arrêtée de mastiquer et m'a regardé.

J'ai posé ma fourchette et mon couteau sur l'assiette et je l'ai fixé droit dans les yeux. « On ne fait pas d'omelette dans casser un œuf de temps en temps. »

Vient un moment où un garçon doit devenir un homme.

Il a pris un air boudeur. « Papa, je suis sûr qu'on peut faire un petit déjeuner entier sans aucune perte humaine. »

Je suis persuadé qu'il connaissait déjà la réponse avant de me poser la question. C'était le genre de choses qu'il devait être capable de deviner tout seul.

« Eh ben, à partir de maintenant c'est toi qui vas faire la cuisine. Qu'est-ce que tu en penses ? »

34

2009

Il m'a fallu plus d'une heure pour convaincre mon médecin de me laisser partir de l'hôpital. Il insistait pour mentionner dans mon dossier que je décidais de sortir « contre l'avis du médecin ». Je lui ai répondu qu'il pouvait écrire tout ce qu'il voulait tant que ça m'aidait à sortir de là.

Fran est arrivée dans ma chambre avec Rose juste au moment où Rutledge m'aidait à m'installer dans un fauteuil roulant. Il y a donc eu une petite scène, mais au moins William est resté calmer sa grand-mère pendant que je m'en allais avec l'inspecteur.

Elle n'avait pas à se mettre dans un état pareil. Le temps que Rutledge me conduise à l'entrepôt, les criminels étaient partis depuis un bail. Cet endroit était une vraie ruine. La majorité des bâtiments alentour avait un toit effondré, et le trajet a été franchement agité sur la fin, parce que le bitume s'émiettait.

On avait entouré le bâtiment d'un ruban « Police – Zone interdite », et une demi-douzaine de voitures de patrouille, gyrophares allumés, étaient garées à l'extérieur du cordon, ainsi que plusieurs Chevrolet banalisées que toute personne équipée d'un demi-cerveau aurait rattachées à la police.

En général, avec une telle activité policière, les curieux s'agglutinent autour des lieux du crime, juste derrière le ruban, pour voir ce qui se passe. Là, il n'y avait aucun badaud, tellement le coin était désolé.

Un Blanc avec des cheveux blond roux clairsemés et des lunettes à monture dorée s'est approché tandis que Rutledge m'aidait à descendre de voiture. Il était en civil avec une accréditation plastifiée autour du cou.

« Je voulais juste serrer la main de l'homme qui a descendu Randall Jennings. C'était le pire connard du monde », il a dit.

Sur le truc qui lui pendouillait au cou, il y avait sa photo et les mots POLICE SCIENTIFIQUE. J'ai mis à profit des décennies d'expérience dans la déduction pour en tirer une conclusion brillante :

« Vous êtes le type du labo ? j'ai demandé.

— Je suis celui qui passe pour un type qui bosse dans ce qui passe pour un labo dans ce qui passe pour la police de Memphis, il a dit. Mes amis m'appellent Ed Clark, mais ma femme m'appelle tard pour que je rentre dîner, et les journalistes d'investigation m'appellent avec douze ans de retard pour tester les kits d'urgence post-viol. »

Il était assez marrant. Je l'aimais bien. Mais j'avais une réputation à respecter.

« Je vous aime pas », j'ai dit, en allumant une cigarette.

Il a souri. « Le contraire m'aurait étonné.

— J'ai fait venir M. Schatz parce qu'il croit que Charles Cameron alias Carlo Cash a enlevé un suspect dans une affaire de cambriolages, un certain Élie, hier, alors qu'il était dans la voiture d'Andre Price », a dit Rutledge. Il avait attrapé mon déambulateur dans le coffre de sa voiture, et il s'est interrompu pour le déplier et l'a déposé devant moi. « Nous pensons que Cash a emmené Élie dans ce bâtiment. J'espère que M. Schatz pourra faire coïncider son idée de la situation avec les preuves que vous avez trouvées à l'intérieur.

— On devrait avoir des choses à se dire », a répondu Clark. Il a pris un air grave. « Vous arrivez de l'hôpital, les gars ? Des nouvelles de Price ? »

Rutledge a secoué la tête. « La dernière fois que j'ai parlé avec sa famille, ils m'ont dit qu'il était toujours sous assistance respiratoire. S'il en réchappe, il aura pas une vie facile.

— Merde, ça me fait de la peine d'apprendre ça. Je me suis toujours dit que ça devait être un mec bien.

— C'était l'un des nôtres, a dit Rutledge. Et maintenant ces enculés vont en chier. On va aller les chercher jusqu'au fond des chiottes. On va cramer leurs maisons.

— Je crois qu'Élie vous a devancés, j'ai dit. Mais j'aime votre attitude. Allons voir ce qu'on va trouver dans cet entrepôt. »

Il fallait monter trois marches pour accéder à la porte latérale, et il n'y avait pas de rampe d'accès. En principe, tout bâtiment avait l'obligation légale d'être accessible aux handicapés, mais je soupçonnais cet oubli d'être la première d'une longue liste d'entorses à la loi.

Les marches étaient trop étroites pour les quatre pieds de mon déambulateur, si bien que je ne pouvais pas me stabiliser en m'appuyant dessus. Il a fallu que Rutledge me tienne par le coude pendant ma lente ascension, tandis que Clark restait derrière moi et faisait mine, pour préserver ma dignité, de ne pas se préparer à me rattraper au cas où je basculerais en arrière.

Dans l'entrepôt, la faible lumière des plafonniers était décuplée par les projecteurs que les policiers avaient apportés pour les aider à chercher des preuves. Juste derrière la porte, un large cercle avait été délimité par des cônes de sécurité et une bande jaune de police. À part ça, l'espace semblait vide. Une épaisse couche de poussière recouvrait la plupart des surfaces et paraissait avoir été déplacée très récemment, quand une meute de dealers l'avait piétinée, puis quand une meute de policiers l'avait piétinée.

« C'est un peu décevant, j'ai dit.

— Vous vous attendiez à quoi ? a demandé Clark.

— À la dernière scène de *La Horde sauvage*, j'ai dit.

— À la dernière scène de *Reservoir Dogs*, a dit Rutledge.

— Ah, ouais. Désolé, a dit Clark.

— Vous avez trouvé quelque chose ? j'ai demandé.

— Le sol était couvert de poussière à l'exception de la zone qu'on a délimitée, a dit Clark. On pense qu'elle a été frottée à l'eau de Javel.

— Comment vous le savez ? j'ai demandé.

— Parce que ça sent l'eau de Javel, il m'a répondu. Pas besoin d'être Prix Nobel. Cela dit, on a trouvé des traces de sang sur le sol dans cette zone, elles ont été nettoyées. Les gens croient que la javel va cacher le sang, mais les gens sont bêtes.

— Alors qu'est-ce qui s'est passé, à votre avis ? j'ai demandé.

— Je pense que quelqu'un a été tué ici, puis quelqu'un a enlevé le corps et nettoyé le carnage. Il n'y a aucune tache de sang ailleurs qu'ici, ce qui signifie que le tueur devait savoir comment déplacer un corps. Peut-être qu'ils l'ont flanqué dans un tonneau. Peut-être qu'ils avaient un sac. On peut sans trop de problème envelopper un cadavre dans une bâche, à condition de la plier comme il faut pour éviter les fuites.

— Je pense que la tache est le sang d'Élie, a dit Rutledge. Ils l'ont emmené ici pour le tuer, et visiblement quelqu'un a été tué. Il n'est pas aberrant de présumer que votre ami est mort.

— M'étonnerait, je lui ai dit. C'est le sang de Carlo Cash. Un de ses complices lui a tiré dans la tête par-derrière dès qu'il est entré.

— Comment vous pouvez en être aussi sûr ? » il a demandé.

Alors je lui ai raconté comment Élie avait braqué la Cotton Planters Union Bank.

35

1965

Vingt-sept heures après que les policiers avaient descendu Longfellow Molloy, Whit Pecker, le pire inspecteur de la police de Memphis, avait enfin fait le lien entre l'arrestation d'Ari Plotkin et sa bande et le braquage de la Planters Union, ce qui m'a donc entraîné dans cette enquête.

Pecker m'a demandé en termes acerbes pourquoi je n'avais pas pris la peine de lui dire que je m'intéressais à un complot visant à nettoyer cette banque. Je lui ai expliqué que ça m'était sorti de la tête dans le chaos des jours précédents, et aussi qu'il pouvait aller se faire mettre. Une heure plus tard, une consigne est tombée d'en haut : j'étais chargé du braquage, puisque j'avais déjà commencé à m'en mêler. De mon point de vue, Pecker aurait pu le garder.

Je suis allé à la banque, où Greenfield m'attendait dans son superbe bureau en compagnie de son assistant, Riley Cartwright, d'un avocat de la banque, Pumfrey ou un truc dans le genre, et d'un type spectral de l'assurance, Swaine. Tous les fauteuils étaient déjà pris, j'ai dû rester debout et ça m'a gonflé.

Devant ses invités, Greenfield a fait comme s'il ne m'avait jamais vu avant. Il a appelé sa secrétaire, qui m'a demandé si je voulais du café. Elle était très jolie dans son style aryen, et

Greenfield semblait sauter sur la moindre occasion pour la montrer à ses invités.

Comme personne ne buvait rien, je me suis dit qu'on attendait de moi que je décline poliment. Je lui ai répondu Oui, avec du lait et deux sucres.

« Il paraît que vous avez arrêté une espèce de gang qui avait l'intention de nous cambrioler, mais nous n'avons jamais imaginé que quelqu'un pourrait s'introduire dans notre chambre forte », m'a fait Greenfield.

Il attendait ma réponse avec un air craintif. Je n'étais qu'à la moitié de la cigarette que je fumais, mais je l'ai laissée tomber sur sa moquette et j'ai écrasé la braise avec mon talon. Puis j'en ai allumé une autre, j'ai secoué l'allumette et je l'ai jetée par terre elle aussi. Par acquit de conscience, j'ai broyé la tête carbonisée avec la pointe de ma chaussure.

« Si j'avais pu me douter que d'autres voleurs projetaient d'attaquer votre banque, je serais évidemment venu vous en parler », j'ai dit.

J'ai levé les yeux et vu Pas-Frais et Suint qui me fixaient avec une terreur non dissimulée. Je leur ai souri. Greenfield, de son côté, paraissait quelque peu soulagé.

« Il me semble assez clair que le dispositif de sécurité a eu une défaillance, et les voleurs ont pu pénétrer dans la chambre forte alors qu'elle aurait dû être fermée hermétiquement, a dit Greenfield.

— Mais comment est-ce que ça a pu se produire ? Cette chambre forte est presque imprenable, a dit Swaziland.

— C'est à cause de ce "presque" que nous avons souscrit une assurance, a ajouté Parapisse.

— Pourquoi la chambre forte n'était-elle pas gardée ? j'ai demandé.

— J'ai dû prendre une décision dans des circonstances que ne prévoyaient pas les protocoles habituels, a dit Greenfield. L'entrée de la banque donnant sur la rue est intégralement vitrée ; ce n'est jamais qu'une feuille de verre, et nous étions au milieu de ce qui nous paraissait pouvoir être une émeute raciale. J'ai décidé de rapatrier tout le personnel de sécurité vers la façade avant pour dissuader les émeutiers d'essayer d'entrer par la force.

— Et vous avez laissé la chambre forte sans protection ?

— Non. J'ai déclenché l'alarme, qui était censée sceller la chambre forte. En principe, il aurait été impossible de l'ouvrir. Nous ne voyons pas comment le voleur a pu entrer.

— Qui serait capable de faire ça ? a dit Suif. Qui serait capable de démanteler un système de sécurité de pointe et de déverrouiller une chambre forte sans que personne ne le remarque ?

— Des nègres, a répondu Greenfield sans l'ombre d'une hésitation.

— Oui, j'ai acquiescé. Dans ce cas de figure, notre première hypothèse est que les coupables sont des nègres. »

Le type des assurances n'a pas eu l'air enchanté. « Inspecteur, croyez-vous que vous pourrez récupérer les fonds dérobés ?

— Je ferai tout mon possible, j'ai dit. Mais la vérité, c'est que je ne retrouverai probablement pas le coupable. Quand on n'attrape pas un voleur la main dans le sac, et quand on n'a pas de témoins pour l'identifier, c'est quand il tente de refourguer les marchandises volées qu'on a le plus de chances de le capturer. Mais les voleurs qui prennent du liquide n'ont pas besoin de faire appel à un fourgue, et l'argent volé est difficile à identifier, même quand on le retrouve. En général, soit on alpague les braqueurs dans les minutes qui suivent, soit jamais.

— Ce n'est pas bon, a dit Soutif. Pas bon du tout. »

À ce moment, la secrétaire est entrée avec mon café et la conversation s'est interrompue. J'ai bu une gorgée, il était délicieux. Je me suis senti presque coupable de tout renverser sur la moquette.

« Oh, quel maladroit je fais, j'ai dit. Je suis confus. »

Tu parles.

Greenfield a pressé le bouton d'un Interphone sur son bureau et rappelé la fille pour qu'elle tente de nettoyer mes dégâts. J'étais mal à l'aise en la voyant à quatre pattes, en train de frotter la tache avec un chiffon, si bien que j'ai laissé tomber ma cigarette sur la moquette, je l'ai écrasée avec mon talon, et je me suis agenouillé pour l'aider.

« Ce n'est pas nécessaire, inspecteur, a dit Greenfield.

— Vous êtes sûr ? Je m'en veux d'avoir tout sali, j'ai dit.

— Il n'y a pas de problème, vraiment, a dit la secrétaire.

— D'accord. » Je me suis relevé, j'ai allumé une cigarette, secoué l'allumette, je l'ai jetée sur la moquette et j'ai marché dessus.

Après un très long et très pesant échange de regards horrifiés entre les trois costards, la conversation a repris.

« Il y a un bon côté – pour vous, en tout cas, a dit Pignole à l'assureur. La chambre forte bénéficie d'une garantie constructeur assez exhaustive, et l'entreprise de sécurité qui l'a installée garantit également son travail. Ils ont promis de vous dédommager pour toutes les pertes liées à la défaillance de la chambre forte ou du système d'alarme.

— C'est une excellente nouvelle, a dit Souillon. Inspecteur, pensez-vous que votre rapport établira que le vol a eu lieu parce que les performances de la chambre forte n'étaient pas celles promises ?

— Je vais devoir mener une enquête approfondie avant de pouvoir me prononcer, j'ai dit. Mais il semble bien que ce soit le cas. »

L'avocat a paru satisfait de mon empressement à l'arranger. « Bien entendu, nous comptons sur votre compagnie pour indemniser l'intégralité de nos pertes, conformément aux termes de notre contrat, il a dit à Soulard. Mais ensuite vous pourrez essayer de vous rembourser grâce aux garanties à notre place, ce qui devrait un peu alléger les coûts.

— Je ne crois pas que mon enquête justifie que j'assiste à cette conversation », j'ai dit. Si je devais continuer à écouter ces blaireaux, j'allais tomber à court de cigarettes. « Je ferais peut-être mieux d'aller jeter un œil à la chambre forte.

— Tout à fait, a dit Greenfield en me congédiant d'un geste. Cartwright vous montrera tout ce que vous avez besoin de voir. »

Cartwright paraissait dépité qu'on le débarque de cette réunion au sommet, mais il m'a suivi sans broncher jusqu'à la sortie du bureau.

Une fois qu'on a été dans l'ascenseur, il m'a dit : « Je crois que vous avez plus ou moins saccagé sa moquette.

— Quel dommage, j'ai dit. Elle habillait vraiment la pièce. »

36

1965

« Donc vous ne fermez pas la chambre forte pendant les heures d'ouverture ?

— Nous maintenons deux gardes en poste, a dit Cartwright, avec un geste en direction des deux hommes plantés devant la porte ouverte. Mais non. Ce ne serait pas pratique d'être obligé d'ouvrir un équipement aussi complexe chaque fois que les guichetiers ont besoin de remplir leur tiroir-caisse ou qu'un client veut accéder à son coffre. »

J'ai examiné la porte de la chambre forte. Cinquante bons centimètres d'épaisseur. Je suis entré et l'ai observée de l'intérieur. Puis je suis ressorti. J'ai inspecté le mécanisme de verrouillage. Je n'étais pas calé en chambres fortes, mais j'imaginais que, pour en ouvrir une, il faudrait percer des trous ou quelque chose dans le genre. Je n'ai pas remarqué de trous dans la porte. Apparemment on ne l'avait pas attaquée à l'acide, au chalumeau ni à la masse. Pour autant que je pouvais en juger, personne n'avait tenté de forcer cette porte.

« Les gardes auraient pu être dans le coup ? »

L'un d'eux m'a décoché un regard noir.

« Les hommes qui surveillent notre chambre forte ont au moins quinze ans d'expérience, et leurs dossiers montrent une fiabilité irréprochable, a dit Cartwright.

— Un homme est toujours fiable jusqu'à ce qu'on le laisse à côté de quelque chose qui vaut plus cher que sa réputation, j'ai dit.

— Plusieurs de nos gardes ont travaillé dans des équipages de camions blindés, qui transportent régulièrement des sommes dépassant les deux cent cinquante mille dollars. D'autres ont assuré la sécurité dans des banques plus grandes que celle-ci ; des banques qui ont toujours à disposition des sommes considérables en liquide. Ce sont de bons éléments. J'ai engagé la plupart d'entre eux moi-même.

— Je ne suis pas sûr que votre parole ou une bonne réputation suffisent à écarter tous les soupçons quand une somme pareille disparaît, j'ai dit.

— Tous les membres du personnel de sécurité sont restés en poste, ils ont continué à garder l'avant de la banque pendant des heures après le verrouillage. Je ne pense pas que l'un d'eux aurait pu transporter tout l'argent sur lui. Et je ne me rappelle pas avoir remarqué de comportement suspect, même après la découverte du vol.

— D'accord. Pour le moment, on va présumer que les gardes sont innocents. »

J'ai traversé le couloir pour aller jeter un œil à la cage de sécurité. Elle était fabriquée avec un filet trop serré pour qu'on y passe la main, et trop épais pour qu'on le coupe facilement, mais je n'ai pas vu de verrou à l'intérieur, seulement une poignée. « Il faut une clé pour l'ouvrir ? j'ai demandé.

— Pas de ce côté. Consignes en cas d'incendie, on n'a pas le droit de verrouiller ce type de porte de l'intérieur. »

J'ai commencé à tourner la poignée.

« Ne faites pas ça, inspecteur. Il n'y a pas de verrou, mais elle est reliée au mécanisme de sécurité ; si vous l'ouvrez, vous déclenchez l'alarme.

— Donc la porte au bout du couloir n'est pas verrouillée non plus ? j'ai demandé.

— Elle est fermée par une barre, mais on n'a pas besoin de clé pour la désengager de l'intérieur.

— On dirait qu'il y a un gros trou dans votre système infaillible, si on peut sortir tranquillement par la porte après avoir vidé la chambre forte.

— Nous sommes une banque, pas une prison. Ce que nous voulons, c'est éviter que les gens entrent, pas qu'ils sortent. Notre système de sécurité nous garantit qu'une alarme se déclenchera et que la chambre forte sera condamnée avant qu'un voleur puisse s'en approcher. Nous ne devrions jamais avoir à empêcher quelqu'un de sortir. Et bien sûr, tout ce qui empêcherait un voleur de sortir entraverait également une évacuation d'urgence.

— Le problème, c'est que votre système n'a pas marché et qu'on doit trouver pourquoi, j'ai dit. Et ce qui ne nous aide pas du tout, c'est que le voleur a pu filer par la porte après avoir tout raflé.

— S'il est sorti par ici, je ne comprends pas pourquoi l'alarme ne s'est pas déclenchée quand il a ouvert.

— Peut-être qu'elle était déjà en marche ? »

Cartwright a haussé les épaules.

Je me suis retourné vers les gardes. « Est-ce que vous étiez de service le matin du braquage ? »

L'un d'eux a acquiescé. « Moi, jusqu'à ce que M. Greenfield déplace tout le personnel de sécurité dans le hall, pour empêcher que les émeutiers cassent les vitres.

— Vous étiez devant la porte quand elle s'est verrouillée ? »

Il a secoué la tête. « J'étais déjà à l'avant. Mais je venais d'arriver. M. Greenfield a appelé par l'Interphone et nous a dit d'aller renforcer l'entrée sur la rue, et ensuite il a activé le système de sécurité.

— Juste pour être sûr que je pige bien : il vous a déplacés, et après il a déclenché l'alarme, ce qui a verrouillé la chambre forte.

— C'est exact.

— Et la chambre forte était ouverte quand vous êtes parti ?

— Oui, mais elle ne l'est pas restée très longtemps. Deux minutes, maximum. Personne n'aurait pu entrer et prendre l'argent avant que M. Greenfield lance l'alarme. »

J'ai regardé la chambre forte une nouvelle fois, puis la porte de sécurité qui bloquait le couloir. Puis j'ai regardé le plafond.

« Vous avez quelqu'un qui s'occupe du ménage, ici ? j'ai demandé à Cartwright.

— Bien sûr.

— Faites-le venir, et dites-lui de prendre son balai. »

Cartwright a filé à toute allure et il est revenu avec un homme de couleur, âgé, en combinaison bleue délavée.

« Vous étiez là hier quand la banque a été cambriolée ? je lui ai demandé.

— Non, monsieur. On m'a renvoyé chez moi en même temps que les gens des bureaux. Ça m'embêtait bien. Eux, ils ont un salaire, vous voyez, mais moi je suis payé à l'heure. Si je travaille pas, je mange pas. »

J'ai hoché la tête. « Je peux vous emprunter votre balai ?

— Faudra me le rendre », il a dit, mais il me l'a quand même tendu.

J'ai donné un petit coup au plafond.

Le bureau de Greenfield était tapissé de boiseries luxueuses, et le grand hall, de calcaire rose, mais les entrailles de la banque, les parties que les clients ne voyaient pas, étaient des espaces de bureaux en toc. Les murs ressemblaient à du carton, les sols étaient en carrelage premier prix, et le faux plafond était fabriqué en plaques d'aggloméré et d'amiante, et il reposait sur une grille métallique.

À l'aide du balai, j'ai déplacé une plaque. Il y avait un espace de quarante-cinq centimètres entre le faux plafond et le plafond en béton, occupé principalement par des câbles électriques et des canalisations en tôle. Mais je me disais qu'un homme pourrait y entrer et que la grille supporterait son poids, à condition qu'il étale ses membres et répartisse son poids sur plusieurs barres.

« La cage de sécurité, elle s'arrête au faux plafond ou est-ce qu'elle continue jusqu'en haut ? j'ai demandé.

— Elle est fixée au béton et reliée à l'alarme, au cas où quelqu'un essaierait d'y toucher. Il y a un trou pour laisser passer les fils électriques, mais il est beaucoup trop petit pour qu'un homme puisse s'y glisser. »

J'ai remis la plaque à sa place, puis j'ai rendu le balai à l'homme de ménage.

« Alors comment est-ce qu'ils ont déjoué les alarmes ? a demandé Cartwright. Comment est-ce qu'ils ont pénétré dans la chambre forte ?

— Aucune idée. » Greenfield voulait accuser le système de sécurité pour que la banque touche la prime d'assurance. Donc j'ai dit : « J'imagine que la chambre forte ou l'alarme ont mal fonctionné. »

Et c'est ce qui figure dans le rapport officiel, attesté par l'enquêteur en chef, l'inspecteur Baruch Schatz : La chambre forte a été pillée au cours d'un épisode de troubles raciaux, par des auteurs inconnus, en raison d'une défaillance mécanique non encore identifiée du système de sécurité.

37

1965

À Auschwitz, le camp se composait de baraquements dans lesquels dormaient les prisonniers et de la place d'appel. L'ensemble était entouré de hauts murs et de barbelés, et surveillé par des miradors, pour empêcher les évasions. Mais Auschwitz était d'abord un camp de travail, et l'emprisonnement était seulement sa destination secondaire. Tous les jours, les prisonniers sortaient par le portail pour se rendre à leurs divers travaux forcés, supervisés par une poignée de gardes armés.

Bien entendu, ces gardes les avaient à l'œil, et ils pouvaient utiliser la force sans véritables restrictions. Si un prisonnier s'enfuyait, les gardes le descendaient. S'il réussissait à leur passer sous le nez, ils lâchaient les chiens.

Élie s'est tiré d'Auschwitz en soudoyant un garde pour qu'il le fasse évader, et ce garde a enseigné à Élie son credo le plus important, la règle qui guiderait toutes ses entreprises futures et façonnerait ce qui lui tiendrait lieu d'éthique : Toute serrure a un talon d'Achille. Peu importe la complexité ou la sophistication de son mécanisme ; peu importent la quantité de goupilles et de ressorts qu'elle possède, et le nombre de plaques de métal dans lesquelles vous l'encastrez, toute serrure a une clé. Et cette clé se trouve entre les mains d'une personne.

Une serrure perfectionnée peut repousser les efforts du casseur de coffres le plus talentueux, et une chambre forte assez solide peut résister à une perceuse, à un chalumeau, et même à la dynamite.

Mais aucune technologie ne permet de renforcer l'homme détenant la clé, et il n'existe aucun moyen d'accroître la complexité des pulsions qui l'animent. Si bien que la solidité de la meilleure serrure du monde dépendra toujours de l'intégrité d'une ordure.

La chambre forte de la Cotton Planters Union Bank était une boîte métallique avec des parois de plus de cinquante centimètres d'épaisseur, plongée dans un bloc de béton, protégée par deux gardes armés, et équipée d'un système d'alarme sophistiqué qui la condamnait au premier signe de danger.

Six étages au-dessus de la chambre forte, Charles Greenfield broyait du noir dans son bureau somptueux. Il avait mené une carrière prospère dans la banque, mais il n'avait plus d'échelons à grimper. C'était un homme aisé, mais il restait le factotum des véritables riches, de ceux qui possédaient tout. Il s'était élevé assez haut pour voir par-dessus leurs murs ce que contenait leur royaume, mais il n'y habiterait jamais.

Il ne serait jamais l'un des leurs. Et il savait probablement pourquoi ; il savait probablement que, quand bien même son accent traînant du Tennessee aurait été plus vrai que nature, quand bien même il aurait porté les mêmes vêtements qu'eux, mangé comme eux des plats frits et bu comme eux du whiskey *sour mash*, à leurs yeux il resterait toujours un juif. Utile, servile, et socialement inférieur.

Il était un rouage de la machine ; un rouage important, certes, mais tout de même un rouage. Et en dessous de lui, à cause d'un cafouillage, d'un minuscule raté dans les engrenages, des dizaines de milliers de dollars venaient s'entasser toutes les semaines dans sa chambre forte.

À 10 h 30 tapantes un mardi matin de fin novembre, la manifestation devant les Transports Kluge a explosé. Élie savait que ça arriverait, car il avait donné trois mille cinq cents dollars à l'officier Len Weisskopf pour qu'il commence à casser des crânes à cette heure précise de ce jour précis.

En réaction à ces événements, Greenfield a déplacé tous ses gardes vers l'avant de la banque pour protéger l'entrée donnant sur la rue, et ensuite il a appuyé sur le bouton de l'alarme pour sécuriser la chambre forte.

Si l'on examine la conduite de Greenfield durant l'émeute et le cambriolage, comme le ferait un inspecteur de police ou des assurances, aucune de ses décisions n'apparaît incontestablement mauvaise. À part que la conséquence de ces décisions a été de laisser la chambre ouverte et sans surveillance pendant environ quatre-vingt-dix secondes, entre le redéploiement des gardes à l'avant de la banque et le déclenchement de l'alarme.

Et c'est à ce moment qu'Élie est descendu comme un serpent du faux plafond, où il s'était planqué, étendu sur les barres d'acier. Greenfield avait dû l'y cacher tôt le matin, avant l'arrivée des employés, quand il n'y avait encore qu'un seul garde de nuit pour patrouiller dans les locaux.

Il avait dû en baver, perché là-haut avec une rotule explosée et une main broyée. Mais il était capable de le supporter ; il avait survécu à pire.

Et le jeu en valait la chandelle. Il est entré dans la chambre forte grande ouverte, a tout ratissé, flanqué l'argent dans un sac, et il est sorti avant que Greenfield déclenche l'alarme.

La cage de sécurité et la porte donnant sur la ruelle étaient reliées à l'alarme, mais puisqu'elle était déjà en marche, ça ne changeait rien. Élie a traversé la cage et il est sorti de la banque comme si de rien n'était, puis il s'est fondu dans la foule des employés blancs qui fuyaient le quartier. Et comme la chambre forte était verrouillée par l'alarme, personne n'allait découvrir le vol avant trois heures.

Je ne sais pas comment Élie est entré en contact avec Greenfield, mais le directeur de la banque était forcément mouillé. Sinon ce plan ne peut pas fonctionner.

Mais voilà : si c'était bien le plan d'Élie, quel rôle jouait Ari Plotkin ? Après avoir inspecté la chambre forte, j'ai sorti Plotkin du ballon, je l'ai jeté dans une salle d'interrogatoire et j'ai recommencé à le cuisiner, juste pour voir si je pouvais trouver un truc qui clochait. À ce moment-là, je pense qu'il avait pigé qu'Élie l'avait berné. S'il avait su quelque chose, il aurait probablement balancé par pure méchanceté. Mais il ne savait rien de plus que ce que sa bande m'avait déjà appris : ils étaient censés entrer avec des flingues et nettoyer les guichets. Il n'avait été mêlé à aucun plan visant à prendre la chambre forte.

Je suis allé à mon bureau, me suis calé dans mon fauteuil, j'ai allumé une cigarette, et j'ai essayé de comprendre comment s'emboîtaient les faits.

J'ai pensé à la manière dont le service avait retiré l'enquête sur la banque à Whit Pecker pour me la coller sur le dos. À peine quelques jours plus tôt, j'avais pincé un gang qui prévoyait de cambrioler la même banque, et le plan que j'avais déjoué semblait vraisemblablement lié à celui qui avait réussi. Il était tout à fait logique que le service m'envoie sur cette enquête ; j'irais même jusqu'à dire que c'était une issue prévisible.

J'ai pensé à ma première rencontre avec Élie ; à cette matinée dans le bar en sous-sol qui puait la rivière, et à ses cinq gros bras. Pourquoi me cherchait-il, moi en particulier ? Peut-être parce que j'étais juif. Mais je n'avais pas la réputation d'être corrompu, et il n'avait aucune raison de croire que je me laisserais tenter par son offre. Pourquoi me dire qu'il préparait un casse à Memphis, qu'il essayait d'embringuer un flic juif ? Pourquoi prendre le risque de m'apprendre qu'il était en ville ?

J'ai pensé à Paul Schulman. S'il n'avait pas détalé en me voyant devant la synagogue, je n'aurais probablement pas fait attention à lui. Mais il avait détalé, et je l'avais poursuivi.

Et quand je l'avais rattrapé, il m'avait donné deux indices de poids : il m'avait dit que le projet était lié à la grève, et que Plotkin était impliqué.

Comment avait-il pu être au courant ? C'était un escroc de troisième classe, et tout le monde savait qu'Élie était discret.

Et pourquoi avait-il foutu le camp en me voyant arriver ? Ce n'était pas un des grands cerveaux de son époque, mais il devait se douter que je lui donnerais la chasse. Quand j'y réfléchissais, cette issue aussi était prévisible. Élie s'était servi de Schulman pour me fournir des informations.

Quand j'avais décidé de me mettre en planque devant la banque au lieu de continuer à traquer Plotkin, Élie s'était pointé pour me provoquer. Et j'avais eu la réaction la plus prévisible qui soit, j'avais arrêté l'homme qu'il voulait que j'arrête. Et comme j'avais arrêté Plotkin, je me suis retrouvé chargé de l'enquête sur le cambriolage de la chambre forte.

Au bout du compte, n'importe quel inspecteur – peut-être pas Whit Pecker, mais n'importe quel inspecteur compétent – aurait deviné que la chambre avait été vidée durant les quatre-vingt-dix secondes où elle était resté ouverte et sans surveillance, et que ça n'avait pas pu se produire sans l'aide d'une personne travaillant dans la banque.

Élie et Greenfield voulaient que l'enquête soit menée par le seul inspecteur qui n'avait aucune envie de dévoiler leur combine ; le seul inspecteur qui rechignerait à montrer au monde que des juifs dans des positions de confiance et d'autorité avaient trahi la société pour se remplir les poches.

J'avais fait pile ce qu'ils attendaient de moi ; j'avais viré Weisskopf de la ville avant qu'il puisse parler aux hommes qui enquêtaient sur le massacre Kluge, et j'avais couvert la brèche de quatre-vingt-dix secondes que Greenfield avait créée pour Élie.

Je ne sais pas si j'avais bien agi, mais j'avais protégé les juifs. J'avais protégé ma famille.

38

2009

« Le point faible d'une serrure, c'est l'homme qui détient la clé, a dit Rutledge. Donc pour sortir d'un camp de concentration, il faut aller voir le garde. Pour entrer dans une chambre forte, il faut aller voir le directeur.

— Et pour pénétrer dans trois caches où un dealer cache son argent ? a demandé Clark.

— Il avait l'iPhone de Carlo Cash. Dès l'instant où il l'a allumé, Carlo a pu le traquer avec l'application Find My iPhone. Élie voulait que Carlo le trouve, a dit Rutledge.

— Mais Élie ne l'a pas allumé avant son arrestation, j'ai dit. Il voulait que Cash entre en confrontation directe avec la police.

— Et on a répondu à l'agression d'Andre Price par des représailles massives. On a ramassé tous les hommes de Carlo Cash qu'on a trouvés dans les rues. On a fait le sale boulot de quelqu'un d'autre. Mais de qui ? »

J'ai haussé les épaules. « Un concurrent ? Un sous-fifre qui a décidé que son heure était venue de monter sur le trône ? Moi, je pense que c'étaient les fournisseurs mexicains. Mais je ne les connais pas, et je m'en fiche un peu. Je cherche mon braqueur de banques. Les dealers, c'est votre problème. Mais à votre place, je partirais sur l'idée que la personne qui voulait éliminer Carlo Cash est la même que celle qui a donné l'adresse de la première cache à Élie, il y a six mois. »

Rutledge s'est accroupi et a observé la zone javellisée sur le sol de l'entrepôt. Ça ressemblait très précisément à rien du tout.

« Et donc, comment est-ce qu'un voleur de quatre-vingts ans réussit à contourner un tas de voyous armés pour vider une cache fermée à clé ?

— À mon avis, il achète les voyous. Jacquarius Madison m'a expliqué que les affaires de Cash dépendaient de l'intégrité de ses hommes. Élie sème la corruption. C'est comme ça qu'il fonctionne.

— Mais, d'après Jacques, les gardes ont été tués.

— Ah ouais, et qu'est-ce qu'il en sait ? Je lui ai demandé comment ils ont été tués, il n'a pas su me répondre. Je lui ai demandé ce qu'étaient devenus les corps, il ne savait pas. Le plus plausible, c'est que la cache était vide et que les gardes étaient partis. Carlo a dit à tout le monde que ses hommes avaient été tués parce qu'il ne voulait pas qu'on découvre qu'il avait été trahi et dépouillé par les siens. Mais après le premier vol, les lieutenants de Carlo devaient l'accompagner au rendez-vous avec les Mexicains. Et Carlo n'avait pas l'argent. Jacques m'a raconté que ces mecs pensaient que les Mexicains allaient tous les descendre. Il fallait qu'ils réfléchissent à leurs perspectives d'emploi à long terme – de survie à long terme – auprès de Carlo, après ça. »

Rutledge a sorti son téléphone Internet géant et commencé à donner de petits coups sur l'écran avec son doigt. « Et pendant ce temps, Carlo s'active pour rassembler douze millions de dollars tandis que ses hommes trouvent qu'il a l'air affaibli, parce qu'il s'est fait déshabiller et qu'il a une dette envers les Mexicains. Élie n'a pas dû avoir beaucoup de mal à entrer en contact avec un de ses proches.

— Je crois plutôt qu'Élie est entré en contact avec tous ses proches, j'ai dit. Jacques m'a expliqué que personne ne connaissait l'emplacement des trois caches.

— Comment est-ce qu'il s'y est pris ? Comment il a pu retourner toute une organisation aussi facilement ?

— Là, on entre dans le royaume de la spéculation », j'ai dit.

À présent, Clark semblait très intéressé. « Allez-y, Buck, spéculez.

— Vous avez déjà entendu parler du dilemme du prisonnier ? j'ai demandé.

— Bien sûr, a répondu Rutledge. C'est une des techniques d'interrogatoire de base – j'ai deux suspects, et il me faut un aveu sinon je dois les relâcher tous les deux. Je veux les monter l'un contre l'autre. Je les place dans des salles d'interrogatoire différentes et je raconte à chacun que le premier qui passe à table bénéficiera d'une remise de peine, mais que pour son complice les chefs d'accusation vont être costauds. Donc ils doivent décider s'ils veulent garder le silence, et espérer que leur copain fera pareil, ou avouer et accepter l'accord aux dépens de l'autre. J'ai essayé plusieurs fois et il y en a toujours un qui crache le morceau.

— Carlo a créé une situation identique pour ses hommes, j'ai dit. Il a senti que c'était dangereux de mettre tout son argent au même endroit et il l'a réparti dans trois caches différentes. Mais il ne pouvait pas se permettre d'en perdre une des trois. S'il arrivait au rendez-vous avec les Mexicains avec de quoi effacer son ardoise, ensuite il revenait en force et il pouvait réparer les dégâts que le cambriolage précédent avait causés à son organisation. Mais s'il allait voir les Mexicains sans la totalité de l'argent, la suite était incertaine. Les Mexicains allaient peut-être tuer tout le monde.

— Donc Élie va voir tous les lieutenants de Carlo et il leur dit que les autres travaillent déjà avec lui. De sorte que la seule chose qu'ils récolteront pour leur loyauté sera vraisemblablement le privilège de couler avec Carlo et son navire.

— J'imagine qu'Élie s'est pointé à chaque cache avec un ponte de l'organisation de Carlo, j'ai dit. Il a raconté aux gardes qu'ils avaient le choix entre ouvrir la porte et récupérer une part, ou sinon on sortait les armes. Les avantages à protéger Carlo étaient minimes, parce que s'il perdait une autre cache et ne pouvait pas rembourser les Mexicains, il ne serait plus en mesure de récompenser les hommes qui lui étaient restés loyaux.

— Ça tient debout, a dit Rutledge. Nous, quand on veut prendre une cache, on envoie le SWAT. Ils déboulent en armure complète et ils font sauter la porte avec des pains de plastic. Ensuite ils balancent des fumigènes. Pour forcer ce genre d'endroit, pas le choix, c'est la manière forte.

— Charles Greenfield m'a dit quelque chose de très semblable à propos de sa banque.

— Même en admettant que les caches soient situées dans des zones industrielles, il n'existe aucun endroit dans la ville où une fusillade avec mitrailleuses et tout le bordel puisse éclater sans que la police soit alertée. Vous avez certainement raison. Les types qui gardaient les caches ont dû se rendre, tout simplement.

— Attendez, et du coup, à quoi il sert, l'iPhone volé ? a demandé Clark.

— C'est le seul moyen pour Élie de s'en tirer sans encombres s'il élimine Carlo, a dit Rutledge. Carlo avait de gros problèmes avec les Mexicains parce qu'il avait perdu l'argent, mais s'il s'était débrouillé pour en réchapper, il se serait vengé sur tous ceux qui auraient croisé sa route.

— Et Élie est arrogant, j'ai dit. Il ne se contente pas de filer avec ce qu'il a piqué. Il est obligé de se trouver un adversaire et de transformer la situation en partie d'échecs, et il est obligé de frimer quand il gagne. Je crois que c'est ce qu'il faisait dans le hall de la banque, quand je suis tombé sur lui. Il avait besoin de m'humilier, de me forcer à reconnaître que je ne pouvais ni le tuer ni l'arrêter.

— Mais vous l'avez traîné dans les toilettes et vous lui avez cassé la gueule, a dit Rutledge.

— Ouais. Je ne pense pas qu'il avait prévu ça. Mais il faudrait davantage qu'une bonne raclée pour changer sa façon de penser. Il ne cherche pas seulement à voler, il cherche une espèce de triomphe idéologique. Il veut défaire l'ordre social.

— Donc à un moment il s'est pointé sous le nez de Carlo, il s'est foutu de lui et il lui a piqué son téléphone, a dit Clark. Il savait que Carlo entrerait dans une rage aveugle et viendrait le choper, comme un animal blessé, dès qu'il allumerait le téléphone. C'est pour ça qu'il l'a allumé à l'arrière de la voiture de police. Carlo est venu le choper, et sans le faire exprès il a déclenché une guerre avec la police.

— Carlo croyait qu'il emmenait Élie dans l'entrepôt pour le tuer, mais en réalité c'était Élie qui emmenait Carlo, parce que les hommes de Carlo étaient devenus les hommes d'Élie dans son dos, a dit Rutledge.

— En laissant Carlo le capturer, Élie les a obligés à tuer leur ancien patron, j'ai dit. S'il avait avoué sous la torture, il les aurait exposés. Une fois que Carlo aurait su ce qui s'était passé, il aurait été trop dangereux pour tout ce joli petit monde de le laisser en vie. Et vu que la police cherchait à se venger, ces hommes avaient besoin de toucher leur argent, de se débarrasser de Carlo et de quitter la ville.

— Et donc la tache par terre, c'est Carlo. Un plan complexe, je suis admiratif, a dit Rutledge. J'aimerais bien faire connaissance avec votre ami Élie. De préférence autour d'une table dans une salle d'interrogatoire. Mais je suppose qu'il a dû s'évaporer à l'heure qu'il est, avec l'argent.

— Pas sûr, j'ai dit. Il aurait eu plein d'autres occasions de se fourrer à l'arrière d'une voiture de police, mais il a choisi de m'embarquer dans l'histoire. Je ne sais pas à quoi il croit jouer avec moi, en tout cas je ne suis pas certain qu'il en ait terminé. »

Le téléphone géant de Rutledge a vibré. Il a regardé l'écran. « Le nouveau scanner d'Andre a révélé une importante lésion cérébrale. Ses parents sont avec le chirurgien en chef en ce moment même.

— Ils vont réussir à le sauver ? j'ai demandé.

— Non, a répondu Rutledge. Ils parlent de faire don de ses organes. »

39

2009

Lorsque Rutledge m'a déposé à Valhalla Estates, Rose m'attendait dans notre petit appartement, elle fixait la télé sans vraiment la regarder. Elle était fumasse. « Ça fait des heures que j'essaie de te joindre. Ton téléphone était sur répondeur. »

Je l'ai sorti de ma poche et ouvert.

« Je crois que j'ai plus de batterie », j'ai dit.

Elle me l'a arraché et a appuyé sur le gros bouton vert à côté du clavier. Le petit écran s'est éclairé.

« Il était éteint. Quelqu'un a dû l'éteindre à l'hôpital. Tu l'as depuis trois ans. Pourquoi tu refuses d'apprendre à t'en servir ? »

Je le lui ai repris. « Je vois pas l'intérêt. Je me suis très bien porté sans téléphone portable pendant quatre-vingts ans. »

Elle s'est frappé le front avec la main. « C'est ce que tu refuses de comprendre. Les choses ont changé. Nous avons changé. Il faut que ton téléphone soit chargé et allumé, parce que si tu fais une chute, tu ne pourras pas te relever sans appeler à l'aide.

— Je m'en fais pas trop pour ça.

— Eh bien, tu devrais. Nous avons dû venir habiter ici parce que tu as été atrocement blessé. J'ai dû abandonner ma maison à cause de ta stupide chasse au nazi. Je t'avais dit de ne pas y aller, mais tu ne m'as pas écoutée. Tu ne m'as même pas demandé ce que ça me faisait, de perdre la maison. Je ne voulais qu'une chose, c'était passer mes dernières années au milieu de tous les objets qui m'aidaient à me sentir bien. Maintenant ils sont tous au garde-meubles parce qu'on a dû déménager ici, à cause de toi.

— Je suis désolé, j'ai dit. Je suis désolé, je t'ai offert soixante-cinq belles années, et maintenant je suis vieux et malade.

— On n'est pas ici parce que tu es vieux et malade. On est ici parce que tu t'es fait tirer dessus en essayant de piquer un trésor à des bandits. Qui fait une chose pareille ? »

J'ai haussé les épaules. « Ça m'arrive de me colleter avec des sales types. Tu savais qui j'étais quand tu m'as épousé.

— Je croyais savoir qui tu étais. Mais tu as changé. Tu t'es replié sur toi-même. Tu n'es plus le même depuis la mort de Brian.

— J'en ai bavé ces deux derniers jours, Rose. Il faut vraiment qu'on parle de Brian maintenant ?

— On n'a jamais parlé de Brian. Il est parti depuis sept ans, et tu n'arrives même pas à commencer à y faire face. Tu veux que je te dise la différence entre toi et moi ?

— J'en meurs d'envie.

— Je suis plus forte que toi. Tu es incapable de perdre quoi que ce soit. Moi, je m'y suis préparée toute ma vie. J'ai passé toute la guerre à avoir peur que tu te fasses tuer là-bas. Il y avait beaucoup de filles qui s'inquiétaient pour leurs hommes, donc je ne pouvais pas me plaindre. Mais quand leurs hommes sont revenus, ils se sont rangés, ils ont vécu normalement. Toi, tu m'es revenu couvert de cicatrices et avec le goût du sang et du danger.

— C'est pas vrai, j'ai dit. Tu ne comprends pas, parce que je n'ai jamais voulu t'infliger ça. Tout ce que je voulais, c'était protéger ma famille.

— Tu ne voulais pas m'infliger ça ? J'ai passé trente ans à me faire un sang d'encre. Tu partais tous les matins, et je ne savais jamais si tu allais rentrer. Et quand tu travaillais tard, le plus souvent tu ne m'appelais même pas pour me dire que tout allait bien. Je n'avais qu'à attendre. Et quand Brian est mort, j'ai dû encaisser toute seule, parce que j'étais la seule à être préparée à encaisser une perte. Pendant toute ta vie, tout ce que tu prévoyais pour affronter les drames, c'était de mourir le premier, sauf que tu n'as même pas réussi à t'y résoudre.

— Ce que je prévoyais, c'était de n'avoir jamais besoin de subir un drame. Ce que je prévoyais, c'était de m'occuper de tout le monde. D'assurer votre sécurité.

— C'est stupide, Buck, et je crois que tu le sais. Et tu n'avais aucun plan B si le premier échouait. Quand tu as été blessé, j'ai tout lâché pour t'emmener ici. C'est un choix que j'ai fait. Tu n'avais pas la force de te lever le matin, et rien ne m'obligeait à t'envoyer quelque part où on allait te rééduquer. J'aurais pu te laisser dans le lit et appeler l'hospice.

— J'aurais fait la même chose pour toi.

— Mais tu ne l'as pas fait. Il y a quatre mois, je suis tombée et il a fallu m'hospitaliser. Et tu m'as abandonnée. Tu as filé à Saint Louis avec Tequila pour ta chasse au trésor idiote. Et bien sûr, tu as fini par être blessé, parce que tu as presque quatre-vingt-dix ans et que tu essaies de faire des choses dont tu n'es plus capable physiquement. Tu insistes pour te bagarrer avec des sales types parce que tu refuses d'admettre que tu es faible et fragile.

— Tu ne comprends pas, j'ai dit. C'est tout ce qui me reste. J'ai perdu ma santé, j'ai perdu ma carrière, j'ai perdu mon fils, et un jour ou l'autre je vais perdre la tête et la mémoire. Tu dis que je suis incapable d'affronter la perte, mais c'est comme ça que je l'affronte. En étant qui je suis, aussi longtemps que je le peux. Tout ce que j'ai, c'est mon intégrité et mes principes. Et je ne laisse pas les choses en plan.

— Tu m'as, moi. Ça ne compte pas pour toi ? Est-ce que tu réfléchis à ce que je ressens quand tu te lances dans un combat grotesque contre un ancien ennemi dont tout le monde se moque depuis cinquante ans ?

— Bien sûr que tu comptes pour moi. Plus que tout. Mais je suis Buck Schatz, et tu ne peux pas me demander d'être autre chose. Je suis beaucoup trop vieux pour changer.

— Moi aussi, je sais qui je suis, elle a dit en serrant les poings. Je suis celle qu'on appelle quand tu te retrouves à l'hôpital parce que tu as été pris dans une fusillade avec des dealers de drogue. Et s'ils t'avaient tué, hein ?

— Eh ? Je vais mourir un jour. Peut-être bientôt.

— Ça ne veut pas dire que tu dois courir au-devant de la mort.

— Qu'est-ce qui est pire, recevoir un coup de fil ou te réveiller un matin et me trouver crevé à côté de toi ? Ou pire, me regarder pendant qu'un truc me tuera lentement, la démence ou autre chose ?

— J'ai perdu ma maison à cause de toi. C'était chez nous, et on a dû la vendre à une entreprise anonyme qui voulait en faire un investissement. »

Ça me rappelait quelque chose, je l'avais peut-être écrit dans un carnet à un moment ou à un autre. Mais j'avais oublié.

« Attends. Quelle entreprise ? j'ai demandé.

— Tu sais bien. William te l'a expliqué au téléphone.

— Je me souviens pas. Dis-moi qui a acheté notre maison.

— C'est un fonds de placement qui investit dans des propriétés pour spéculer. »

J'ai poussé mon déambulateur jusqu'au secrétaire dans le coin de la pièce et j'ai commencé à farfouiller dans le tiroir où on rangeait les papiers importants.

« Qu'est-ce que tu fais ? a dit Rose. On est en train de parler, tu ne vas pas t'en tirer comme ça. »

J'ai trouvé le papier que je cherchais : le dossier de la vente de notre maison à une entité baptisée Fifth Cup Holdings. Fifth Cup, le cinquième verre, celui du prophète Élie pendant le séder de Pessa'h. Élie l'avait achetée. Il avait pris ma maison ; il avait dépensé cent mille dollars juste pour me narguer. Ou pour me dire quelque chose. Est-ce que ça pouvait vraiment être aussi simple ?

« Il faut que j'y aille, j'ai dit.

— Quoi ? Reste ici.

— Je reviens vite. Promis. » J'ai raflé les clés de la Buick sur le petit crochet au mur, là où Rose les avait suspendues parce qu'on ne conduisait presque plus.

« Tu ne peux pas prendre la voiture. Il fait nuit. Tu ne conduis plus la nuit.

— C'est rien. Je reviens vite. » J'ai ouvert le placard pour attraper mon .357.

« Tu entends ce que je te dis ?

— Je t'entends. Je comprends. Mais parfois il y a des choses qu'on doit faire. »

Elle s'en remettrait. Elle s'en remettait toujours.

40

2009

J'avais gardé un jeu de clés, mais les serrures de la maison avaient été changées, j'ai donc appuyé sur ma propre sonnette et insisté un moment.

Il était là. Je l'avais su dès l'instant où j'avais repéré la Honda Accord dans l'allée. C'était tout à fait le genre de voiture qu'il conduirait, parce que c'était une voiture à laquelle personne ne ferait jamais attention. Elle n'était pas assez vieille pour émettre un nuage de fumée remarquable, ou pour ressembler à une boîte de conserve en comparaison avec les lignes racées des nouveaux modèles, mais elle n'était pas assez récente pour attirer la curiosité des propriétaires d'Accord plus anciennes qui pourraient s'intéresser aux sièges ou aux équipements d'une nouvelle génération.

Sa couleur était celle de toutes les voitures dont on regarde l'arrière pendant trois minutes à un feu rouge sans jamais s'en rappeler. On pourrait l'avoir en plein sous les yeux et ne pas la voir. Après l'invisibilité, c'était ce qui se faisait de mieux.

L'arrière était très bas, comme s'il y avait deux obèses sur la banquette. Sauf qu'il n'y avait aucun obèse dans cette voiture.

Voici une chose que l'on apprend quand on a été inspecteur de police pendant trente-cinq ans : un billet de vingt dollars, ou n'importe quel billet américain, pèse environ un gramme. Faites le calcul, cinq millions de dollars en billets de vingt dans le coffre abaisseraient cette voiture autant que deux obèses assis à l'arrière. La plupart des gens, qui ne sont pas dealers, ne pensent pas au poids de l'argent liquide, mais la plupart des gens, qui ne sont pas dealers, ne prennent pas le temps de réfléchir à ce que suppose la possession de grosses sommes en liquide.

Cela dit, je n'aimais pas qu'il soit parqué dans l'allée. Il aurait très bien pu emmener la voiture derrière la maison et la mettre au garage, à l'abri des regards. L'allée était le pire endroit où la garer, parce que les passants pouvaient la voir mais pas lui, étant donné que la seule fenêtre donnant de ce côté de la maison était complètement obstruée par une haie.

Il aurait mieux fait de la ranger dans la rue, au moins il aurait pu la garder à l'œil. Je me demandais pourquoi il l'avait laissée là. Ça ressemblait à une négligence extrême, ou peut-être à de l'arrogance.

Ou alors c'était un signal ; bizarre qu'un homme qui se cache après avoir volé des millions à un dealer ait envie de signaler sa présence. Mais qui pourrait voir un message dans cette Honda Accord soigneusement invisible ?

Moi, puisque je l'avais fait. C'était un signal qui m'était adressé. Il savait que j'allais venir, de même que j'avais su qu'il serait là. Et il m'attendait.

Il n'avait toujours pas répondu, alors j'ai sonné une nouvelle fois.

Malgré la chaleur, je portais le blouson Members Only que Brian m'avait offert pour mon anniversaire en 1986. Dans la poche gauche, un rouleau de gros Scotch argenté. Dans la poche droite, mon .357.

J'ai repensé à Longfellow Molloy étendu sur le trottoir avec un œil qui me regardait sans plus cligner, et j'ai repensé à Andre Price dans son lit d'hôpital, branché sur un respirateur artificiel. La note s'alourdissait, il était temps qu'Élie la paie.

J'ai entendu le cliquetis du verrou, mais la porte ne s'est pas ouverte. J'ai compté jusqu'à dix, lentement, et j'ai tourné la poignée.

À l'intérieur, toutes les lumières étaient éteintes, et il n'y avait aucun signe d'Élie. J'ai poussé mon déambulateur dans l'entrée et me suis péniblement engagé dans le petit couloir. À ma droite, la salle à manger était ouverte. On y rangeait la porcelaine de Chine de ma mère dans un buffet vitré. Maintenant elle était dans un carton au fond d'un garde-meubles quelconque.

Avant, le mur à ma gauche était tapissé de photos de famille. Des photos de Rose et moi quand nous étions jeunes ; de William bébé ; de Brian. Les trous des clous que j'avais plantés dans le mur pour les suspendre avaient été comblés avec du plâtre, et on avait repeint par-dessus.

La cheminée massive en briques était la seule relique de mon ancien bureau qui n'avait pas été démantelée lors de la rénovation. La moquette avait disparu, on avait ciré et astiqué le plancher. Cet endroit ne ressemblait plus à notre maison. Il n'avait plus notre odeur.

Ma famille avait vécu là pendant soixante ans, et il avait fallu quelques jours à une équipe d'ouvriers pour éliminer toute trace de notre présence. Là, dans le noir, dans le bureau qui avait été le mien mais ne l'était plus, j'ai reconnu la futilité des entreprises humaines. Qu'on traverse le monde sans être vu, sur la pointe des pieds, comme Élie, ou qu'on le foule en beuglant et en tabassant des gens à coups de matraque, au bout du compte, la somme de notre vie n'est rien qui ne puisse être nettoyé ou recouvert par un peu de plâtre et une couche de peinture.

Les années passant, on vieillit, et puis on disparaît comme une pierre sous la surface d'un lac, et on peut se vanter tant qu'on veut de l'éclaboussure qu'on a faite, la surface de l'eau se calme et toutes les choses reprennent l'aspect exact qu'elles avaient avant notre apparition ; comme si on n'avait jamais existé.

Maintenant j'avais sur ma droite la cuisine, où je prenais mon petit déjeuner avec ma famille. Les ouvriers avaient arraché le lino craquelé et défraîchi – Rose m'avait tanné pendant des années pour que je fasse quelque chose – et ils avaient posé un carrelage neuf. Débarrassée de son store, la fenêtre avait l'air nue, mais elle laissait bien entrer la lumière des lampadaires, ce qui me permettait de voir où j'allais. Je suis retourné dans le couloir et me suis dirigé vers les chambres au fond de la maison.

Sur le chemin, j'ai jeté un œil à la chambre d'amis, où dormait William quand ses parents nous l'envoyaient pour qu'il leur lâche les basques le temps d'une nuit ou d'un week-end. Avant, la bibliothèque encastrée était garnie par les épais albums photos à reliure de cuir que Rose avait commencé à remplir minutieusement avant même notre mariage. Aujourd'hui, tous ces albums étaient dans le box en béton qu'on avait loué.

J'ai vérifié la salle de bains dans le couloir. Je me disais qu'Élie s'y cachait peut-être, parce qu'il n'y avait pas de fenêtre et que c'était la pièce la plus sombre de la maison. Elle ne me manquait pas ; ce n'était pas un équipement bien pensé. Quand on chiait là, l'odeur restait piégée.

Quoi qu'il en soit, Élie n'y était pas, ce qui me laissait deux portes, l'une en face de l'autre au bout du couloir. J'ai posé la main sur la poignée de la chambre que nous avions partagée, Rose et moi, depuis l'arrivée au pouvoir d'Eisenhower, et je me suis arrêté un moment pour réfléchir. Ensuite je me suis retourné – pas facile avec le déambulateur dans un espace aussi exigu. J'ai ouvert l'autre porte et j'ai appuyé sur l'interrupteur.

Élie était assis au milieu de la pièce dans un fauteuil pliant en métal. Même sa façon de s'asseoir m'agaçait : il croisait les jambes avec un genou sur l'autre, comme une femme. Un gros sac en toile rouge était posé par terre à côté de lui, et il avait un 9 mm noir dans la main droite.

« J'espérais à moitié que tu trébucherais dans le noir et que tu mourrais en chemin, il a dit. Mais tant mieux, ça nous donne l'occasion de discuter. »

41

2009

« Tu voulais que je te trouve, sinon tu te serais caché à peu près n'importe où ailleurs », j'ai dit.

Son visage n'affichait aucune expression : un masque indifférent. Il ressemblait à une copie en cire molle de l'homme que j'avais tabassé cinquante ans plus tôt. « Oui, ça doit être vrai, il a dit.

— Bon, si tu me disais plutôt ce que tu as à me dire ? »

Il a levé les yeux ; son regard a croisé le mien. « C'était la chambre de ton fils, je crois ? »

J'ai tressailli. « Oui, j'ai dit. Comment tu le sais ? »

Il a agité le flingue dans ma direction. « La grande chambre est de l'autre côté du couloir. Il n'y a que trois chambres dans la maison. Vous avez mis l'enfant dans la plus proche de la vôtre, c'est logique.

— Exact, j'ai dit. Impressionnante déduction. »

Et puis je lui ai envoyé mon déambulateur dans la gueule.

Même si l'engin pesait moins de trois kilos, je ne pouvais pas le brandir et le balancer aussi facilement que mon bâton. Mes jambes n'étaient pas assez solides pour supporter mon corps lorsque mon torse pivotait. Tout ce que je pouvais faire, c'était le soulever et le pousser vers lui, en gros.

Mais je n'avais pas besoin de plus ; il a été surpris, et par réflexe il a mis le bras devant lui pour bloquer le coup, de sorte que j'ai pu l'emmêler dans les pieds du déambulateur et le forcer à lâcher le flingue.

J'ai fait un pas chancelant en arrière et dégagé le déambulateur avant qu'il puisse l'agripper, puis j'ai balayé l'arme avec les roues avant, et elle a glissé à l'autre bout de la pièce.

J'ai ramené le déambulateur en arrière et je me suis effondré dessus, essoufflé par l'effort. Élie s'est levé, renversant son fauteuil pliant.

« Je n'arrive pas à croire que tu aies fait ça, il a dit. Je ne vois pas ce que tu aurais pu tenter de plus ridicule et inutile. Qu'est-ce que tu comptes faire d'autre ? Tu vas me cracher ton râtÉlier à la figure ? »

Je lui ai souri. « Tout est d'origine chez moi. Les fausses ratiches, c'est toi.

— Ce sont des bridges fixés sur des implants. Un travail orthodontique très cher, très haut de gamme, impossible à cracher.

— Des fausses dents, ça restes des fausses dents, j'ai dit. Comment tu t'es fait poser tout ça, d'ailleurs ? T'as pas passé cinquante ans en cavale ?

— J'ai payé en liquide, comme tous mes soins. Avec un supplément pour que le dentiste détruise mon dossier. Ensuite j'ai brûlé son cabinet, pour être sûr. » Il a reculé d'un pas pour se mettre hors d'atteinte du déambulateur. « Tu croyais que tu allais pouvoir me tabasser comme le jour où tu m'as attrapé à la banque ? Tu n'as plus de force, Baruch. Tu es un pauvre infirme. »

La partie de mon cerveau qui souffrait de démence et croyait que j'étais encore flic hurlait à l'intérieur de mon crâne ; elle me disait que je pouvais le péter en deux de six manières différentes avec mes seules mains nues. C'était un mensonge. Mes mains ne pouvaient plus péter grand-chose à présent. Je pouvais péter un coup, éventuellement, mais c'était tout.

« Je n'essayais pas de te tabasser, j'ai dit. Je voulais juste te désarmer.

— Et après ? Je peux aller le ramasser. Toi, tu devrais y aller lentement, laborieusement, en traînant les pieds, et tu ne pourrais pas te pencher sans tomber et t'ouvrir la tête. Tu n'y arriveras pas avant moi. Tu n'as pas réfléchi suffisamment. »

Il a fait un pas en direction du flingue.

« Je ferais pas ça, si j'étais toi, j'ai dit.

— Et pourquoi ? »

J'ai sorti le .357 de ma poche et l'ai braqué sur lui. « Parce qu'il se trouve que j'y ai mieux réfléchi que tu ne crois, connard. Et si tu te rasseyais ? »

Il a commencé à relever son fauteuil pliant.

« Pas là-dessus, j'ai dit. Par terre. » Avec le canon de l'arme, j'ai indiqué le coin de la pièce le plus éloigné de là où avait atterri son 9 mm. Il avait raison, j'aurais du mal à le récupérer. Mais ça ne me dérangeait pas, tant que lui non plus ne pouvait pas l'atteindre.

« Sois sympa, Baruch, il a dit. J'ai de l'arthrite aux genoux.

— Je m'en fous. T'en mourras pas. Assis.

— C'était évident, que tu allais venir armé. Je ne m'attendais pas à ce que tu me coures après sans ton grigri.

— Je me suis dit qu'il me protégerait probablement un petit peu, au cas où notre conversation dégénérerait.

— Je doute que ça arrive, a dit Élie.

— Peut-être qu'on n'a pas le même programme.

— Tu crois que je me serais caché à un endroit où tu allais me trouver, si je n'avais pas su exactement ce qui allait se passer ? »

Il a tendu le bras et attrapé le sac en toile.

« Attends », j'ai fait.

Il l'a lâché. « Pardon. Le contenu de ce sac est parfaitement inoffensif, mais je comprends que tu puisses avoir envie de regarder ce qu'il y a dedans avant de m'autoriser à le prendre. Examine-le, je t'en prie. »

J'ai marqué une pause. Je ne pouvais pas descendre la fermeture Éclair du sac tout en gardant l'arme pointée sur lui, et quand je me serais penché pour l'ouvrir, je me serais retrouvé dans une position précaire s'il avait décidé de se jeter sur moi, quand bien même je me serais appuyé sur le déambulateur.

« Ouvre-le, doucement. Et ne mets pas la main dedans. Tu te crois peut-être rapide, mais il suffit que je presse cette détente et tu te transformes en viande froide.

— Je comprends, il a dit. Tu ne préviens jamais deux fois. » Il a descendu la fermeture Éclair et a lentement ouvert le sac, qui était bourré de liasses de billets de vingt.

« C'est quoi, ça ? j'ai demandé.

— Tu es aveugle en plus d'être éclopé, Baruch ? C'est un million de dollars.

— D'accord, mais pour quoi faire ?

— Mon idée, c'était de te donner un choix. Soit tu prends l'argent, soit on se lance dans une bataille inutile. Mais maintenant que tu m'as désarmé, j'imagine que la situation a un peu changé. Tu peux prendre l'argent et me laisser partir, ou bien tu peux me tuer.

— Je peux aussi te tuer et prendre l'argent », j'ai dit.

Il a secoué la tête. « Ta maison se trouve dans un joli quartier tranquille. Vu comme ta main tremble, tu devras tirer plusieurs fois pour me tuer, et si quelqu'un appelle la police pour signaler des coups de feu, leur réaction ne se fera pas attendre. Ce sac pèse plus de cinquante kilos, et à partir du moment où tu auras vidé ton chargeur, tu auras probablement moins de quatre minutes avant que la police n'arrive. Tu n'auras pas le temps de filer avec l'argent.

— Je pourrais appeler la police et te balancer. La satisfaction de savoir que tu auras ce que tu mérites a peut-être plus de valeur que l'argent à mes yeux.

— Tu seras obligé de me tuer, il a dit. Je n'ai pas l'intention de laisser l'État m'enfermer. Si tu essaies d'appeler la police, je vais attaquer, et soit tu devras me descendre, soit je te tuerai avec mes deux mains, une issue qui me satisfait au plus haut point.

— Ouais, moi non plus, je ne t'aime pas. Et donc, pourquoi tu voulais me donner un million de dollars ?

— Je ne te le donne pas. J'achète quelque chose. Quand tu prendras ce sac et me laisseras partir, tu auras renoncé à une chose à laquelle tu tiens, et c'est ce que je veux. Je me fiche de l'argent. » Ses fausses dents grinçaient quand il parlait. « J'ai volé plus que ce que je pourrai jamais dépenser. Plus que ce que je pourrai jamais blanchir. Je ne vole pas par besoin. J'ai enterré des ballots de fric sous plastique dans des endroits que je ne serai même plus capable de retrouver. Ce que je veux, c'est que tu vendes la partie de toi que tu crois trop précieuse pour être salie. Et te voir planté là pendant que je m'en vais tranquillement, ça vaut bien un million de dollars.

— Sale con, j'ai dit. Sale énorme con. J'ai presque quatre-vingt-dix ans. Comment tu peux penser que je suis sans compromis, alors que mon existence est faite de compromis ? Si une partie de moi avait réussi à ne pas se salir malgré trente ans dans la police, elle a été bien dégueulassée il y a trois ans, la première fois que je n'ai pas réussi à atteindre les toilettes à temps pour chier. Je me fous de ma dignité, qu'est-ce que tu crois ? J'en ai été guéri y a bien longtemps. Ces derniers mois, j'ai accompli toutes les fonctions corporelles les plus gênantes devant un public d'inconnus.

« J'étais dans le bon camp contre les nazis. J'espère que c'est ce dont les gens se rappelleront, s'ils se rappellent de moi. Et quand je travaillais dans la police, j'ai franchi la ligne pour choper les salauds qui aimaient bien faire du mal aux femmes et aux enfants. Mais je sais quels intérêts protège la police, et je sais à qui profite le maintien de l'ordre et du statu quo. Je ne suis pas du genre à idéaliser le travail de la police. Si je m'étais soucié de la loi, je l'aurais mieux respectée. Si je m'étais vraiment soucié des notions légales de bien et de mal, je n'aurais jamais laissé Charles Greenfield s'en tirer avec le rôle qu'il a joué dans ton braquage.

— Tu as tenu ta langue parce que tu craignais des répercussions injustes ; et tu travaillais pour ceux de qui elles seraient venues. Je t'ai obligé à faire face à l'hypocrisie de ta situation, à l'intolérance ridicule de ta propre institution.

— J'en étais conscient. Et je suis quand même resté flic pendant vingt ans après ça. Tout le monde finit par se salir les mains. Mais mes actions n'ont pas directement causé la mort de trois manifestants civils. C'est quelque chose que je n'aimerais pas avoir sur la conscience. »

Il a grimacé. « Je n'en étais pas la cause ; simplement, j'ai fait en sorte qu'elle se produise à un moment qui m'arrangeait. Je n'ai pas ajouté un seul ingrédient au bouillon d'hostilité et d'intolérance de cette ville, je l'ai juste remué un peu. L'homme que j'ai payé n'a même pas vidé son arme. C'est ton organisation qui a tué ces manifestants. Et les tireurs n'ont pas été punis.

— Les enquêteurs n'ont jamais réussi à identifier les responsables.

— Combien de temps est-ce qu'il t'a fallu pour identifier le policier que j'avais acheté ? Dix minutes ? Est-ce que les enquêteurs l'ont trouvé, lui, au moins ?

— Je l'ai forcé à quitter la ville.

— Ils auraient pu remonter sa trace, s'ils avaient voulu. Et ils auraient pu trouver les tireurs. Ils auraient pu saisir les armes de tous les policiers présents et les renifler, pour identifier celles qui avaient tiré récemment. »

Ça n'aurait pas marché, j'en étais sûr. Mais je n'arrivais pas à me rappeler pourquoi, alors j'ai dit : « Peut-être.

— Et de toute façon, qu'est-ce qui se serait passé si la police n'avait pas brisé la grève par la violence ? Tu savais que Kluge a remplacé tous les grévistes dans les trois semaines ? Les quelques hommes qui manifestaient sur les docks faisaient le piquet devant un entrepôt où le personnel était au complet. Les grévistes avaient déjà été virés. Et ils avaient été remplacés par des Noirs, qui travaillaient pour le salaire contre lequel les grévistes protestaient. Ils ont été obligés d'abandonner, au bout d'un moment. Je les ai sauvés de l'échec. J'en ai fait un symbole de quelque chose. Sans mon intervention, leur cause aurait été désespérée.

— Je ne crois pas que Longfellow Molloy voulait devenir un symbole.

— Qui ça ?

— Et Andre Price ? j'ai demandé. Tu te rappelles de lui ?

— Je ne sais pas si ça change quelque chose, mais ce casse-là a démantelé un gigantesque empire de dealers violents.

— Qui sera remplacé, vraisemblablement par ceux qui t'ont refilé l'adresse de la première cache. »

Il a levé légèrement les sourcils. Il ne s'attendait pas à ce que j'aie deviné cette partie. « Tu es un meilleur inspecteur que tu ne le laisses voir. Mais c'est vrai. Quand on fait tomber des crapules, il y en a d'autres qui poussent à leur place. »

J'ai acquiescé. « Et quand on vide la chambre forte d'une banque, d'autres la remplissent à nouveau. »

Il a ramené ses jambes vers lui et grimacé de douleur en les pliant. « Le verre à moitié plein, le verre à moitié vide.

— Je voudrais juste savoir une chose, j'ai dit. Pourquoi moi ? Pourquoi tu m'as embarqué dans ce cirque avec les dealers ?

— Pourquoi pas ? Ces derniers temps, je fais des choses uniquement pour continuer à faire des choses. Quand on arrête, on arrête, tu le sais bien. Et aussi, j'étais curieux de voir ce que tu ferais quand la bande de Cash débarquerait avec son arsenal.

— Ils auraient pu me tuer. »

Il a haussé les épaules. « Je m'en fiche, il a dit. Je ne t'aime pas. »

Ça m'a fait rire. « Bizarrement, on a plein de points communs, toi et moi.

— Nous sommes vieux tous les deux. Toute ta vie, tu as essayé d'être solide, et maintenant tu tombes en morceaux. Toute ma vie, j'ai essayé d'être comme la fumée, et maintenant je me dissipe. Toute ta vie, tu as essayé d'imposer l'ordre à un monde en désordre, et toute ma vie, j'ai essayé de me venger d'un monde cruel. Le monde est toujours en désordre et toujours cruel, et nous continuons à faire la même chose parce que nous sommes ce que nous faisons. Ainsi vont les choses, je crois. Alors, est-ce que tu vas me tuer, ou est-ce que tu vas me laisser partir ? »

Je ne voyais pas comment le remettre vivant à la police, et mort il ne me servait à rien. Je voulais son histoire. Je voulais que le monde sache ce qu'il avait fait, et que c'était moi qui l'avais attrapé. Mais peut-être que le monde s'en moquait. Le monde ne savait même pas qu'il existait. Et dans le fond, cette histoire ne valait pas vraiment un million de dollars.

« Je crois que tu t'es trompé sur mon compte, quand tu m'as dit qu'on ne devient pas moins vicieux avec l'âge. À une époque, je t'aurais fait sauter la tête par principe, j'ai dit.

— Le vice ne diminue pas, il a répliqué. Mais les principes s'érodent.

— Fous le camp de ma maison. Et laisse le sac. »

42

2009

J'ai guetté le bruit du petit moteur de tondeuse de la Honda, et comme je n'ai rien entendu pendant plusieurs minutes, je me suis souvenu que j'étais devenu un peu sourd et que je ratais les sons les plus aigus, si bien que j'ai poussé mon déambulateur dans le couloir et jeté un œil par la fenêtre.

La voiture n'était plus dans l'allée.

J'ai appelé le standard de la police au 201 Poplar Avenue avec mon téléphone en plastique à deux ronds et j'ai demandé qu'on me passe Rutledge, Stups.

« Rutledge, Stups, il a dit en décrochant.

— Vous avez perdu quelque chose ?

— Ouais, espèce de salopard. J'aimerais bien récupérer mon portable. Vous me l'avez volé ? Pourquoi vous m'avez volé mon téléphone ? »

C'était un peu gênant. Pendant le retour à Valhalla Estates depuis l'entrepôt, j'étais sur le siège passager de la voiture banalisée de Rutledge, et il m'expliquait que Quentin Tarentule était meilleur réalisateur que Sam Peckinpah. Je me foutais de son opinion sur le cinéma.

Le téléphone était fiché dans un porte-gobelet entre nous, et je crois que je l'ai pris pour essayer de comprendre comment il marchait ; comment on pouvait composer un numéro sur un téléphone sans boutons. Comment il avait des Internet sans fil. Je crois que quelque chose m'a distrait ou embrouillé, et je l'ai étourdiment rangé dans ma poche au lieu de le remettre dans le porte-gobelet.

C'était tout à fait involontaire. Parole de scout.

Mais je l'avais encore sur moi quand j'étais monté dans la Buick pour aller voir si Élie était dans notre ancienne maison, et ça m'avait rappelé qu'il s'était servi d'un téléphone Internet pour piéger Cash en le lançant à ses trousses, et aussi ce que Tequila m'avait expliqué au sujet de ce qu'on pouvait faire avec des programmes d'ordinateur. Et donc, quand j'ai vu la voiture d'Élie garée dans l'allée, pile à l'endroit où il ne pouvait pas la voir, je me suis rendu compte qu'il fallait absolument que je scotche le téléphone sous le pare-chocs, pour que Rutledge puisse localiser Élie s'il m'échappait.

Ce n'était pas un hasard s'il y avait un rouleau de gros Scotch dans la boîte à gants de la Buick. J'en ai toujours un dans ma voiture. C'est super, le Scotch. On peut s'en servir pour tout, pour rafistoler un tuyau d'essence comme pour attacher un suspect.

J'ai dit à Rutledge : « Vous pouvez faire votre truc avec l'ordinateur, pour le suivre sur Internet ?

— Je crois. J'ai un Android, pas un iPhone, mais il y a une application similaire.

— Je n'ai pas compris un mot de ce que vous venez de dire.

— Je dois pouvoir le suivre.

— À mon avis, vous auriez intérêt à vous y mettre.

— Je suis un peu occupé, Buck. Des gens qui se baladaient à Riverside Park ont repéré un cadavre qui flotte dans la rivière, et je dois aller vérifier si ce n'est pas Carlo Cash.

— Envoyez quelqu'un d'autre et allez chercher votre téléphone.

— Pourquoi ? »

Si je racontais à Rutledge que j'avais laissé filer Élie, il me poserait un tas de questions auxquelles je me voyais mal répondre sans évoquer le million de dollars.

Bien sûr, même sans lui parler du fric, s'il attrapait Élie vivant, il y avait de grandes chances que mon pot-de-vin ne reste pas un secret, mais, au moins, Élie serait en vie, sous bonne garde, et il se mettrait à table.

Je n'étais même pas certain que Rutledge se lancerait aux trousses d'Élie s'il avait toutes les informations. Il pourrait coller le meurtre de Carlo Cash sur le dos d'un de ses nombreux anciens associés, et ce serait plus facile de le traiter comme une simple histoire de drogue que d'expliquer à un jury ce qu'était Élie. Certains flics adorent les affaires bizarres et retorses, mais la plupart préfèrent rentrer chez eux à temps pour dîner.

« Faites-moi confiance, j'ai dit. Vous devriez localiser votre téléphone avant toute chose.

— D'accord, Buck.

— Sérieusement, Rutledge. Je ne suis pas fou et seulement à moitié sénile. Si je vous dis ça, c'est que j'ai une bonne raison.

— J'en tiendrai compte.

— Retrouvez ce téléphone, tout de suite. En priorité.

— Je m'y mets dans un instant. Prenez soin de vous. »

Et il a raccroché.

Je ne savais pas s'il allait se mettre à la recherche de son téléphone, mais je considérais que j'avais fait ma part et mérité mon argent.

43

2009

À une époque, j'aurais pu traîner sans souci un sac plein de billets hors de la maison et le charger dans ma voiture, mais ça devait bien faire quinze ans que je n'en étais plus capable.

J'ai vidé le sac et entassé l'argent sur le sol. Puis je me suis assis dans le fauteuil pliant d'Élie et j'en ai remis dans le sac autant que je pensais pouvoir soulever. Ensuite j'ai porté l'argent dans ma voiture, en poussant le déambulateur devant moi et en m'appuyant sur lui pour m'aider à tenir ce poids. J'ai déballé les liasses dans le coffre, je suis retourné dans la maison et j'ai répété la procédure.

Il m'a fallu sept allers-retours, ce qui signifiait que j'avais réussi à porter environ sept kilos à chaque voyage. J'ai dû faire deux pauses cigarette. Une fois tout l'argent dans le coffre, je l'ai rangé à nouveau dans le sac.

Je ne pouvais plus faire grand-chose d'une somme pareille. Je n'avais pas besoin de bagnoles de luxe et je ne cherchais plus à impressionner des beautés. Je me fichais des gadgets technologiques et des vêtements sur mesure. Je n'allais pas faire le tour du monde ; si je restais assis dans un avion pendant dix heures, mon sang commencerait certainement à boucher mes artères, et je n'avais pas le pied assez sûr, même avec le déambulateur, pour me balader sur une plage ou pour garder l'équilibre sur le pont d'un paquebot.

L'idée de réemménager dans la maison n'avait pas beaucoup de sens. J'avais besoin de soins quotidiens, et Claoudiah était sur place à Valhalla Estates. Et on s'était installés là-bas. La maison n'était plus vraiment chez nous.

Si Medicare arrêtait de financer mes soins, je me disais que l'argent d'Élie m'aiderait à payer Claoudiah. Si j'avais besoin d'une infirmière ou d'aller dans un hospice, le prix n'aurait pas d'importance. À part ça, un million de dollars ne changeait pas grand-chose pour moi.

Mais merde, c'était un million de dollars.

Je n'avais pas d'autre choix que de laisser l'argent dans la voiture pour la nuit, étant donné que je ne voyais pas du tout comment le trimballer dans Valhalla Estates. J'ai eu du mal à dormir en sachant qu'il m'attendait dans le coffre de la Buick, et le fait que Rose refuse de me parler n'a rien arrangé. Mais la nuit s'est passée sans incident.

Le lendemain matin, j'ai pris les clés et je suis allé dans l'agence Wells Fargo la plus proche, où j'ai demandé un coffre, le plus grand modèle. J'ai payé les frais et fait en sorte que mon petit-fils y ait accès sur présentation de mon certificat de décès.

Un membre du personnel a transporté le lourd sac de ma voiture jusqu'au coffre, puis il m'a laissé seul. Personne ne m'a demandé ce que contenait le sac, parce que ce n'était pas leurs oignons. Quand j'ai eu fini, je l'ai fermé et j'ai appelé le type qui m'avait aidé. Puis je suis sorti de la chambre forte avec le sac vide et il a verrouillé derrière moi.

J'étais satisfait de cette décision. Après tout, il n'y a pas plus sûr qu'une chambre forte moderne.

Une chose que je ne veux pas oublier :

Je me rappelle que, le jour de la bar-mitsva de Brian, je lui ai fait son nœud de cravate, parce qu'il ne savait pas le faire. Voici le discours qu'il a prononcé. Je ne l'ai pas aidé à l'écrire, mais je pense que ma femme s'en est chargée. Ou peut-être le rabbin :

Chers amis, parents et membres de cette communauté rassemblés, rabbin Abramsky, maman et papa :

Aujourd'hui nous célébrons mon entrée dans l'âge adulte, et je vous remercie tous d'être venus partager ce moment important avec moi. Aujourd'hui est un jour de grande joie, mais aussi un jour solennel car j'endosse de nouvelles obligations et responsabilités : prier et respecter les mitzvot.

Et en cet instant où j'assume les fardeaux de l'âge adulte, il m'incombe de me souvenir que ce n'est pas un jour de joie pour tout le monde. Trois manifestants de couleur qui protestaient dans l'espoir que l'employeur qui les exploitait leur accorde un salaire plus équitable et une vie meilleure sont sur des lits d'hôpital, criblés de balles, et essaient de s'accrocher à ce qui reste de leur vie. Trois autres sont morts, tués par la police. Des châtiments horribles, infligés à ces hommes qui avaient commis le crime de se rassembler pacifiquement. Ici, en Amérique. Ici, à Memphis.

La section de la Torah que nous allons lire aujourd'hui est la parasha Vayera, *qui nous raconte comment Abraham n'a pu dissuader Dieu de brûler les villes de Sodome et Gomorrhe et de tuer tous ceux qui y vivaient. C'est donc un bon jour pour parler de justice, et de ce que signifie l'idée de justice pour les juifs.*

Plus tard, cette année, un autre hazzan *vous chantera le Cantique de Moïse, les derniers mots divins que ce grand prophète juif a livrés aux Israélites avant de partir errer et mourir dans le désert.*

Dans ce dernier grand discours, Moïse explique la philosophie divine de la justice. « À moi la vengeance et la rétribution, dit Dieu, pour le temps où leur pied trébuchera. Car il est proche, le jour de leur ruine ; leur destin se précipite. »

Car il n'y a d'autre Dieu que Hashem *! Il crée la vie et Il crée la mort. Il blesse et Il guérit. Et aucune force sur terre ni dans les cieux ne peut sauver ceux qui ont été jugés par Sa main.*

Aujourd'hui est un jour de fête, mais nous ne devons pas oublier que notre vie ne peut être entièrement – ni même principalement – composée de joies. À l'extérieur de ce sanctuaire, les murs sont couverts de plaques commémoratives, chacune portant le nom et la date d'une perte, d'une tragédie familiale. Nous faisons la fête aujourd'hui, car nous savons que bientôt nous souffrirons. Nous pouvons seulement espérer que notre douleur ne sera pas aussi vive que celle de nos parents qui ont enduré le génocide nazi, ou que celle des Noirs qui veillent leurs frères blessés, mais nous souffrirons néanmoins.

Dieu est omnipotent et omniscient. Il sait ce que l'avenir nous réserve, et Il a le pouvoir de l'empêcher. Mais Il ne le fait pas ; Il observe et Il nous permet de souffrir. Où est la justice là-dedans ? Je crois que c'est parce que nous nous découvrons dans notre souffrance. Lorsque nous avons été brisés, que les choses qui nous sont chères et celles qui nous définissent nous ont été arrachées, alors seulement nous apprenons qui nous sommes vraiment.

Quand Adam et Ève vivaient dans le jardin d'Éden, Dieu leur donnait une vie d'abondance, où la douleur et la mort n'existaient pas. Et sans souffrance, ils n'avaient pas de décision à prendre. Ils devaient s'embêter énormément.

Le seul acte de libre arbitre qui se présentait à eux était de désobéir à l'unique règle que Dieu leur imposait ; ils ne devaient pas manger le fruit défendu. Et, bien sûr, ils l'ont mangé. Que pouvaient-ils faire d'autre ?

Croyez-vous que leur transgression ait surpris Dieu, qui sait tout et voit tout ? Je ne pense pas que Dieu soit jamais surpris.

Et cela nous ramène à la section de la Torah d'aujourd'hui. Lorsque Dieu a dit qu'Il épargnerait Sodome et Gomorrhe si Abraham parvenait à trouver dix hommes justes, Il ne proposait pas sincèrement de reconsidérer Sa décision de purger la ville. Il savait qu'il n'y avait pas dix hommes justes à Sodome, car Il est Dieu et Il sait tout.

Dieu a fait cette offre pour montrer à Abraham que Sa décision de purger la ville était la meilleure qui soit. En allant à

Sodome sans pouvoir trouver dix hommes justes, Abraham a vu que le jugement de Dieu était bon. Il n'y avait rien à Sodome qui vaille d'être sauvé, la ville devait brûler.

Il y a deux leçons à tirer de cette histoire : nous ne devons jamais douter du jugement de Dieu, et nous devons essayer de ne pas Le mettre en colère. Bien que la destruction de Sodome ait eu lieu en des temps anciens, les villes iniques brûlent aussi aujourd'hui. Mon arrière-grand-père Herschel Schatz a été témoin du moment où le général Sherman a mis le feu à Atlanta en 1864. Plus récemment, des bombardiers alliés ont fait pleuvoir le feu sur les villes de Dresde et d'Hiroshima.

La leçon est claire : on ne peut mépriser Dieu longtemps, car on finit par trébucher. Les mauvais traitements contre les Noirs sont un affront au Seigneur, et un jour prochain, Sa patience pourrait s'épuiser, et nous découvrirons que c'est le jour de notre calamité. Nous devons nous repentir. Nous devons changer. Nous devons être meilleurs.

Aujourd'hui, je suis un homme. Dieu a dit à Abraham qu'il suffit de dix hommes justes pour sauver une ville de l'anéantissement. Je vais essayer d'être l'un d'eux. Espérons qu'il y en aura neuf autres.

44

2009

Cet après-midi-là, William retournait à New York pour reprendre son stage prestigieux qui impressionnait tellement tout le monde. Mais depuis qu'il était parti à la fac, il n'était jamais revenu en ville aussi près de l'anniversaire, si bien qu'il a voulu faire un détour par le cimetière avant son vol.

Je n'avais pas envie de mettre les pieds dans ce foutu cimetière. Je me disais que j'y passerais suffisamment de temps bien assez tôt. Mais j'avais poussé Rose à bout avec mes exploits récents, et il me paraissait imprudent de me lancer dans une dispute avec elle à ce sujet.

Je me suis donc retrouvé devant la tombe de mon fils pour la seconde fois en trois jours. Elle ressemblait à n'importe quelle autre tombe. Ça aurait dû me faire ressentir que j'étais proche de lui, mais, planté devant la stèle, il me paraissait aussi loin que partout ailleurs.

Mon petit-fils avait les bras croisés, je voyais qu'il refoulait ses larmes derrière ses lunettes de soleil. Sa mère se tenait derrière lui, elle tortillait le bas de son pull entre ses doigts.

« Ce qu'il y a de pire dans les enterrements ici, ce sont les fosses en béton, j'ai dit. La nappe phréatique est très haute parce qu'on est près de la rivière, donc ils ne veulent pas qu'on mette le cercueil dans la terre.

— On sait, Buck, a dit Rose. On l'a vu. »

Mais, pour une raison qui m'échappait, je ne pouvais pas m'arrêter de parler.

« On est dans une boîte en bois qu'ils descendent dans une boîte en béton plus grande, et ensuite les garçons de couleur qui travaillent pour le cimetière posent un couvercle en béton par-dessus grâce à des sangles en tissu. Ils doivent s'y mettre à quatre pour le descendre, et pourtant c'est des costauds. Et après, tout le monde doit jeter la terre sur du béton.

— Arrête, Buck, a dit Rose.

— Quand je viens ici, j'arrive pas à penser à autre chose. Le bruit du béton qui racle le béton. Et on ne retourne pas à la terre quand on est enfoui dans un truc comme ça, enfin je ne crois pas. Pour moi, on pourrit et c'est tout. »

Fran s'est mise à sangloter.

« Tu es content ? m'a demandé Rose. C'était vraiment nécessaire ? »

J'ai enfoncé mes mains dans les poches de mon blouson Members Only que je portais toujours, même s'il faisait assez chaud. « Tu voulais que je parle de ce que je ressens. J'essaie juste de l'expliquer.

— Tu ne parles pas de tes sentiments. Tu dis des choses horribles.

— Je trouve aussi. C'est pour ça que j'évite d'en parler, d'habitude. »

On est restés là en silence pendant quelques minutes. Je regardais le petit tas de pierres qu'on avait posées sur la pierre tombale et j'essayais de me rappeler ce qu'elles étaient censées symboliser, mais pas moyen.

« Pourquoi tu l'as appelé Brian ? a demandé Tequila. Je ne connais pas d'autre juif qui s'appelle Brian.

— Je crois que c'est un prénom irlandais, a dit Fran.

— J'ai l'impression, oui, a dit Tequila. Pourquoi tu as donné un prénom irlandais à ton fils ?

— C'était le prénom d'un de mes amis qui est mort, j'ai dit.

— Un flic ? a demandé Tequila.

— Non. Il était dans mon unité. On a fait nos classes ensemble à Fort Benning, en Géorgie, et on était dans la même barge quand on a débarqué en Normandie. Il était juste à côté de moi, et il en a pris une dans la tête.

— Donc tu as donné son nom à ton fils ?

— Ben oui, j'ai dit. Pourquoi pas ? C'était un type bien. C'était un bon prénom.

— Ton père est mort quand tu étais petit, non ?

— J'avais six ans. » J'ai désigné la partie plus ancienne du cimetière. « Il est enterré par là-bas.

— Comment il s'appelait ?

— Arnold.

— Pourquoi tu n'as pas donné son nom à ton fils ?

— Parce que je ne voulais pas penser à mon père mort chaque fois que je le regarderais, j'ai dit. Tu vas donner le nom de ton père à ton fils ?

— Non, a dit Tequila. J'ai pas envie que mon fils soit "le gosse juif avec un prénom irlandais bizarre".

— T'es vraiment un type charmant, j'ai dit.

— Vous êtes aussi charmants l'un que l'autre », a dit Rose.

Une chose que je ne veux pas oublier :

Au fait, la raison pour laquelle je m'appelle Baruch : ça signifie « bienheureux ».

NOTE DE L'AUTEUR

Mon grand-père, Harold « Buddy » Friedman, est mort le 8 octobre 2013. Il avait quatre-vingt-dix-sept ans. Buddy ayant été une source d'inspiration majeure pour Buck Schatz, je pense que les lecteurs de ces livres pourraient aimer en savoir plus sur lui.

Buddy est né à Memphis, dans le Tennessee, et a servi dans le Pacifique au cours de la Seconde Guerre mondiale. Il a été représentant de commerce pendant trente ans, et il a envoyé deux fils à l'université. Il a été marié soixante-douze ans à ma grand-mère, Margaret Friedman.

Il n'était pas avare de son temps et se consacrait à des œuvres de charité. À quatre-vingt-dix ans bien passés, il s'occupait de mettre sur pied un programme de cours particuliers pour les enfants défavorisés, et il harcelait les personnes âgées du *Jewish Community Center* pour qu'elles fassent du bénévolat. Mais il se faisait aussi un devoir de vous signaler que vous aviez pris trois kilos depuis la dernière fois qu'il vous avait vu.

Mon grand-père était un homme fort, mais personne ne peut être fort éternellement. Il a passé sa vie sur les routes et retirait toujours une fierté particulière de ses voitures. Mais, à mesure que ses réflexes s'émoussaient, il a dû lâcher ses clés par mesure de sécurité.

Vers quatre-vingt-dix ans, il faisait encore régulièrement de l'exercice, mais les deux dernières années il risquait fortement de tomber et devait s'aider d'un déambulateur.

Les représentations du grand âge dans la culture populaire ne semblent jamais rendre compte du prix de la longévité, du fardeau psychologique que l'on porte quand on enterre tout le monde, de l'impression d'être emprisonné dans un corps de plus en plus faible, des contraintes que fait peser une santé défaillante sur l'intimité et la dignité, ni de la certitude que les choses seront très probablement pires demain qu'elles ne le sont aujourd'hui.

Buddy était un homme fier qui a affronté des situations difficiles que des millions de personnes affrontent elles aussi, mais que les récits populaires éludent par des clichés éculés et des euphémismes timides. C'est grâce à lui que j'ai écrit ces livres.

REMERCIEMENTS

Je tiens à remercier mon agent, Victoria Skurnick, ainsi que la chargée des droits étrangers, Elizabeth Fisher, qui a largement contribué au succès de l'invasion européenne de Buck Schatz. J'aimerais aussi remercier mon éditrice, Marcia Markland, pour avoir défendu ces livres, son ancienne assistante, Kat Brzozowski, le responsable de la promotion, Hector DeJean, ainsi que Laura Clark, Lauren Hesse, Quressa Robinson, Thomas Dunne et Andrew Martin. Je souhaiterais aussi mettre à profit cet espace pour rendre hommage à Matthew Shear, l'éditeur de St. Martin's Press, mort en août 2013. Sa mort laisse un grand vide.

Je veux aussi remercier ma mère, Elaine Friedman, mon frère Jonathan Friedman, ma grand-mère Margaret Friedman, et Bubbi Goldie Burson, pour leur amour et leur soutien. Merci également à Rachel Friedman, Sheila et Steve Burkholz, Carole Burson, David Friedman, Skip et Susan Rossen, Stephen et Beth Rossen, David et Lindsey Rossen, Martin et Jenny Rossen, Scott Burkholz, Rachel Burkholz, Claire et Paul Putterman, Andrew Putterman et Matthew Putterman.

Enfin, une dédicace : dans le chapitre 10 de ce livre, j'ai utilisé une histoire extraordinaire, celle d'une tentative infructueuse d'intégrer la police de Memphis, en 1919, pour justifier la réticence de Buck à révéler au service qui l'emploie les informations dont il dispose au sujet d'un criminel juif.

J'ai eu vent de cet événement méconnu en lisant l'histoire complète de la police de Memphis, commandée par le service et écrite par Eddie M. Ashmore, sur la base des recherches de

Joseph E. Walk. J'ai tenté de trouver une source complémentaire mais n'y suis pas arrivé ; je suppose que M. Ashmore a trouvé cette information en écumant les récits de sources primaires.

J'ai demandé à Marcia, mon éditrice, s'il fallait que j'intègre une citation ou une note de bas de page afin de pouvoir raconter cette histoire avec mes mots à moi, dans la mesure où elle n'était relatée que dans un seul ouvrage. Nous avons décidé que cette anecdote ne nécessitait pas de citation, et qu'une note de bas de page pourrait détonner dans le récit ; les faits n'ont pas de propriétaire et sont régulièrement inclus dans des œuvres de fiction, sans que les sources soient mentionnées.

Néanmoins, je crois que le travail de M. Ashmore mérite d'être salué ici. Eddie Ashmore était pasteur, universitaire, et historien des services de la police locale du Tennessee. Il est mort en 2007. Si son travail minutieux de documentation des histoires des services de police est probablement méconnu, il n'a rien de négligeable.

EN LIBRAIRIE

John Niven
ENFANT TERRIBLE

Traduit de l'anglais par Nathalie Peronny

Qu'y a-t-il au terme d'une fuite en avant ?

« Sous les apparences d'un roman éclatant et plein d'excès, *Enfant terrible* est un essai bouleversant sur le combat terriblement humain entre les désirs individuels infinis et la nécessité de se conformer un jour ou l'autre aux règles de la vie en société. »

Irvine Welsh

Los Angeles, 2013. Si Kennedy Marr possède de nombreux talents – pour l'écriture, pour l'ivresse, pour la pornographie –, il y a un domaine dans lequel il frôle le génie : celui d'ignorer tout ce qui le dérange. Son éditeur, par exemple, qui attend depuis des années son nouveau roman ; son redressement fiscal, qui porte sur plus d'un million de dollars ; ou encore sa mère, gravement malade en Europe. À force d'ignorer les réalités pour s'adonner à ses plaisirs, Kennedy est aujourd'hui dans l'impasse. Seul un miracle pourrait le sauver de la faillite financière et spirituelle. Et ce miracle a lieu. Contre toute attente, Kennedy reçoit un prix littéraire richement doté pour l'ensemble de son œuvre. Seule contrepartie : il doit s'engager à enseigner une année dans l'université anglaise où son ex-femme est professeur, et près de laquelle vit sa fille, qu'il connaît à peine. Enfant terrible, enfant gâté, consommateur impénitent, Kennedy sera-t-il capable d'assumer les renoncements que la maturité exige ? Ou bien l'enfer restera-t-il jusqu'au bout plus séduisant ?

Livre irrésistible, livre en colère, livre diablement moderne sur la psyché masculine et l'adolescence perpétuelle, *Enfant terrible*, qui n'est pas sans évoquer la série *Californication* et les romans de Jonathan Tropper, est une véritable équipée sauvage qui marquera durablement les esprits.

Né en Écosse, John Niven a longtemps travaillé dans l'industrie musicale. Enfant terrible *est son premier roman publié en France.*

Mis en pages par Cursives à Paris
Imprimé en France par Normandie Roto Impression s.a.s. à Lonrai

Dépôt légal : février 2015

N° d'édition : 325 – N° d'impression : 1405096
ISBN : 9978-2-35584-325-9